조선어학회 수난 사건 탐구

-법률문서의 분석

정긍식

박영사

—머리말

사람은 말과 글 없이 살 수 없다. 하지만 우리는 이 중요한 사실을 잊고 있다. 지극히 당연하기에 생각조차 않는다. 생각한다고 해서 나아지는 것도 딱히 없다. 아니 더 힘들 수도 있을 것이다. 대다수는 말과 글, 한국어와 한글이 다른지도 모른 채 지내 왔고, 어쩌면 앞으로도 그럴 것이다. 필자 역시 그러하였다. 삶과 사고가 그 속에 파묻혀 있기에 그 소중함을 모른다고나 할까?

'조선어학회 수난 사건'은 교과서 등에서 익히 들어왔을 뿐이고, 연구 대상으로 관심을 가지지 않았다. 2006년 봄, 이병근 선생님(서울대학교 명예교수)께서 〈예심종결결정서〉 원본과 번역본의 복사본을 가져다주셨다. 그러시면서 『애산학보』의 특집으로 '조선어학회 수난 사건'을 다루기로 하였는데, 글을 부탁하셨다. 공부가 전혀 되지 않은 상태이지만 거절할 수 없었다. 2017년에는 "애산 이인 선생 탄생120돌 기념"호에는 겨우 살아남은 〈(조선)고등법원 판결문〉을 분석한 글을 실었다. 이어서 2022년에는 '조선어학회 수난 사건' 발생 80돌을 맞이하여 한글학회 김주원 회장(서울대학교 명예교수)이 기념학술대회에서 기조발표를 부탁하였다. 위 두 글을 토대로 하여 서론적으로 조선총독부의 언어정책을 추가해서 발표하였다. 이렇게 해서 이 책의 골격이 되는 논문이 빛을 보았는데, 다음과 같다.

「조선어학회 사건에 대한 법적 분석」, 『애산학보』 제32호, 애산학회, 2006. 10.

「조선어학회 고등법원 판결 분석」, 『애산학보』 제44호, 애산학회, 2017. 10.

「조선어학회 수난 사건의 법사적 검토」,『한글』 제84권 제4호, 한글학회, 2023. 12.

역사학의 묘미는 해석의 다양성이다. 다양성의 전제는 정확한 사료의 해독이다. 핵심자료이며 동시에 유일한 사료인 함흥지방법원의 〈예심종결결정서〉와 〈(조선)고등법원 판결문〉을 기존의 번역본을 토대로 주위의 도움을 받아 역주하였다. 연구자들의 새로운 접근을 기대한다.

2006년에는 문준영(현 부산대학교 교수)의 도움을 받아 애산 이인 선생에 대한 글도 준비하고 있었다. 그때까지만 하더라도 이인 선생은 식민지 변호사, 초대 법무부 장관 정도로만 알고 있었다. 그 글을 준비하면서 식민지기의 구체적인 활동과 함께 해방 후의 활동 특히 한글과 교육사업에 열정을 바친 사실을 알았다. 동향으로 이인 선생이 세운 학교를 그냥 지나친 옛날이 생각나 애산 선생과의 인연을 잠시나마 생각하였다.

2017년부터 『애산학보』의 편집위원으로 애산학회에 관여하게 되었다. 2020년에는 특집주제를 "일제 강점기의 법률가들"로 정하고 그동안 알려지지 않은 애산 선생의 변리사 활동을 간단히 소개하였다. 이렇게 해서 이 책의 보론이 완성되었는데, 다음과 같다.

「국민의 벗, 법률가 애산 이인」, 『검찰』 제117호, 대검찰청, 2006. 12.

「변리사 애산 이인 선생」, 『애산학보』 제47호, 2020. 4.

애산학회와 『애산학보』는 이 책의 터전이 되었다. 이 연구의 발판을 마련해주신 이병근 선생님께 심심한 사의를 표한다. 선생님의 배려가 없었으면 '조선어학회 수난 사건'은 그냥 머릿속에만 있는 하나의 사건에 불과해서 세상으로 나오지는 않았을 것이다. 심경호(고려대학교 명예교수), 도진순(창원대학교 교수)과 애산학회의 살림꾼 김한빛나리(한글학회 사무국장)께 고마움을 전한다. 식민지기 변호사로서 애산 선생의 활동을 가장 잘 그린 연구자는 동료인 한인섭 교수이다. 한 교수는 이희승, 정인승, 김윤경 선생의 회고록을 제공하여 필자의 발품을 덜어주었다. 2월 정년을 맞이하는 한인섭 교수와 지난 약 40년의 우정을 돌아보며 함께 출간의 기쁨을 나누고자 한다. 지난 여름 아흔을 훨씬 넘기신 연세에도 현역 이상의 열강으로 당신의 모든 것을 후학들에게 전하신 은사 영산 선생님의 건강을 기린다.

초고부터 완성된 원고 그리고 책으로 묶을 때 도움을 준 동학들, 특히 박사과정의 오세영군의 학문적 대성을 기원한다. "서울법대 법학총서"를 주관하는 법학연구소 전원렬 소장 등 식구들에게 감사한다. 전통적 '독서'의 개념이 사라지고 있는 현재에 책의 중요성을 인식하여 시장을 돌아보지 않고 양서의 탄생의 큰 버팀목이 되어 주고 있는 박영사의 조성호 이사, 함께 책을 만들며 긴 시간을 기다려 준 윤혜경 대리께도 감사를 전한다. 끝으로 삶의 바탕인 식구들에게 따뜻한 정을 전한다. 끝으로 삶의 바탕인 식구들에게 따뜻한 정을 전한다.

언어학자, 국어학자가 아닌 문외한의 눈으로 보아도 현재 우리의 언어/문자생활은 혼동 그 자체이다. 국적불명의 외국어, 전혀 알 수 없는 축약어, 우리말이 있는데도 굳이 외국어를 쓰는 행정부 등등. 아마 80년 전 차디찬 감옥에서 운명하신 한징 · 이윤재 두 선생께서는 지하에서 어떻게 생각하실까? 이 책의 발간이 우리말–한글–의 험로를 다시 생각하고, 정체성을 찾는 계기가 되는 작은 소망을 품으며 마친다.

2025년 2월

관악을 바라보며

저자 씀

차례

1부 연구

2부 자료: 예심종결 결정서 및 고등법원 판결문 역주

3부 보론

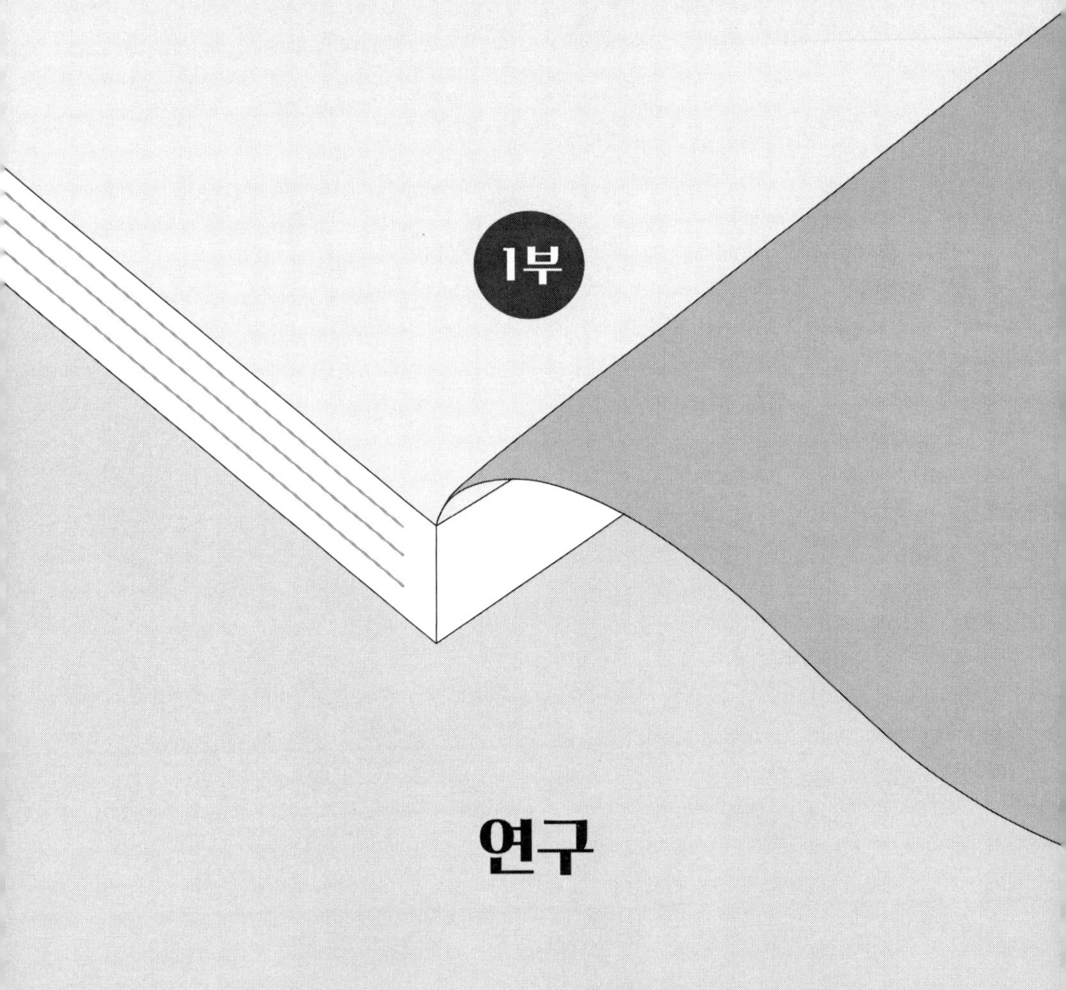

연구

서언

다시 생각하는 한글·한글날

1942년 8월 함흥 영생고등여학교 여학생의 일기장에서 찾은 "국어를 사용하였다가 처벌받았다"라는 구절을 빌미로 교사 정태진과 조선어학회 그리고 대종교로까지 확대된 '조선어학회 수난 사건'은 패망으로 치닫고 있는 일제의 황민화 정책의 극단적 표출이다. 그해 9월 5일부터 이듬해 4월 초까지 전국에 걸쳐 33명을 조사하여 함경도 홍원 등에 28명을 구속하였으며, 경찰과 검찰의 수사를 거쳐 첫 구속 후 만 1년이 지난 9월 18일 16명을 예심에 회부하였다. 예심에서는 다시 1년 후인 1944년 9월 30일 12명을 공판에 회부하였는데, 그 사이에 이윤재와 한징이 옥사하였다. 1945년 1월 16일 제1심 함흥지방법원에서는 1명에게 무죄를, 11명에게 유죄를 선고하였다. 실형을 선고받은 4명과 검사가 (조선)고등법원[1]에 상고하였으며, (조선)고등법원은 해방 이틀 전인 8월 13일 피고인과 검사의 상고를 모두 기각하였다.[2] 1942년 9월 5일 정태진을 연행한 것에서부터 (조선)고등법원의 판결까지 무려 2년 11개월이 소요되었다.

조선총독부가 국내 민족주의적 색채를 지니는 단체를 제거하려는 의도에 일으킨 조선어학회 수난 사건이 항일민족운동에서 차지하는 위상과 의미에 대해서는 특별한 언급을 할 필요가 없을 것이다.[3] 특히 조선어학회 수난 사건은 1940년대 조선총독부의 탄압이 극심한 가운데서도 항일운동을 하였다는 점에 큰 의의가 있다. 즉 1930년대에 국어학 · 국문학 · 국사학을 중심으로 조선학연구가 활발

1) 식민지기 법원의 심급審級은 "지방법원 → 복심覆審법원 → 고등법원"이며, 고등법원은 최고법원이다. 현재와 혼동을 피하기 위해 "(조선)고등법원"으로 표기한다.

2) 자세한 것은 "부록 1. 사건 전개 일지" 참조.

3) 최기영, 「국학연구」, 『한국사(51): 민족문화의 수호와 발전』(국사편찬위원회, 2001), 114－6쪽 참조.

하게 전개되어 민족주의를 성장시켰다. 그런데 1940년을 전후로 하여 국학자 가운데 변절자가 많아 국학연구 자체가 의심을 받게 되었다. 하지만 조선어학회 수난 사건에서 보듯이 국어학자들은 변절자가 거의 없었다.[4] 국어학자들이 중심이 된 조선어학회는 파시즘 상황에서 항일운동을 한 점에 의의가 있다. 식민지기 조선어학회가 차지하는 위상, 특히 민족독립운동사에서는 이미 많은 연구와 회고록 등으로 자세히 밝혀졌기 때문에 굳이 설명할 필요가 없을 것이다.[5] 또 애산학회가 2006년에 간행한 『애산학보』(제32집)에서 조선어학회 수난 사건을 심도 있게 다룬 바 있다.[6]

'조선어학회 수난 사건'과 관련된 자료는 함흥지방법원의 〈예심종결결정서〉,[7] 〈고등법원 판결문〉[8]과 이희승, 정인승 등 관련 당사자의 회고[9]가 남아 있어서 불

---

4) 조동걸, 『한국근현대사의 이해와 이론』(지식산업사, 1998), 책을 내면서 참조.

5) 한글학회 편, 『얼음장 밑에서도 물은 흘러: 조선어학회 수난 50돌 기념 글모이』(한글학회, 1993); 박용규, 『조선어학회 항일투쟁사』(한글학회, 2012); 리의도, 『한글날과 한글기념가의 역사』(보고사, 2024) 참조.

6) 필자와 논제는 다음이다: 김호일, 「<사론> 항일독립운동으로서 조선어학회의 수난」; 김석득, 「조선어학회 수난사건: 언어관을 통해서 본」; 정승교, 「일제는 왜 조선어학회사건을 일으켰나?: 기만적 동화정책의 파탄」; 박영신, 「조선어학회가 겪은 '수난' 사건의 역사 사회학: 학회 조직의 성격과 행위 구조」; 조재수, 「조선어 학회와 『큰사전』」; 정해동, 「선친과 그 주변 사람들을 생각하며」, 졸고, 「조선어학회 수난 사건에 대한 법적 분석: <豫審終結決定書>의 분석」 참조.

7) "예심종결결정서"는 『건재 정인승 전집 6: 국어운동사』에 부록으로 원문(269－ 323쪽)과 번역문(242－268쪽)이 함께 수록되어 있다. 참고로 사건 번호는 昭和18年(1943) 豫 제11호이며, 담당 판사는 나가노 토라오(中野虎雄)이며, 서기는 마츠가와 교지(松川堯治)이다. 이는 1행 30자, 1면 14행, 55쪽으로, 200자 원고지로는 약 120매에 해당하는 분량이다.

8) (조선)고등법원 昭和 20年(1945) 刑上 제59호; 이는 1945년 1월 18일에 선고된 함흥지방법원 제1심판결에 대한 상고심판결로, 국가기록원에 소장되어 있다. 이는 92쪽에 이르는 방대한 분량이다. 뿐만 아니라 원문의 상태가 좋지 않은 관계로 내용을 파악하기 힘든 부분이 많다. 제1심 판결은 사실의 확정에 중심이 있고, 상고심 판결은 제1심에서 확정한 사실을 토대로 법률적 쟁점에 대한 판단을 하는 것이므로, 양자의 성격은 다르기 때문에 양자를 분리하여 검토하였다.

9) 일석 이희승 전집간행위원회 편,『一石 李熙昇 全集 2: 국어교육, 국어정책, 기타』(서울대학교출판부, 2000), 353－502쪽; 김윤경, 『김윤경 전집 5: 한글운동, 그 밖』(연세대학교출판부, 1985), 130－160쪽; 한말연구학회 편,『건재 정인승 전집 6: 국어운동사』(박이정, 1997), 1－77쪽; 이인, 『반세기의 증언』(명지대학출판부, 1974), 125－141쪽. 이희승의 회고록이 가장 자세하여 사건의 전모를 알 수 있다. 이는 1959년 6월부터 1961년 6월까지 모두 13차례에 걸쳐서 『사상계』에 게재되었다. 김윤경, 이인의 회고는 본인과 관련된 사실만 간단히 서술하고 있다. 본고에서는 위 이희승의 회고록을 기본으로 하고 다른 것은 부분적으로 참조 · 보충하였다.

충분하지만 사건의 전개과정과 혐의사실과 적용 법조 등을 검토할 수 있다. 이들에게 적용된 법조는 "국체國體의 변혁을 목적으로 하는 조직의 결성과 활동 등을 처벌"하는 치안유지법 제1조 등이다. 치안유지법에 대해서는 국내외에 많은 연구성과가 축적되어 그 입법배경과 과정 그리고 그 정치적 의미에 대한 연구가 있다.[10] 하지만 '조선어학회 수난 사건'을 법적으로 접근하여 역사적 의미를 규명한 연구는 식민지기 변호사의 항일투쟁을 다루면서 소개한 정도이다.[11]

식민지기 형사사건은 "경찰의 조사 → 검찰의 조사 → 예심판사의 심리 → 법원의 판결"의 순으로 진행되며, 각 단계별로 조서와 결정문, 판결문[12] 등이 작성되었다. 따라서 조선어학회 사건도 각 단계별로 각종 자료가 남아야 하지만, 현재 "예심종결결정서"와 최종심인 "고등법원 판결문" 외의 나머지 자료는 찾을 수 없다.[13]

이 책에서는 〈예심종결결정서〉와 최종심인 〈고등법원 판결문〉 그리고 당사자들의 회고를 바탕으로 조선어학회 수난 사건을 검토하고, 나아가 이를 바탕으로 조선어학회가 식민지기 독립운동에서 차지하는 위상 등을 검토한다. 먼저 예비적 고찰로 여기에서는 근대적 국어의 탄생의 배경을 소개하고, 민족의 말살을 내세우면서도 현실에서는 조선어를 보급할 수밖에 없는 이율배반적 조선총독부의 언어정책과 이에 대한 조선어학회의 전략을 살펴본다.

---

10) 한인섭, 「치안유지법과 식민지 통제법령의 전개」, 『박병호교수 환갑기념(II) 한국법사학논총』(박영사, 1991); 최창동, 「일제 '치안유지법'이 한반도에 미친 영향」, 『비교법연구』 4-1호(동국대학교 비교법문화연구소, 2003); 오기노 후지오 지음/ 윤소영 옮김, 『일제강점기 치안유지법 운용의 역사』(역사공간, 2022) 참조.

11) 한인섭, 「조선어학회 사건」, 『식민지법정에서 독립을 변론하다』(경인문화사, 2012), 573-603쪽 참조.

12) 형사재판은 판결선고와 동시에 효력이 발생하며, 피고인이 신청하면 판결서 등의 등본이나 초본을 교부받을 수 있다. 당시 상황을 고려하면 이희승 선생 등은 판결서의 교부를 신청할 수 없었을 것이다.

13) 일본 형사소송법에 따르면 상고를 하면 원심 재판소에서는 당해 재판소 검사에게 재판자료를 송부해야 하고 그 검사는 상고재판소의 검사에게 송부하고 송부받은 검사는 소송기록을 재판소에 송부해야 한다(제421조). 이에 따르면 함흥지방법원의 재판기록은 (조선)고등법원에 송부해야 한다. 그렇다면 재판기록이 당연히 현존해야 하는데, 그렇지 않다. 이는 망실하였던가 아니면 함흥지방법원에서 송부하지 않았기 때문이다. 하지만 "조선어사전 원고"가 서울에서 발견된 것에서 미루어 볼 때, 재판기록은 서울로 이송된 것으로 추정된다. 아니면 결정적 증거인 "조선어사전 원고"만 서울로 보내고 나머지 조서 등은 함흥에 그대로 두었을 가능성도 있다.

제1 국어의 형성과 조선어학회

Ⅰ. 언어와 민족주의

말은 자연적으로 발생하여 의사교환의 수단으로 사용되며, 나아가 창조력을 가진 사람의 산물로 사람의 정신을 새겨내며 무한의 능력으로 무엇을 이루어내는 것이다. 근대국가 수립기에 창조적 언어관은 '말의 힘'을 인지하여 민족주의 언어관으로 나아가며, 이는 한 공동체가 지향하는 이상이다. 개화기에 민족주의 언어관이 정립되면서 '말 = 얼'의 철학이 등장하였다. 식민지기에는 저항적 민족주의 언어관이 태동하였고 강압에 의해 겨레의 말이 사라지더라도 조건만 형성되면 내면적 말글이 사전을 통해 부활한다는 '초생물학적 민족주의 언어관'으로 발전하였다.[1] 조선총독부는 언어를 단순한 의사소통의 수단이 아니라 민족의 얼을 담는 도구로 조선어학회의 활동으로 사전이 편찬되어 언어가 보존되면 민족은 언제든지 부활할 수 있다고 인식하였다. 그래서 체제에 위협이 될 우려가 전혀 없는 학술단체인 조선어학회를 주목하였고, 한계상황에서 직접적으로 멸절을 시도하였다.

민족주의 언어관은 근대적 국어연구가 시작된 때부터 태동되었다. 근대에 민족국가가 수립됨에 따라 의사소통의 중심이 된 민족어의 정리에 착수하였고 이는 민족국가의 기반을 확립하는 일이었다.[2] 주시경은 학자를 넘어서 '겨레의 혼'과 '나라의 생각'을 가르친 저항적 민족주의자였으며, 제자들은 그의 사상을 이어서 '겨레의 혼'이 든 우리 글과 말을 연구해야 한다고 생각하였다. 이는 '민족의 얼'을 일깨우는 밑으로부터의 운동이었다.[3] 주시경이 지향한 어문민족주의적 조선어연구의 경향이 대중으로 확산되어 조선어사전편찬회가 결성되었다. 조선어연구회는 민족문화의 발전과 자존심을 세울 사전편찬을 제안하였고, 이는 공감을 얻어 조선어사전편찬회 결성을 주도하였다. 조선어사전편찬 사업은 1930년대 이후 조

1) 김석득, 「조선어학회 수난사건: 언어관을 통해서 본」, 『애산학보』 32(애산학회, 2006), 18~22쪽.
2) 최경봉, 『우리말의 탄생: 최초의 국어사전 만들기 50년의 역사』(개정판: 책과함께, 2019), 19쪽.
3) 박영신, 「조선어학회가 겪은 '수난' 사건의 역사 사회학: 학회 조직의 성격과 행위 구조」, 『애산학보』 32(애산학회, 2006) 참조.

선어를 지키기 위한 저항으로서의 소명이었다.[4]

조선총독부는 언어학자 호시나 고이치(保科孝一; 1872~1955)에게 비밀리 독일의 폴란드에 대한 언어정책의 조사를 명했다.[5] 그는 "식민정책에서 동화가 핵심이지만 무력에 의한 동화는 반감을 야기하여 바람직하지 않다. 백성을 열복시켜야 하고, 여기서 국어정책이 심오한 의미를 갖는다"라고 하였다. 호시나 고이치가 가장 관심을 가진 것은 비스마르크 시대의 '게르만화 정책'인데, 이는 언어정책을 통해 폴란드어의 추방을 넘어서서 폴란드의 민족성 자체를 개조하려는 시도였다. 이를 통해 비스마르크는 공용어보다 교육어를 중시하였다. 그러나 '게르만화 정책'은 실패하였다. 그는 언어적 식민지배정책의 실패 원인을 찾았다. 1906~7년 독일은 초등학교 종교교육에서 폴란드어를 완전히 배제하였고, 이에 대한 반발로 동맹휴학이 발생하였다. 그는 "실패의 원인을 비스마르크가 '압박주의'를 취했기 때문이 아니라 그 후 정부가 상황에 따라 '유화정책'을 취해서 '동화'정책이 진전되지 않았기 때문"으로 보았다.

호시나 고이치는 위 책에서 식민지 언어정책의 요점을 제시하였다. ① 국어와 민족은 밀접한 관계가 있다. 민족어의 사용금지 나아가 멸절은 무모한 행동이다. 강압적 정책은 민족의식을 고양시켜 식민 지배체제를 위험에 빠뜨리게 한다. ② 이민족의 동화에는 국어교육으로 진행하는 것이 가장 효과적이다. ③ 위 동화정책은 장기에 걸쳐 최소한 1세기 이상 소요되므로, 온건하게(Slow & Steady) 진행할 마음가짐이 긴요하다. ④ 국어정책은 일관성이 있어야 하고, 장기에 걸쳐도 유지되어야 한다.[6] 1937년 11월 조선군 참모장이 육군차관에게 보낸 기밀문서에서 일본정부는 1937년 병역법의 식민지 조선에서 완전한 실시는 수십 년 이후로 상정하였는데, 그 근거는 약 80%의 조선인이 일본어를 사용하는 것이었다. 교육과

4) 최경봉, 앞의 책(2019), 65~70쪽.

5) 保科孝一, 『独逸属領時代の波蘭に於ける国語政策』, 朝鮮總督府, 1921[大正10]. 10. 10 발행; 비밀도서, 총 148쪽[서언 2쪽, 목차 2쪽, 본문 144쪽]. 본서는 철저하게 비밀로 관리되었다. 조선총독부 도서관의 후신인 국립중앙도서관과 경성제대부속도서관을 이은 서울대학교 중앙도서관에는 소장되어 있지 않으며, 아시아역사자료센터(https://www.jacar.go.jp/index.html)에서 검색하면 国立公文書館에 2책이 소장되어 있는데, 枢密院関係文書 1책, 内閣文庫 朝鮮総督府刊行物 1책이 있으며, 원문을 이용할 수 있다.

6) 이연숙 저/ 고영진 · 임경화 옮김, 「조선과 독일령 폴란드」, 『국어라는 사상: 근대 일본의 언어 인식』(소명출판, 2006) 참조.

관련해서는 50년을 상정하였지만, 15년 내지 20년으로 단축할 것을 기도하였다.[7] 징병제 실시와 관련된 위 내용에서 그의 제언이 존중되었음을 알 수 있다.

일본은 지속적으로 동화정책을 추진하였는데, 1920년대에는 유화적 모습을 보였지만, 1930년대 후반부터는 '강압적 민족말살정책'으로 전환하였다. 1938년 제3차 조선교육령에서는 교육에서 형식적 내선일체를 달성하였으며, 1941년에는 소학교를 국민학교로 개칭하면서 조선어 과목을 폐지하였고, 1943년 제4차 조선교육령에서는 조선어 교과를 완전히 없애고 '국어상용' 정책에 따라 언어생활을 통해 일본화를 추진하였다.[8]

조선총독부는 1936년 10월 28일 훈민정음 반포 490돌 기념축하회에서 안창호의 축사를 빌미로 조선어학회의 대외활동을 금지하였으며, 1937년 수양동우회와 흥업구락부 관련자를 처벌하였으며 그 여파는 조선어학회에도 미쳐 존립 자체가 불투명하였다. 민족말살정책 하에서 조선어학회는 민족사적 사명을 완수하려고 조선어사전 출판 허가를 받는 등 합법적으로 활동하였고, 황민화 정책에 호응하여, 국민총력연맹에 가입하여 간사장 이극로 등은 조선신궁에 참배하기도 하였다.[9]

호시나 고이치의 온건하지만 점진적이고 그래서 더욱 강력한 언어의 흡수와 말살을 통한 동화방침은 조선총독부의 정책의 기틀이 되었다. 조선총독부는 동화정책을 추진하면서 저항을 마무하기 위해 부분적으로 해방구를 인정하였으며, 그 해방구는 축소되고 언젠가는 소멸될 예정이었다. 조선어학회는 조선총독부의 설립허가를 받은 합법적인 학술단체로, 문화운동의 일환으로 순수한 학술적 차원에서 어문의 통일과 사전편찬을 목적으로 하였다. 그러나 동화라는 큰 흐름 속에서 문화운동을 표방하는 조선어학회는 해방구에서 민족언어의 보존이라는 목적을 달성하기 위해 합법과 불법의 외줄 위에서 조선총독부와 불편한 동거를 하고 있었다. 그러나 그 동거는 황민화 정책의 추진으로 파탄을 맞이할 운명이었다. 조선어학회 수난 사건은 조선총독부와 일제의 1930년대 후반 이후 기만적 동화정

7) 宮田節子 저/ 李熒娘 역, 『조선민중과 「황민화」정책』(일조각, 1997), 31쪽.

8) 정승교, 「일제는 왜 조선어학회사건을 일으켰나?: 기만적 동화정책의 파탄」, 『애산학보』 32(애산학회, 2006) 참조.

9) 최경봉, 앞의 책(2019), 187~284쪽.

책이 그 본색을 드러낸 대표적 증거이다.

합방 초기에는 조선어의 철자법 정리는 조선총독부에 의한 조선어교육정책으로 '계승'되었다. 조선총독부는 1938년에 조선교육령 개정(제3차 조선교육령)까지는 '조선어(및 한문)'를 필수과목으로 지정했기에, 조선어교과서를 편찬할 필요성이 있어서 철자법 등에 관여하였다. 문화정책기에 언어운동(한글운동)을 조직화한 조선인은 조선총독부의 철자법을 감시하고 비판하였다. 조선총독부는 시정개선의 명분을 내세우기 위해 개정할 수밖에 없었고 이 때 조선인 연구자들이 참여하였다. 1930년 '언문철자법' 심의에서는 조선인 연구자들이 참여하여 의견을 관철시켰다. 조선어연구회(이후 조선어학회)는 한글운동의 주도권을 장악하고, 민족운동의 일환으로 이해하였다. 한편 조선총독부는 이를 '국어'교육에 부수되는 것으로 이해하였고 결국 언어근대화의 주도권을 가진 조선총독부는 조선인의 한글운동도 규제하였으며, 중일전쟁 이후 조선어의 영역을 축소시켰으며, 1942년 조선어학회 사건으로 조선어 근대화 운동을 탄압하였다.[10]

1930년 '언문철자법'은 주도권을 쥐고 있는 조선총독부와 그 현실을 수용하고 주어진 범위 내에서 학술적으로 저항할 수밖에 없는 조선어학회와의 합작품이다. 조선어학회의 사전편찬은 조선어를 살리고 보존하는 민족정신을 일깨우는 수단이었다. 이 상황에서 조선어학회와 조선총독부의 관계는 적과의 동침, 오월동주吳越同舟였다.

II. 국어 정립의 정치성

국가가 체계적으로 유지되기 위해서는 행정조직과 함께 문서행정이 완비되어야 한다. 문서는 문자의 존재와 나아가 철자법 등의 통일을 전제로 한다. 즉, '언어의 근대화'는 구어에 기초한 문장어를 만들어 민족어(국민어)가 형성된 상태를 지향하는 과정과 목표이다. 이는 균질적인 '국민(nation)' 창출을 위한 방도이다. 한국도 19세기 후반부터 언어-문자 내셔널리즘이 동원되어 갑오개혁기의 공문식公文式에서는 공문서에 한글을 사용하도록 규정하였다. 이는 을사보호조약 체

10) 미쓰이 다카시, 「'언어문제'에서 본 한국 근대사: 교육 정책과 언어운동의 측면에서」, 『한국학연구』 22(인하대학교 한국학연구소, 2010), 452-3쪽.

결 후에도 지속되어 초등교육에서는 조선어교육이 '국어'로서 자리 매겨지고, 애국계몽운동에 의한 언론활동을 중심으로 조선어/한글 연구가 진행되었다. 나아가 1907년 학부에 '국문연구소'가 설치되어 정부의 언어정책을 준비하였지만, 1909년에 폐지되었고 1910년 8월 한국병합으로 조선어는 '국어'의 지위를 상실하였다.[11]

조선총독부는 언어정책에서 모순에 봉착하였다. 조선을 완전히 일본에 통합하려면 조선어를 완전히 금지하여 말살해야 한다. 하지만, 문맹률이 높은 당시의 상황에서는 일본어의 전면적 보급은 불가능하였고 오히려 식민통치의 효율을 위해서는 조선어를 보급·교육해야 했다. 이의 선결과제는 철자법 등의 통일이었다. 대한제국 학부에서 근무하였고 1922년 임시교육조사위원회 촉탁위원인 미츠치 츄조(三土忠造)는 한계를 인식하면서 일본어 보급으로 동화정책을 추진하였다. 그는 일본어와 조선어의 서열관계를 고정시켜 조선어는 생활어로서는 허용하였지만, 글쓰기로는 용납하지 않았다. 조선총독부는 글쓰기로서의 조선어를 민족어로서만이 아니라 지식전달매체로서도 두려워하여 사전검열로 정보를 통제하였다. 식민통치의 효율, 궁극적으로 동화를 위해 조선총독부는 조선어를 교육해야 했고 이를 위해서는 조선어교과서 편찬과 철자법 등을 통일해야 했다. 그래서 조선총독부는 조선어교과서 편찬을 위해 1912년 "보통학교 언문철자법", 1921년 "보통학교용 언문철자법 대요", 1930년 "언문철자법" 등 3차례 철자법 통일안을 제시하였다. 1921년 이후에는 조선총독부와 조선인 연구자가 공동으로 참여하여 상호 감시하면서 수행하였다. 대표적 연구집단인 조선어연구회는 1931년 조선어학회로 명칭을 변경한 후 독립운동 실천의 장으로 여겨 언어운동의 주도권을 장악하여, 의견을 관철하였다.[12] 1930년 "언문철자법" 심의는 쌍방교섭의 마당이었으며, 조선총독부는 이 과정에서 운동의 방향을 관리하였다. 조선어사전의 권위는 당대의 명망가 민족주의자들을 통해 얻었고, 1930년 어문정리사업은 민족진영의 전폭적 지지를 받았다.[13] 한편 조선총독부는 철자법을 둘러

11) 미쓰이 다카시, 위의 글(주10), 447-9쪽.

12) 미쓰이 다카시(三ツ井 崇)/ 정준영 역, 「식민지하 조선의 언어 정치학: 조선 언어정책·사회사 재고」, 『한림일본학』 20(한림대학교 일본연구소, 2012), 88-93쪽.

13) 최경봉, 「쟁점: 일제강점기 조선어학회 활동의 역사적 의미」, 『민족문학사연구』 31(민족문학사

싼 민족주의자들 사이의 경쟁으로 통제하려고 하였다.

조선총독부는 민족적 성격이 사라진 조선어 교육을 일본어 교육과 연결하여 동화정책을 수행하였다. 이 조선총독부의 정책은 민족어 규범 형성을 위한 철자법 정리 · 통일운동을 전개한 조선어학회를 위시한 민간 조선인 언어학자들과 충돌하였다. 헤게모니를 장악한 조선총독부는 그들의 안을 양보하여 민간을 포섭하려고 하였고, 조선어학회는 식민권력의 근대적 제도를 활용하기 위해 수용 · 타협하여 그 결과 형태주의와 표음주의가 혼재된 "언문철자법"이 탄생하였다. 그러나 훈민정음 창제 당시로 복귀하여 민족어 규범을 확립하려는 목표를 달성하지 못한 조선어학회는 대중운동으로 이를 관철하려고 하였으며, 소기의 성과를 거두었다. 조선어학회의 활동 덕분에 해방 이후 단일 민족어의 규범으로 자리 잡아 현재의 철자법으로 이어졌다.[14]

학회, 2006), 417-8쪽.

14) 임동현, 「1930년대 조선어학회의 철자법 정리·통일운동과 민족어 규범 형성」, 『역사와 현실』 94(한국역사연구회, 2014), 458-9쪽.

제2 <예심종결 결정서>의 분석

Ⅰ. 머리말

1. 자료의 의의

〈예심종결 결정서〉는 검사의 기소에 대해 예심판사가 심리하여 범죄혐의가 있다고 판단되어 형사재판에 회부하는 것으로 당사자의 혐의사실과 적용법조 등 실체관계가 잘 나타나 있기 때문에 사건 전모를 파악하기에 유용하다. 그렇지만 이것만으로는 수사와 기소 등 형사절차 전체를 파악할 수는 없다. 특히 인권보장이라는 측면에서는, 나아가 조선총독부의 통치방식을 파악하기 위해서는 「조선형사령」 등 관련 법령에서 규정한 적법절차 관련 규정의 준수는 핵심적인 내용이다. 그러나 위 〈예심종결 결정서〉에서는 이는 전혀 누락되어 있다.

이러한 형사절차를 간접적으로 파악할 수 있는 것은 〈형사사건부〉, 〈수형인명부〉이다. 이에 수록되어 있는 내용은 크게는 피고인, 즉 항일운동 참여자의 인적사항에 대한 부분과 그들에 대한 사법적 처리과정으로 나눌 수 있다. 후자는 다시 수사에서 기소에 이르는 부분과 재판절차 및 재판결과 부분으로 구분할 수 있다. 그리고 수사 부분에서는 접수일자와 구속일 등으로 사건처리의 시간적 순서를 파악할 수 있으며, 재판단계에서는 적용법조와 형량 등으로 항일운동에 대한 조선총독부의 입장을 파악할 수 있다.[1] 조선어학회 사건은 함흥지방법원과 검사국에서 하였기 때문에 현재 관련 자료를 찾을 수 없다.

조선어학회 사건은 1942년 9월 5일 정태진 연행에서부터 시작하여 1945년 8월 13일 상고심인 (조선)고등법원의 판결까지 무려 2년 11개월이 소요되었다. 이는 경찰의 검거와 조사, 검사의 조사, 예심, 제1심 재판, 제2심 재판으로 구분할 수 있다. 본고에서는 당사자의 회고록과 〈예심종결 결정서〉 등을 이용하여 조선어학회 사건에 대한 법적인 분석을 하고자 한다. 먼저 당시 식민지 조선의 법령체

---

1) 필자는 판결문과 ＜刑事事件簿＞, ＜受刑人名簿＞ 등을 활용하여 1918년 제주도에서 일어난 항일운동을 분석한 바가 있다. 졸고, 「法井寺 抗日運動에 대한 法的 考察」, 『법사학연구』 32(한국법사학회, 2005) 참조.

계, 특히 형사사법체계를 예비적으로 살핀 후, 사건의 전체적인 흐름을 소개하고, 이어서 적용법령 등을 다루기로 한다.

2. 식민지기 형사법원과 사법체계

일본은 1910년 8월 29일 합방과 동시에 긴급칙령勅令 제324호 「조선에 시행해야 할 법령에 관한 건」을 공포하여 식민지 조선에서 법령의 체계를 규정하였다. 이에 근거하여 같은 날 제령制令 제1호 「조선에서의 법령의 효력에 관한 건」을 공포하여 대한제국 및 통감부 법령의 효력을 잠정적으로 인정하였다. 그러나 위 긴급칙령은 제국의회의 승인과정에서 행정부인 조선총독에게 입법권을 부여한 것은 위헌이라는 논란이 있었다. 그렇지만 1911년에는 위 긴급칙령과 내용이 완전히 동일한 내용의 법률 제30호 「조선에 시행해야 할 법령에 관한 건」을 공포하여 조선총독에게 독자적인 제령제정권을 부여하였다.[2] 그리고 1912년 3월에는 제령 제11호 「조선형사령」을 공포하여 식민지 형사법의 체계를 정비하였다. 「조선형사령」에서는 일본의 형법, 형사소송법 등을 의용하였다.[3]

조선어학회 사건이 발생한 1940년대는 일본제국주의가 군국주의로 치달은 때로 법 역시 많은 변화가 있었다. 1925년(대정 14)에 「치안유지법」을 제정하여, 1928년(소화 3)에 긴급칙령으로 개정하였고, 1941년(소화 16)에는 「치안유지법」을 전면 개정하였다. 치안유지법은 1925년 제정과 동시에 「치안유지법을 조선, 대만 및 사할린에 시행하는 건(1925. 5. 칙령 제175호)」을 공포하여 조선에도 적용하였다.

1925년과 1928년의 「치안유지법」은 "국체國體변혁을 목적으로 하는 결사를 조직"하는 행위와 이와 관련된 행위를 처벌하는 실체적 규정을 두었을 뿐, 형사절차에 대한 특례를 규정하지 않았다. 그러나 1941년의 「치안유지법」에는 위와 같은 실체적 규정뿐만 아니라 형사절차에 대해 광범위한 특례규정을 두었다. 특

2) '依用'이란 표현은 「朝鮮刑事令」 제1조 본문 말미에서 "다음의 법률에 '依'한다"에서 나온 것이다. 이는 일본법률을 그대로 식민지 조선에 적용하는 것이 아니라 制令인 「조선형사령」에서 '이를 적용할 것'을 규정하였기 때문에 적용되는 것으로, 법률의 내용은 같지만, 일본의 법률이 아닌 조선총독의 제령이므로 법형식적으로는 엄연히 다르다. 제령에 대한 자세한 논의는 김창록, 「制令에 관한 연구」, 『법사학연구』 26(한국법사학회, 2002) 참조.

3) 이상은 졸저, 『韓國近代法史攷』(박영사, 2002), 214-5쪽 참조.

히 두드러지는 것은 3심제를 배제하고 2심제로 한 것이다. 즉 제1심의 판결에 대해서는 항소[控訴]를 할 수 없고, 직접 상고를 할 수 있도록 하였다(법 제33조). 구류는 원칙적으로 2개월이지만, 검사장의 허가를 받아 최대 1년까지 연장할 수 있도록 하여 인신구속에 대해서도 특례를 두었다(법 제23조). 또 변호사 선임을 제한하여 피고인 1인당 2명을 초과할 수 없으며, 원칙적으로 최초의 공판기일에 관련된 소환장의 송달을 받은 날부터 10일 이내에만 선임할 수 있었다(법 제30조). 그리고 예방구금을 규정하여 형기만료나 집행유예 등으로 석방된 자에게는 보호관찰을 명할 수 있으며, 그 기간은 2년으로 하지만 재판소의 결정으로 무한정 연장할 수 있었다(법 제3장 예방구금). 따라서 조선어학회 사건이 발발한 1942년 당시의 형사법원은 원칙적으로 「조선형사령」과 일본의 「형법」과 「형사소송법」, 그리고 1941년에 개정된 「치안유지법」 등이다.[4]

II. 조선어학회 사건의 전개과정

1. 사건의 발단과 전개

1919년 3·1 운동이 이후 문화정치를 표방한 조선총독부의 유화국면을 이용하여 문화면에서 민족의 활로를 타개하려는 노력의 일환으로 1921년 12월 3일에 장지영, 이병기, 권덕규, 이상춘, 신명균, 김윤경 등 15, 6명이 국어와 국문의 과학적 연구를 바탕으로 국민교육에 이바지하기 위해 '조선어연구회'를 설립하였다.[5] 그 목적은 국어 · 국문의 과학적 연구를 쌓아 2세 국민교육에 이바지하는 것이

4) 「조선총독부재판소령전시특례」(1944. 2. 15; 제령 제2호; 조선총독부령 제68호로 동년 3월 15일부터 시행)에서도 2심제를 도입하였으나 치안유지법은 이보다 앞선다. 그리고 조선어학회 사건의 제1심 판결이 1945년 1월이므로 1944년 3월 이후에 변론이 종결되었을 것이다. 그러면 조선어학회 사건에도 위 전시특례가 적용된다. 어느 법에 의하든 2심으로 종결되었다. 그러나 논리적으로 치안유지법이 형법 등에 대한 특별법이므로 위 전시특례가 아닌 치안유지법이 적용되었다고 보는 것이 논리적이다.

5) '조선어연구회'는 1908년 8월 31일에 창립한 '국어연구학회'(지금의 한글학회)를 계승한 것이다. 학회를 새로 창립했다기보다 국어연구학회(→ 배달말글모음 → 한글모)가 주시경 선생의 죽음으로 그 활동이 얼마 동안 중단됨으로써 이때에 단체의 조직을 확대·강화하기 위한 총회를 열어 '조선어연구회'라는 이름으로 부활하였다. 한글학회 편, 『한글학회 100년사』(2009), 45~6쪽.

다.[6] 이에 따라 월례발표회를 개최하고 기관지로 월간지 『한글』을 발행하였다. 1927년 이극로가 독일에서 귀국하여 문화사업의 태반이 되는 어문의 정리와 통일 및 보급을 위하여 참가하였다. 한글반포 제483주년인 1929년 10월 31일 한글 기념일[7]에 전국적으로 구성된 198명의 발기로 '조선어사전편찬회'를 조직하여 본격적으로 착수하였다.[8] 사전편찬사업 발기 취지서의 요지는 다음과 같다.

> 어문의 정리와 통일은 문화의 기초를 이루며 인류 행복의 원천을 이루는 것이다. 문명민족은 어문의 표준을 확립하기 위해 표준 언어와 문자, 사전을 편찬하여 통일을 도모하였다. 조선민족은 언어와 문자를 가지면서도 사전이 없었다. 그 때문에 조선 언어가 문란하고 문화적 삶이 황폐해졌고, 문화의 향상과 보급에 막대한 손실을 입고 있다. 세계적으로 낙오된 조선 민족을 갱생할 지름길은 문화의 향상과 보급이 급선무이며 이를 위해서는 문화의 기초가 되는 언어의 정리와 통일을 해야 한다. 외국인이 조선어를 배우기 위한 사전은 있으나 이는 조선인을 위한 것이 아니며 또 통일성이 없다. 또 조선광문회의 주시경 등이 개인적으로 사전편찬에 착수하였으나 완성된 것은 없다. 사전편찬은 개인적으로는 불가능하기 때문에 본회는 전 민족적인 인물로 구성되어 있으며 선배의 업적을 잇고 후배에게 인계하여 엄정한 과학적 방법으로 언어와 문자를 통일하여 민족적으로 권위가 있는 사전을 편찬하기로 스스로 기대하는 바이다.[9]

---

6) 회칙 제1조 "본회는 조선어의 정확한 법리를 연구함을 목적으로 한다"; 한글학회 50돌기념사업회 편, 『한글학회50년사』(한글학회, 1971), 5쪽; 그러나 이희승은 제1조가 아니라 제2조로 기억한다(이희승, 앞의 책[2000], 390쪽). 위 『한글학회50년사』에서는 조선어연구회 발기 내지 설립취지서 등을 찾을 수 없다.

7) 한글날은 다음의 과정을 거쳐 10월 9일로 확정되었다. 1926년에는 ≪세종실록≫에 따라 음력 9월 29일(양력 11월 4일)로 '가갸날'로 정하였으며, 1928년에는 '한글날'로 개칭하였고, 1932년에는 양력으로 환산하여 10월 29일로 정하였다. 1934년에는 '그레고리曆'이 아닌 세종 때의 '율리우스력'을 기준으로 10월 28일로 정하였다. 1940년 훈민정음 원본이 발견되어 반포일이 9월 上澣임을 알 수 있었고 1945년에 상한을 10일로 정하여 양력으로 환산하여 10월 9일로 정하였다(한글학회 50돌기념사업회 편, 앞의 책[1971], 7－8쪽).

8) 『동아일보』 1929. 11. 2. 사설 및 기사; NAVER 뉴스 라이브러리 '조선어사전편찬회' 검색.
일본인 伊藤韓堂이 '朝鮮語硏究會'를 설립하여 일본인을 대상으로 한글을 가르치고 있었으며, 서신 등이 혼동되었기 때문에 1931년 1월 10일에 명칭을 '朝鮮語學會'로 개칭하였다(이희승, 앞의 책, 391쪽).

9) 이상은 이희승, 앞의 책, 390－3쪽.

조선어학회는 조선총독부의 설립허가를 받은 학술단체로, 문화운동의 일환으로 순수한 학술적 차원에서 어문의 통일과 이를 바탕으로 한 사전편찬에 착수하였다.

1940년대에 접어들어서는 조선총독부는 이러한 순수한 학술활동조차도 허용하지 않고 탄압을 하였다. 1942년 여름 함남 전진역(前津驛: 홍원으로 개칭)에 철도 승객을 단속하러 나온 일본 형사가 조선총독부가 권장하는 국방복을 입지 않은 박병엽을 불심검문하고, 가택까지 수사하여 그의 조카 박영옥의 일기에서 "국어를 사용하였다가 처벌받았다"는 구절을 발견하였다. 이를 계기로 당시 국어교사인 정태진을 조사하였고, 그가 근무하고 있던 조선어학회까지 수색하였다. 그런데 특별한 단서를 찾지 못하던 차에 이극로의 책상에 있는 편지 한 통을 발견하였다. 그 편지는 만주에 있는 윤세복(尹世復; 1881~1960, 대종교 제3대 교주)이 보낸 것으로 단군성가聖歌의 작곡을 주선할 것을 부탁하는 내용이었다.[10] 이를 기화로 조선어학회를 조선독립을 꾀하는, 즉 치안유지법 상의 국체의 변혁을 목적으로 하는 단체로 규정하였다. 그리고 본격적으로 수사에 착수하였다.

2. 경찰과 검찰의 수사과정

담당 경찰서인 홍원경찰서에서는 1942년 9월 5일 정태진을 연행하였으며, 10월 1일에는 이극로 등 11명을 검거하여 홍원과 함흥으로 연행하였다. 이어서 10월 21일 이우식 등 7명을, 12월 23일에는 이인[11] 등 8명을 전국 각지에서 연행하였다. 해를 넘겨 1월 5일에는 김도연 등 2명을 검거하고 3월 말에는 신윤국 등 2명을 검거하고 김덕규와 안호상은 건강상의 이유로 구금하지 않았다. 이로써 7개월에 걸쳐 모두 33명이 관련되어 29명이 구금되었으며, 증인은 약 50명이다. 증

10) 이인, 앞의 책(1974), 125쪽; 대종교에서는 이 사건을 "임오교변"이라고 부르며 21명의 대종교 간부들이 검거되었으며, 대종교 총본사의 비품과 서적이 압수되었으며, 동만주 · 남만주 및 국내에서 대종교 간부를 체포하였다. 이동언, 『독립운동 자금의 젖줄 안희제』(역사공간, 2010), 147쪽.

11) 이인은 11월 9일 白濃 崔奎東 선생의 환갑잔치를 하고 새벽에 집에 들어왔다. 그때 들이닥친 형사들은 함흥검사국 검사 青柳五郎의 拘引狀을 제시하고 그를 연행하였다(앞의 책[1974], 126쪽).

인으로는 방종현,[12] 곽상훈,[13] 동아일보사 강릉지국장인 김두백[14] 등이 있다. 방종현은 사건 발발 6개월 전에 조선어학회 간사직을 사임하였고 또 조사에서 관련이 없다고 진술하였다.[15]

당사자를 거의 전부 검거한 1943년 2월경에 함경남도 경찰부와 홍원경찰서는 합동회의를 개최하여 사건의 처리에 대해 협의를 하였다. 조선어사전을 편찬하는 것을 치안유지법 위반으로 처리하기에는 그들 스스로도 무리가 있음을 느꼈다. 그때 조선총독부 경무국 외사과장이 함남에 방첩강화에 대한 순회강연을 와서 감방을 시찰하였다. 이때 홍원경찰서 등에서는 그에게 처리방안에 대해 "관대하게 행정적으로 석방하느냐, 가혹하게 사법적으로 입건하느냐"라고 물었는데, 그는 즉답을 회피하고 귀경 후에 담당자에게 물어 회신하겠다고 답하였다. 역시 지시는 없었다. 그러던 중 조선총독부에서 "요시찰인 중에서 위험분자로 인식되는 자는 검거를 할 것이며, 이와 같은 사건은 일체 엄중한 조치를 할 것"이라는 예비검속 명령이 내려왔다. 홍원경찰서 등에서는 이를 조선어학회 사건을 입건하라는 의미로 받아들여 결정하였다.[16]

정태진을 체포한 지 무려 5개월이 지난 1943년 1월 말경부터 경찰은 조서를 작성하기 시작하여 1943년 3월 15일경에 조서작성이 완료되었다. 이때 안재홍은 경찰의 불기소 결정으로 석방되었다. 경찰이 조서를 받을 때에는 고문을 통하여 허위사실을 자백받은 것은 불문가지이다. 허위자백을 통한 협의사실은 치안유지법 제1조 위반인 국체변혁을 목적으로 하는 조직의 결사 등이었다. 이 사건을 담당자한 자는 홍원경찰서에서는 고등계 주임 나카지마 슈죠(中島種藏), 고등계 형

12) 方鍾鉉(1905~1952): 호 일사一簑, 국어학자로 사후 그의 장서는 서울대학교 도서관에 기증되어 일사문고로 보존되고 있다. [민백]

13) 郭尙勳(1896~1980): 일제강점기 때, 동래 3·1운동 및 신간회 활동 등 독립운동을 하였으며, 해방 후에는 1948년 제헌의원부터 2대~5대 민의원에 당선되었고, 4·19 직후 1960년 대통령권한대행을 잠시 지냈다. [민백]

14) 金枓白(1900~?): 1920년 4월 동아일보 창간 때 서기로 입사, 같은 해 10월 퇴사하고 1925년 1월 재입사한 뒤 정치부와 사회부 기자로 활동했다. 동아일보사, 『동아일보사사 1』(1975), 동네: 동아미디어그룹 공식 블로그 검색.

15) 이희승, 앞의 책(2000), 361-382쪽.

16) 앞의 책; 383-4쪽; 홍원경찰서의 입장은 당시 경찰이었던 伊東에게서 들은 것이라고 한다(앞의 책, 388쪽).

사부장 안정묵(창씨개명: 安田 稔), 고등계 형사 박동철(新原東哲), 형사 尹아무개(伊東輝元), 츠네가와 겐지(恒川謙二), 카리야(假屋)아무개 등이며, 함경남도 경찰부에서는 사찰계 주임 미나기 젠난(皆木善男), 수색계 주임 주병훈(大原炳薰), 형사부장 金아무개(柴田健治) 李아무개(宋山茂) 등 10명이다. 주병훈과 안정묵이 가장 강력하게 주장하였으며, 시바다 겐지(柴田健治)와 안정묵이 가장 악독하게 고문을 하였다. 이들은 주로 사상사건을 다루어 별명이 '사람백정'이다.[17]

1943년 3월 15일 경찰의 조서작성이 끝나 4월부터 검찰에 송치되기를 기대하였지만, 검찰은 오지 않았다. 8월말이나 9월초에 검사가 왔다.[18] 담당검사는 낭인(浪人) 출신으로 한국에서 잡지를 발간하였던 아오야기(青柳南冥)의 아들 아오야기 고로오(青柳五郎)로 한국 태생이다. 그런데 검사국이 있는 함흥으로 이송되지 않고 홍원경찰서에서 검사의 조사를 받게 되었다. 검사가 조사를 할 때에는 '⊂' 형태로 된 자리에 피고인 1명을 검사와 마주보게 중앙에 앉히고 그 주위에 경찰이 앉도록 하였다. 고문하여 자백을 받아낸 경찰이 둘러있는 곳에서 다른 이야기를 하기 어려웠을 뿐만 아니라 만약 경찰의 조서와 다른 내용을 검사에게 대답하면 검사의 신문이 끝난 후 다시 경찰로부터 모진 고문을 받았다. 그런 상황에서 검사의 신문을 받았기 때문에 결국 경찰의 조서와 검사의 조서는 같을 수밖에 없었다.[19]

홍원경찰서는 검사의 조사에 앞서 의견서를 제출하였다. 안재홍을 기소하지 않기로 하여 1943년 3월 15일에 석방하였다. 이극로 등 24명을 기소하고, 신윤국 등 6명을 기소유예하며, 권덕규와 안호상은 건강상으로 이유로 기소중지하자는 의견을 제시하였다. 이에 대해 검사는 16명을 기소하고, 12명을 기소유예하였으며, 신윤국, 김종철을 불기소하였다. 그러나 기소유예처분을 한 12명을 석방하지 않고 조사에 미진한 점이 있다는 핑계로 함흥으로 이감하였다.[20] 1943년 9월 12, 13일 이틀에 걸쳐 28명을 이감하였다. 함흥에 와서는 사상범으로 독방에 감금되

17) 앞의 책, 385-8쪽.

18) 정인승의 회고에 따르면 9월 7일이다(정인승, 앞의 책[1997], 62쪽).

19) 이희승, 앞의 책, 400-3쪽.

20) 자세한 내용은 <부록 2. 관련자의 형사절차> 참조.

었다. 조사를 받았지만, 같은 검사에 같은 형사가 있어 형식적이었다.[21]

검사는 1943년 9월 18일 김윤경, 이만규, 이강래, 김선기, 정인섭, 이병기, 이은상, 서민호와 이석린, 권승욱, 서승효, 윤병호 등 12명을 기소유예로 석방하였고, 이극로, 이윤재, 최현배, 이희승, 정인승, 정태진, 장지영, 이중화, 김법린, 이인, 김도연, 이우식, 한징, 정열모, 장현식, 김양수 등 16명을 예심에 회부하였다. 독방이었지만 서로 어느 정도는 연락할 수 있었다. 그해 12월 8일에는 함흥으로 이감될 때 법정에서 부인하자고 다짐을 한 환산 이윤재가 고문의 후유증과 열악한 처우로 사망하였다.[22] 그리고 1944년 2월 22일에 효창 한징이 사망하였다. 이후 정인승, 장현식, 이인, 이우식 등에게 병보석을 허용하였다.[23]

대개는 검사의 신문을 받을 때 검사 앞에서는 옆에 앉아있는 입회 경관이 무서워 거짓 진술을 뒤집지 못하였다. 그러나 김윤경은 사정이 달랐다. 김윤경은 이미 고문의 고초를 겪은 적이 있었다. 검사는 수양동우회 사건(1937~1941) 때에 (조선)고등법원장에게 제출하였던 김윤경의 "진정서(공판정에서 구두로 진술하지 않고 내용을 적은 문서)"를 가지고 와서 그 가운데 종로서에서 구보다 마사오(窪田政雄)의 물고문 광경을 구체적으로 읽으면서 사실 여부를 확인하였는데, 그 사실에 대해서 긍정하였다. 다시 검사는 홍원경찰서에서도 그런가를 물었다. 하지만 입회 경찰이 무서워 침묵하였을 뿐이다. 검사가 다시 묻자 "상해임시정부와 연락한 일이 없고 또 조선어학회라고 개명할 때에 개인적으로 조선독립 목적을 상의한 일이 전혀 없다"고 답하였다. 그래서인지 김윤경은 기소유예처분을 받아 석방되었다.[24]

3. 예심과 제1심 재판

홍원경찰서에 있을 때 경찰들이 자백을 강요하면서 예심에 회부되면 수년을

---

21) 이희승, 앞의 책, 404−7쪽.

22) 앞의 책, 409−411쪽.

23) 정인승, 앞의 책, 69쪽; 병보석으로 석방된 자는 이우식, 김도연, 김양수, 장현식, 본인 등으로 모두 한글학자가 아니다(이인, 앞의 책, 139쪽).

24) 김윤경, 앞의 책(1985), 151쪽.

끌어 옥중에서 죽을 수도 있다고 겁을 주었다.[25] 1944년 2월 상순에 예심판사가 나타났다. 그는 기록이 방대하기 때문에 오랜 시간이 걸릴 것이라고 하였다. 4월 경에 예심판사가 심문을 시작하였다. 고문에 의한 자백임을 주장하였으나, 판사는 "경찰조서만이 아니라 검찰조서도 같은데 검사도 고문하였겠는가?"라고 질문하고 윽박질렀다. 결국 예심조서도 경찰조서와 같은 내용으로 꾸며지게 되었다. 1944년 9월 30일에 예심이 종결되었는데, 이미 사망한 이윤재와 한징을 제외하고 장지영과 정열모는 증거가 부족하여 면소되고, 나머지 12명은 정식재판으로 회부되었다.[26]

제1심 재판부는 1944년 12월 21일부터 1945년 1월 16일까지 9회 공판[27]을 하였는데, 공범으로 함께 심문해야 하지만 이 두세 명 또는 서너 명씩 재판소에 갔다. 공판은 예정대로 진행되었는데, 재판부는 예심종결결정서에 쓰인 대로 밀어붙였다. 최현배, 이희승, 정인승, 이극로, 정태진 등 한글학자는 독립의 목적으로 결사를 하고 그 목적을 수행하기 위한 행위를 하였으며, 이중화, 김법린은 이에 가담한 점이 치안유지법 위반이며, 이우식, 장현식, 김도연, 김양수, 이인[28] 등은 이를 실행하였을 뿐만 아니라 목적실행을 협의하였다는 것이다. 공판 후 검사는 8~4년의 징역을 구형했다. 유치장 미결감방에 2년 동안 가두어두고 2개월 미만의 속성으로 끝내었다. 선고에 대해 재판장은 "당신에게 이 정도의 판결은 약과이다. 그동안 법정을 다니며 얼마나 귀찮게 굴었는지 아느냐?"라고 힐난하였다.[29]

1945년 1월 16일 함흥지방법원에서 니시다(西田) 아무개와 2명의 배석판사로 구성된 재판부에서는 장현식은 무죄를, 나머지 5명은 실형을, 6명은 집행유예를 선고하였는데, 그 형량은 다음과 같다.

25) 이희승, 앞의 책, 411쪽.

26) 이희승, 앞의 책, 411－4쪽.

27) 정인승은 1944년 12월 21일부터 1945년 1월 16일까지 9회의 공판으로 선고하였다고 증언하였다(정인승, 앞의 책, 69쪽).

28) 이인은 본인에게 적용된 죄목은 조선어학회, 기념도서출판관, 양사관, 과학보급회, 물산장려운동회, 김법린에게 여비를 지원한 1928년 브뤼셀 세계약소민족대회 등 7가지로 회고하고 있다(이인, 앞의 책, 128쪽).

29) 이인, 앞의 책, 140－1쪽.

실형: 이극로(징역 6년, 미결구류일수 중 600일 통산), 최현배(징역 4년, 미결구류일수 중 700일 통산), 이희승(징역 3년 6개월, 미결구류일수 중 700일 통산), 정인승(징역 2년, 미결구류일수 중 440일 통산), 정태진(징역 2년, 미결구류일수 중 570일 통산).

집행유예: 이중화, 김법린, 이인, 김도연, 이우식, 김양수(이상; 징역 2년 집행유예 3년).[30]

변호인은 한격만,[31] 박원삼(朴元三), 유태설,[32] 나카시마 유조[33] 등이었다. 실형을 선고 받은 5명은 (조선)고등법원에 상고[34]할 것인가를 상의하였다.[35] 다만 정태진은 미결구금일수를 산입받아 네다섯 달 후이면 출소할 수 있기 때문에 포기하였다. 이극로 등 4명은 1945년 1월 18일에 상고를 하였다.[36] 그러자 재판장은 사나흘 후에 개별적으로 불러 상고취하를 권유하였고 나아가 이례적으로 같은 방에 있도록 하였다. 그리고 일본인 검사 사카모토(坂本一郎) 역시 상고를 제기하였다.[37]

실제 상고를 하면 1개월 내에는 재판이 종결되는 것이 상례이었다.[38] 그러나 5

30) 김윤경은 "징역 2년 집행유예 4년"으로 회고하였다. 김윤경, 앞의 책, 155쪽

31) 韓格晩(1899~1986): 京城法學專門學校 졸업 후 1926년 고등시험 사법과에 합격하였다. 1927년 6월 검사로 재직하다가 1929년 함흥에서 변호사등록을 하였다. 해방 후에는 검찰총장, 대법관을 역임하였다. [근현]

32) 劉泰卨(1890~1968): 1914년 경성전수학교를 졸업하고 1916년 조선총독부 판사에 임명되었으며 1926년 퇴직하고 변호사등록을 하였다. 1933년 중추원참의가 되어 1942년까지 재직하였다. [인물]

33) 永島雄藏(1881~?): 1902년 明治法律學校 졸업, 1905년 판사에 임용된 후 1912년 조선총독부 판사에 임용되었다. 1934년에 변호사등록을 하였다. [근현]

34) 회고록에는 '控訴'로 되어 있으나 법적으로는 '上告'가 옳으므로 이에 따른다.

35) 일본 형사소송법에 따르면 5일 내에 상고를 제기해야 한다(제418조).

36) 이 부분은 이희승·이인과 정인승의 회고록에 차이가 난다. 이희승과 이인은 1월 18일에 선고가 있었고, 21일에 상고하였다고 하며(이희승, 앞의 책, 491-2쪽), 정인승은 1월 16일에 선고가 있었고, 18일에 상고하였다고 한다(정인승, 앞의 책, 69, 72쪽). 그러나 상고심판결문에는 1월 16일이므로 정인승의 회고에 따른다.

37) (조선)고등법원 판결문에는 위 4명만이 아니라 피고인으로 장현식도 있는데, 검사가 장현식에 대해 상고를 했기 때문이다.

38) 당시 일본 형사소송법에서는 최초로 정한 공판기일 50일 전에 그 기일을 상고신청인 및 그 상대방에게 통지해야 하도록 규정하였다(제422조①).

월에 상고를 접수하였다는 통지가 왔는데, 이는 재판장이 상고를 취소하지 않은 것에 대해 보복하기 위해 일부러 서류를 (조선)고등법원에 늦게 보내었기 때문이다. 상고를 한 이유는 함흥이 아닌 서울에 이감(移監)되기를 희망해서였다. 이는 가족들의 노고를 줄일 수 있는 방편이었다. 그러나 상고를 하였음에도 불구하고 여전히 함흥교도소에 있었다. 7월 중순 경에 (조선)고등법원에서 공판일자가 8월 12일로 잡혔다는 연락이 왔으며, 그날이 다가와도 이감은 이루어지지 않았고, 변호인조차 (조선)고등법원에서 변론을 할 수 없었다.[39] 그 이후 연락이 두절되었다. 그 후에 8월 13일에 상고기각으로 판결이 확정되었음을 알았다.[40]

통신망의 두절로 (조선)고등법원의 판결문이 함흥에 도착하기 전에 해방이 되었다. 그래서 행정절차상으로 공백이 생기게 되었다. 해방이 되자 일본인 간수는 모두 도망가고 한국인 간수장 아리요시(有吉) 아무개가 사무를 보았다. 다른 죄수들은 석방이 되었으나 이들은 석방이 되지 않았다. 함흥의 유지들이 조선어학회 관련자들이 석방이 되지 않자 당시 함흥지방검사국의 엄상섭[41] 검사를 찾아갔다. 엄상섭은 출옥명령서를 작성하여 간수장에게 제시하자 8월 17일 오후에 출감하였다. 그 날 함흥유지들과 함께 출옥환영회 및 광복축하연을 갖고 이튿날인 8월 18일 서울로 가는 마지막 열차를 타고 모두 서울로 돌아왔다.[42] 또 경찰에 압수된 국어사전 원고는 증거물로 7월 28일에 서울로 이송되었고, 10월 2일 봉태정 서울역의 조선운송주식회사 창고에서 거의 완벽한 상태로 발견되었다.[43] 상고함에 따라 재판서류와 함께 증거로 국어사전 원고를 서울로 보냈기 때문이다.

조선어학회 사건은 1942년 9월 5일 정태진의 연행에서부터 1945년 8월 13일

39) 법률심인 상고심에서는 상고이유서와 기타 소송기록에 의하여 변론 없이 판결을 선고할 수 있으며, 당사자가 출석하지 않고서도 판결을 선고할 수 있다(신동운, 『신형사소송법』[제5판: 법문사, 2014], 1655쪽).

40) 이희승의 회고록에는 12일이나 (조선)고등법원의 판결문에는 8월 13일이므로 이에 따른다.

41) 嚴尙燮(1907~1960): 고등고시 사법과 합격, 검사에 임용되었다. 해방 후에는 검사를 거쳐 입법의원 및 국회의원으로 활동하면서, 현행 형법과 형사소송법 제정에 기여하였다. 신동운 · 허일태 편저, 『효당 엄상섭 형법논집』(서울대학교 출판부, 2003); 신동운 편, 『효당 엄상섭 형사소송법논집』(서울대학교 출판부, 2005) 참조.

42) 이상은 이희승, 앞의 책, 491－5쪽.

43) 『매일신보』 · 『신조선보』 · 『자유신문』 1945. 10. 6자. 한국사데이터베이스[http://db.history.go.kr/] 검색.

상고심인 (조선)고등법원의 판결까지 무려 2년 11개월이 소요되었다. 1942년 9월부터 1943년 3월말까지 7개월에 걸쳐 30여 명을 검거대상으로 삼아 33명을 체포하였다. 또 증인 등으로 48명을 조사하는 등 모두 82명을 수사 또는 조사하였다. 그 결과 경찰에서는 1명은 불기소를, 체포하지 않은 2명은 기소중지를, 6명에 대해서는 기소유예처분을, 나머지 24명에 대해서는 기소처분을 하기로 하였다. 그러나 검찰은 13명에 대해 기소유예처분을, 16명에 대해 기소를 하여 예심에 회부하였다. 예심기간 동안 이윤재와 한징이 옥사하였고, 예심에서는 14명 가운데 장지영과 정열모에 대해서는 증거불충분을 이유로 면소하고 나머지 12명은 공판에 회부하였다. 제1심에서는 11명에 대해 유죄판결을 내려 국어학자 5명에 대해서는 징역 6년에서 2년의 실형을 선고하고 나머지 6명에 대해서는 집행유예를, 1명에게는 무죄를 선고하였다. 실형을 선고 받은 4명이 상고를 하자 검사는 이들과 함께 장현식(무죄)에 대해서도 상고하여 1945년 8월 13일 전원에 대해 (조선)고등법원에서 상고기각 판결을 선고하여 조선어학회 사건은 종결되었다.

III. 실체법적 분석

〈예심종결결정서〉에 따르면 조선어학회 사건에 적용된 법조는 치안유지법 제1조와 제5조 위반이다. 치안유지법 제1조는 "국체國體의 변혁을 목적으로 결사를 조직한 자 또는 지도자 등"을, 제5조는 "위 결사의 목적을 수행한 행위"를 한 자를 처벌하고 있다. 여기서 '국체의 변혁'은 통치권자인 천황의 절대성에 변경을 가하는 일체의 행위라고 해석되었다. 그래서 조선의 독립을 꾀하는 행위는 일본의 통치권·영토권으로부터 이탈하는 행위이기 때문에 당연히 이 범주에 포섭되었다.[44] 재판은 사실을 확정한 다음에 그에 해당하는 법조문을 적용하여 형을 선고하는 것이다. 여기에서는 먼저 범죄혐의 사실의 확정에 대해 살펴본 다음, 이 사실에 대한 법적용에 대해 살펴보자.

44) 한인섭, 『한국형사법과 법의 지배』(한울아카데미, 1998), 38쪽; 특히 (조선)고등법원의 입장에 대해서는 水野直樹/ 이영록 역, 「조선에 있어서 치안유지법 체제의 식민지적 성격」, 『법사학연구』 26(한국법사학회, 2002); 오기노 후지오 지음/ 윤소영 옮김, 『일제강점기 치안유지법 운용의 역사』(역사공간, 2022) 참조.

1. 혐의사실의 확정

조선어학회 수난 사건이 왜 국체변혁에 해당하는지에 대한 조선총독부의 입장을 〈예심종결결정서〉를 통하여 들어보자. 이는 서론에 해당하는 부분과 당사자[피고] 14명에 대한 개별적 의견으로 구성되어 있다. "민족 고유의 어문의 정리 · 통일 · 보급을 목적으로 하는 어문운동은 가장 근본적인 민족운동이며, 이는 세계사에서 검증된 가장 유력하고 효과적인 운동이다. 1919년 3 · 1운동 이래 실력양성운동이 제 기능을 발휘하고 있지 못하고 있다. 그리고 민족주의 운동진영의 활동이 쇠락기에 접어든 1930년대 이래 조선어학회를 중심으로 한 어문운동은 민족의식의 고양 등에서 중추적인 역할을 하였다"고 단정한 서론은 조선어학회 수난 사건에 대한 그들의 전반적인 시각을 잘 보여주고 있다.

예심에서는 다음과 같이 조선어학회를 민족운동사에서의 위상을 정립하여, 치안유지법 상의 국체변혁을 목적으로 하는 단체로 규정하였다.

> 민족운동의 한 형태로 어문운동은 민족 고유의 어문의 정리 · 통일 · 보급을 목적으로 하는 문화적 민족운동임과 동시에 가장 심모원려深謀遠慮를 포함하는 민족독립운동의 점진적 형태이다. 민족 고유의 언어는 민족 내의 의사소통은 물론 민족감정 및 민족의식을 양성하여 굳은 민족결합을 낳게 하여 이를 표기하는 민족 고유의 문자가 있어 비로소 민족문화를 성립시키는 것으로 민족적 특질은 그 어문을 통해 민족문화의 특수성을 파생하여 향상 발전하고 그 고유문화에 대한 과시 · 애착은 민족적 우월감을 낳아 그 결합을 굳건히 하여 민족은 발전한다. 민족언어는 민족 자체와 관련이 있으므로 약소민족은 반드시 민족언어의 보존에 노력함과 동시에 발전을 꾀하며 통일과 보급에 노력한다. 어문운동은 민족 고유문화의 쇠퇴를 방지할 뿐만 아니라 그 향상과 발전을 초래하고, 문화의 향상은 민족 자체에 대한 보다 강한 반성적 의식을 가지게 하여 강렬한 민족의식을 배양함으로서 약소민족에게 독립의욕을 낳게 하고 정치적 독립달성의 실력을 배양하게 하는 것이다. 이 운동은 18세기 중엽 이래 유럽 약소민족이 되풀이해온 세계 민족운동사 상 가장 유력하고 효과적인 운동이다. 조선어학회는, 1919년의 3 · 1운동[만세 소요 사건]의 실패를 되돌아보고 조선독립을

장래에 기하기 위해서는 문화운동에 의한 민족정신의 함양 및 실력양성이 급선무라고 해서 대두된 소위 실력양성운동이 그 본령을 충분히 발휘하지 못하였는데, 1931년 이래 이극로를 중심으로 한 문화운동 중에서도 그 기초적인 어문운동을 통해 문화운동의 가면 아래에 실력양성단체로 활동하였다. 그 활동은 조선어문에 깃든 조선민심의 세세한 부분에 닿아 깊이 심저에 파고듦으로써 조선어문에 대한 새로운 관심을 낳게 하여 편협한 민족관념을 배양하고 민족문화의 향상, 민족의식의 앙양 등 조선독립의 실력신장에 기여한 바가 뚜렷하다. 조선어학회는 민족주의 진영에서는 단연 빼놓을 수 없는 지위를 차지하고 공산주의 운동에 위축되어 자연 소멸하거나 사교단체로 전락하여 그저 명맥만 유지해온 다른 민족주의단체 사이에서 홀로 민족주의의 아성을 사수한 것으로 언문신문 등의 열렬한 지지 하에 조선인 사회에 심상한 반향을 불러일으키고 특히 조선어사전편찬사업 등은 미증유의 민족적 대사업으로서 촉망받는 것이었다.[45]

즉, 민족 고유의 어문의 정리 · 통일 · 보급을 목적으로 하는 어문운동은 가장 근본적인 민족운동이며, 이는 세계사에서 검증된 가장 유력하고 효과적인 운동이다. 1919년 3 · 1운동 이래 실력양성운동이 제 기능을 발휘하고 있지 못하고 있다. 그리고 민족주의 운동진영의 활동이 쇠락기에 접어든 1930년대 이래 조선어학회를 중심으로 한 어문운동은 민족의식의 고양 등에서 중추적인 역할을 하였다고 단정하였다.

이어서 이극로, 최현배, 이희승, 정인승 등 12명에 대해 구체적인 범죄혐의 사실을 적시하였다. 개인에 대해서는 이와 직접 관련이 없는 생애를 기술하여 이들이 철저한 민족주의자임을 강조한 다음 조선어학회를 통한 민족독립운동의 구체적인 양상을 적시하였다. 기술방식은 이극로를 중심으로 기술하여 다른 사람에 대해서는 이극로에 대해 기술한 내용을 그대로 적용하는 형식을 취하고 있다. 〈예심종결정서〉에서 이극로와 최현배에 대한 부분은 다음과 같다.

제1. 이극로는 서당에 한문을 배우고, 사립초등학교에서 고등과 1년을 수료한

45) <예심종결결정서>는 전체가 1개의 문장으로 되어 있다. 필자가 편의로 문장과 문단을 나누었으며, 아래도 같다.

後, 17세에 만주로 가서 초등학교 교원을 지낸 후 1915년 상해로 가서 독일인이 경영하는 동제東濟대학에서 공부를 하다가 상해파 고려공산당 영수 이동휘가 이르쿠츠伊市파 고려공산당과의 분쟁을 해결하기 위해 국제공산당의 지시를 받으려고 모스크바에 간 것을 기화로 독일에 가서 1922년 베를린대학 철학부에 입학하여 1927년에 철학박사학위를 받고 1929년에 귀국하였다. 만주에 있을 때 박은식, 윤기섭, 신채호 등 민족주의자들로부터 교화를 받고 민족적 종교인 대종교에 입교하여 민족의식을 품고 조선독립운동에 전념하기로 결심하였다. 1927년 벨기에 브뤼셀에서 개최된 제1회 세계약소민족대회에 김법린 등과 조선대표로 참석하여 (1) 시모노세키조약에서 보장된 조선독립의 실행을 일본정부에 요구할 것, (2) 조선에서 총독정치를 즉시 중지할 것, (3) 상해임시정부를 승인할 것 등의 3개항을 제출하고 조선독립을 위한 원조를 요구했으나 승인되지 않았다. 이를 계기로 조선독립에 외세의존적인 관념을 시정하고 조선민족의 문화와 경제력을 양성・향상시키면서 민족의식을 환기・앙양함으로서 독립의 실력을 양성한 후에 무장봉기 등의 방법으로 독립을 실현해야 한다고 생각하였으며, 귀국길에 이승만, 서재필 등을 만나 이 견해를 굳건히 하였다. 귀국 後 실력양성운동으로서 문화운동이 부진함을 개탄하고 조선 고유문화의 쇠퇴와 민족정신의 불통일은 조선어문의 난맥과 불통일에 있다고 보고 이를 통일·정리하기 위해 우선 표준조선어사전을 편찬하는 것이 첩경이라고 생각하였다. 같은 생각을 가지고 있던 민족주의자 신명균, 이중건 및 이윤재[廣村 充]와 협의하고, 우선 사전편찬의 경험이 있는 상해대한민국임시정부 요인인 김두봉을 초빙하여 사전편찬을 기도하여 1929년 7월경에 이윤재를 상해에 파견하였는데, 김두봉이 이를 승낙하지 않아 독자적으로 계획하였다. 이때 최현배, 장지영, 정열모 등과 함께 1929년 10월 31일 조선교육협회에서 창립총회를 개최하여 '조선어사전편찬회'를 조직하고, 이극로, 신명균, 이중건, 이윤재, 최현배 등이 상무위원이 되어 편찬에 착수하였다.

(一) 표준적인 조선어사전편찬을 위해서는 일반에게 권위가 있다고 인정되는 조선어연구단체가 연구하여 정리·통일하고 이를 선전·보급하는 것이 조선독립을 위한 실력양성운동으로서 가장 효과적이라고 생각하였다. 1930년 1월 하순경 미국, 영국에서 상해를 거쳐 귀국하는 김양수를 통해 "조선어의 연구와 사전

편찬은 민족독립운동으로는 아무런 의미가 없고 통일된 조선어문을 민중에게 선전·보급함으로써 비로소 조선 고유문화의 유지·발전 및 민족의식의 배양을 기할 수 있으며, 조선의 실력양성도 가능하므로 이 방침으로 나아갈 것"이라는 지시를 김두봉으로부터 받아서 조선독립을 위해 어문운동에 전력하기로 하였다. 그 방법으로 활동이 부진한 '조선어연구회'는 이극로의 입회 이래 신명균, 이윤재, 최현배의 활동으로 조선어문연구단체 가운데 가장 유력한 단체로 되자, 조선어의 연구와 보급을 목적으로 하는 합법적인 면을 이용하여 조선어 및 문자보급에 의한 조선독립단체로 개조하려고 기도하여 1930년 9월부터 11월 사이에 김두봉의 지시에 따른 활동을 준비하였다. 1931년 1월 10일 동일단체의 존재에 따른 명칭의 혼란을 회피함과 동시에 적극적인 조선어문의 보급운동을 전개하기 위해 "조선어문을 정리·통일하여 이것을 조선민중에 알리는 한편 표면상 조선어문의 연구·보급으로 조선 고유문화의 향상과 조선 민중의 민족의식의 환기·앙양에 의해 조선독립의 실력을 양성하여 조선독립을 실현할 것을 목적"으로 하는 '조선어학회'라는 결사를 조직하였다.

(가) 조선어학회 사무소에서 이윤재, 최현배, 이희승 외에 사정을 모르는 장지영, 권덕규, 김윤경, 이병기, 이만규 등과 함께 조선문자 철자법 통일에 대해 논의를 한 후, 1933년 10월에 서울에서 중류계급이 사용하는 조선어의 발음을 표준어로 하는 "표음식 조선어 철자법 통일안"을 작성하여 공표하고 그 후 이희승, 정인승과 함께 이를 개정하여 1940년 6월 개정안을 공표하여 조선일보, 중외일보, 동아일보 등 언문신문사 및 언문잡지 거의 모두에 위 철자법을 채용하도록 하였다.

(나) 조선 내의 방언을 정리하여 표준조선어로 사정할 필요가 있어서 1934년 12월 이윤재, 최현배, 이희승, 김윤경, 이만규와 협의하여 이극로, 최현배, 신명균, 이윤재 등 4명이 원안을 작성하여 1935년 1월 장지영, 이강래 등 각도 출신을 추가하여 1936년 10월 표준어를 사정하고 이를 훈민정음 반포기념 축하일에 공표하였다.

(다) 1931년 1월 하순 이래 이희승, 정인섭 등과 함께 또 1938년 4월 경 김선기를 추가하여 외래어 표기법 통일 초안을 작성하여 1941년 1월 통일안을

결정하여 공표하였다.

(라) 1929년 조선총독부에서 개정언문철자법을 발표한 결과 각지에서 신철자법에 대한 연구열이 높아진 것을 계기로 하여 언문강습회를 개최하여 이를 계기로 조선민중의 민족의식 환기·앙양을 기도하여 1931년 7월 이윤재, 최현배, 이희승, 김윤경, 이강래, 이병기 등과 강습회 개최를 협의하여 언문의 역사성을 이야기하고, 언문이 조선민족과 불가분의 관계이며, 언문을 연구하는 것이 민족정신을 유지하는 것임을 강조하여 수강자의 민족의식의 환기·앙양에 힘쓸 것을 합의하여 1932년 7, 8월에 이만규와 함께 강습회를 개최하였으며, 1934년에는 당국의 금지로 중단하였다.

(마) 1926년 이래 조선어 및 문자의 보급과 민족의식을 앙양하기 위해 음력 9월 29일에 거행하고 있던 세종대왕의 한글창제반포일 기념 축하식을 조선어학회에서 주최하기로 하고 1931년 이래 반포 서문 및 언문의 우수성을 강조하는 연설을 하여 민족적 분위기를 양성에 힘써 왔으며, 1936년에는 안창호(사망)가 "조선민족은 선조로부터 계승된 모든 것을 잃고 결국 국가조차도 상실하게 되어 겨우 조선어만 보유하는 상태이므로 이의 보급·발달에 힘쓰지 않으면 안 된다"는 연설을 해서 당국의 주의를 받고 또 1937년 중일전쟁의 발발로 중단되었다.

(바) 기관지『한글』을 1932년 1월부터 1942년 6월까지 월간으로 발행하였다.

(사) 조선어사전편찬은 재정난과 다른 사업으로 1933년 6월부터는 중지되었는데, 김양수의 알선으로 재정지원을 얻어 1936년 3월부터 재개되었다. 1938년 1월부터 정인승, 이중화, 한징과 함께 어휘의 채록과 주해는 조선독립의 근본목적에 따라 민족정신을 고취하는 일관하는 취지 하에 조선의 민족정신을 말살·훼손하는 문구의 사용을 피해 당국의 검열이 허용하는 범위 내에서 암암리에 민족의식의 앙양을 꾀하도록 하였다. 1938년 6월 사무원이 된 권승욱, 7월에 권덕규, 1941년 4월 정태진 등과 함께 작업하여 1942년 9월까지 수록 어휘 약 15만어, 1만 6천 쪽의 원고를 작성하였다.

(아) 조선어 출판물의 보급을 위해 태국의 실례에 따라 조선민중에게 관혼상

제 등의 비용을 절약하여 그 일부로 조선어 도서출판을 기획하여 이를 별도의 단체를 만들기로 하여 1935년 11월에 논의하고 이인 등의 협조로 "조선 기념도서 출판관"이라는 단체를 결성하였다.[46] 1938년 1월 이인의 부모 환갑 축하비용 1,200원을 지원받아 김윤경의 『조선 문자 및 어학사(朝鮮文字及語學史)』를 발행하였고,[47] 2월에는 오세억이 결혼비용을 절약하여 기념으로 노양근의 『날아다니는 사람』을 출판하여 배포하였다.[48]

(자) 1932년 4월에 김법린을, 1936년 4월에 정인승·한징을 결사에 가입하게 하였다.

(二) 표면상 학술연구기관을 표방하면서 안으로는 조선문화의 향상과 조선정신의 선양을 꾀함과 동시에 독립운동 투사 및 독립 후의 지도적 인재양성을 할 결사의 조직을 꾀하였다.

(1) 1936년 1월 이윤재의 집에서 위의 취지에 대한 찬동을 얻어 황해도 안악의 부호 김홍량에게 자금을 제공하고 결사의 조직을 협의하였으나 김홍량이 출자할 전망이 없자 이 계획은 좌절되었다.

(2) 이우식에게 출자하여 위와 같은 결사를 조직할 것을 계획하여 1937년 5월 안호상의 집에서 안호상과 동아일보 기자 대원일수(大原一叟)와 함께 이우식에게 개요를 알리고 찬동을 받아 10만원의 자금출자를 승낙받았다. 그러나 12월에 이우식이 자금제공이 어려워져서 좌절되었다.

(3) 1941년 9월 이우식이 서울에서 의령으로 귀향하게 되자 이우식에게 출자를 요구하여 1942년 1월까지 제공하기로 하였으나 1941년 12월 태평양전쟁의 발발로 계획을 연기하였다.

이로써 전후 수년에 걸쳐 조선독립의 목적으로 그 목적사항의 실행에 관하여 협의하였다(밑줄은 필자).

제2. 최현배는 히로시마 고등사범학교를 거쳐 1925년 3월 교토京都제국대학

46) 태국을 여행한 이극로가 태국인은 관혼상제 대사가 있으면 이를 기념하려고 문집을 간행하여 부처님에게 헌정하고, 그래서 태국의 문화가 융성하다고 한 것이 계기이다. 이인, 『반세기의 증언』, 120-1쪽. 1935년 3월 15일에 발기총회를 개최하였다. 『매일신보』, 1935. 3. 16, 기사.

47) 『매일신보』, 1938. 1. 23 기사.

48) 『매일신보』, 1938. 11. 27 기사.

문학부 철학과를 졸업하고 동 대학원에서 교육학을 전공하였으며, 1926년 4월부터 1938년 7월까지 연희전문학교 교수로 재직하였으며, 홍업구락부 사건으로 사직하고 사무원으로 있었다. 합방 초기부터 조선독립을 희망하여 김두봉, 주시경의 감화를 받고 대종교에 입교하였다. 1919년 3·1운동의 자극을 받았으며,『민족갱생의 길』을 저술하기도 하였다. 1927년 이후 "홍업구락부"에 가입하여 1938년 9월 경성지방법원 검사국에서 치안유지법 위반으로 기소유예처분을 받았다. 조선어문운동에 관심을 가지고 이극로와 함께 조선어사전편찬회를 조직하여 상무위원이 되어 제1의 (一)에서 언급한 바와 같이 조선독립을 목적으로 하는 결사를 조직하여 동 결사를 위해

(1) 이극로의 (一)(가)(나)(다)(라)(마)(바)(사),

(2) 이극로의 (一)(아)와 같은 조선 기념도서 출판에 참여하고,

(3) 1935년 5월 및 1940년 3월 조선어사전에 사용할 문법술어에 대해 협의하여 위 결사의 목적수행을 위한 행위를 하였다(밑줄은 필자).[49]

〈예심종결결정서〉에서 이극로와 최현배에 대한 기술에 따라 혐의사실을 다음과 같이 크게 4개로 정리할 수 있다.

> ① 국체변혁을 목적으로 하는 결사인 '조선어학회'의 결성과 가입 및 가입을 권유한 사실, 즉 조선어학회의 활동을 통하여 민족독립운동을 한 범죄 행위이다. 여기에는 다시 "(가) 철자법 통일안, (나) 표준어 사정, (다) 외래어표기법, (라) 언문강습회, (마) 한글날 기념회, (바)『한글』발행, (사) 조선어사전편찬, (아) 조선 기념도서 출판" 등으로 구분하였다. 조선어학회와는 무관하게 독자적인 행위로 ② 인재양성을 위한 결사의 조직, ③ 문법술어의 협의, ④ 교육과 강연을 통한 민족의식의 고취

이에 따르면 국어학자인 이극로, 최현배, 이희승 등은 결사의 조직 및 가입과 활동 사실이 인정되었으며, 정인승은 가입과 사전편찬 등의 혐의 사실이 인정되었다. 그리고 이우식 등은 사전편찬의 자금을 지원한 혐의로, 대개는 조선어학회 활동과는 직접 관련이 없는 교육이나 강연을 통한 민족의식을 고취한 혐의가 인

49) 본서, 114쪽, 124쪽 이하 참조.

정되었다(부록 3: 범죄 혐의 사실 참조). 제1심 판결은 혐의의 수에 따라 징역 6년에서 2년, 징역 2년에 집행유예 3년 형을 선고하였다.

예심에서는 장지영, 정열모에 대해 혐의사실을 인정하기 어렵다고 면소결정을 하였는데, 그 내용은 다음과 같다.

(3) 장지영 및 정열모가 이극로 외 4명과 조선독립을 목적으로 하는 '조선어학회'라는 결사를 조직하여 장지영이 이극로의 (가)(나)(마)(바)의 행위를 하고, (4) 정열모가 1931년 4월부터 1939년 10월까지 사립 김천중학교 교원 또는 교장으로 조선언문의 우수성을 강조하는 등으로 민족의식을 주입하여 조선독립운동의 투사가 되도록 그 목적사항을 선동한 사실에 대해서는 공판에 부칠 만한 범죄혐의가 없으므로 장지영, 정열모 양인에 대해서는 형사소송법 제313조에 따라 면소를 선고한다.[50]

조선총독부는 조선어학회의 결성과 이에의 가입, 한글맞춤법 통일, 표준어사정, 외래어표기법, 한글강습회, 한글날 기념회, 기관지 『한글』 발행, 조선어사전 편찬, 문법술어의 협의, 조선 기념도서의 출판 등 학술활동과 관련된 모든 행위를 '국체변혁을 목적으로 하는' 범죄사실로 규정하였으며 나아가 단순한 인재양성을 위한 결사조직까지도 범죄사실로 하였다. 이는 당시 조선총독부 나아가 일본제국주의의 조급성을 여실히 드러내고 있다.

2. 적용법조의 문제

예심에서는 사실을 확정한 다음에는 이에 대해 구체적인 법조항을 적용하여 공판에 회부할 것인가를 결정한다. 그런데 이 사건은 1929년 조선어학회의 결성부터 1942년까지 장기에 걸쳐 일어난 사건이다. 근대형법의 가장 중요한 목표는 권력자의 임의적 · 자의적 처벌로부터 개인을 보호하기 위한 것이다. 이는 "법률 없으면 범죄 없고, 범죄 없으면 처벌 없다"는 '죄형법정주의罪刑法定主義'로 표현되어 있다. 일본 형법에서는 해석상 이 원칙이 인정되었다. 이에 따르면 행위

50) 본서, 138쪽 참조.

에 대한 처벌은 행위시의 법률에 따라야 한다.[51] 조선어학회 사건에 적용된 법률은 「치안유지법」 제1조와 제5조이다. 이 사건에 적용된 치안유지법은 1928년 및 1941년에 개정된 법이다. 「치안유지법」 제1조와 제5조는 다음과 같다.

제1조 ① 국체변혁을 목적으로 하여 결사를 조직한 자 또는 결사의 임원 기타 지도자의 임무에 종사한 자는 사형, 무기 또는 5년 이상의 징역에 처하며, 그 정情을 알고서도 결사에 가입한 자 또는 결사의 목적수행을 위한 행위를 한 자는 2년 이상의 유기징역 또는 금고에 처한다. [1928. 칙령 129][52]

제1조 국체변혁을 목적으로 하여 결사를 조직한 자 또는 결사의 임원 기타 지도자의 임무에 종사한 자는 사형, 무기 또는 7년 이상의 징역에 처하며, 그 정을 알고서도 결사에 가입한 자 또는 결사의 목적수행을 위한 행위를 한 자는 3년 이상의 유기징역에 처한다.

제5조 제1조 내지 제3조의 목적으로 그 목적사항의 실행에 관한 협의 또는 선동을 하거나 또한 그 목적사항을 선전하거나 기타의 목적수행을 위한 행위를 한 자는 1년 이상 10년 이하의 징역에 처한다.

부칙 2 제1장의 개정규정은 본법시행 전 종전의 규정에 정한 죄를 범한 자에게 역시 이를 적용한다. 단 개정규정에 정한 형이 종전의 규정에 정한 형보다 무거울 때에는 종전의 규정에 정한 형에 의하여 처단한다. [1941. 법률 54]

1928년과 1941년의 치안유지법 제1조는 기본적 범죄구성요건은 같으며 다만 형벌의 차이만 있다. 전단 '결사의 조직 및 가입죄'의 경우 5년 이상의 징역이 7년 이상의 징역으로, 후단 '결사의 목적수행 행위죄'는 2년 이상의 유기징역 또는 금고에서 3년 이상의 유기징역으로 강화되었다. 그리고 1941년에는 제5조를 신설

---

51) 일본 형법에는 죄형법정주의를 선언하는 명문의 규정은 없다. 하지만, "일본 신민은 법률에 의하지 않고서 체포, 구금, 심문, 처벌을 받지 아니한다"는 大日本帝國憲法 제23조 및 "유죄판결을 할 때에는 법령의 적용을 명시"해야 하는 형사소송법 제360조에 따라 당연히 인정되고 있다. 牧野英一, 『刑法總論』(新法律學全集 23: 日本評論社, 1937), 78面 참조.

52) 1928년의 개정은 법률이 아닌 긴급칙령으로, 공포 후에 제국의회의 승인을 받아 효력이 유지되었다. 참고로 동조 제2항은 "사유재산제도를 부인하는 것을 목적으로 결사를 조직한 자, 결사에 가입한 자 또는 결사의 목적수행을 위한 행위를 한 자는 10년 이하의 징역 또는 금고에 처한다"로 본고와 관련이 없다.

하여 '목적수행을 위한 협의, 선동 또는 선전'을 1년 이상 10년 이하의 징역으로 처벌하도록 하였다.

예심에서는 관련자 전원에 대해 제1조의 결사의 조직(이극로, 최현배, 이희승), 가입(김법린) 또는 목적수행행위(정인승, 이중화, 이우식, 김양수, 장현식, 김도연, 이인, 정태진) 협의를, 그리고 이극로, 이우식, 이인, 김법린, 정태진에 대해서는 제5조의 실행협의나 선동 협의를 인정하였다. 치안유지법 제1조 위반과 제5조 위반은 별개의 행위이지만 실질적으로는 동일한 목적을 가진 1개의 범죄행위인 것이다. 따라서 법정형이 가벼운 제5조 위반은 법정형이 무거운 제1조에 포함되어 제1조 위반만 문제로 된다.

또 주목해야 할 것은 직접적인 협의사실로는 인정하지 않지만 결과적으로 인정하는 사항이 있다. 즉 이극로, 최현배, 이희승의 결사조직 및 이우식, 김법린의 결사 가입 그리고 이극로, 이희승의 인재양성을 위한 결사조직에 대해서이다(부록 3의 '△' 표시 부분). 1929년 조선어학회는 어문의 과학적 연구와 이를 통한 2세 국민교육에 이바지하는 것을 목적으로 설립되었기 때문에 독립의 목적, 즉 국체변혁의 목적이 뚜렷하지는 않았다. 그래서 조선어학회의 조직 등에 대해 직접적으로 협의사실을 인정하지 않고 있다. 치안유지법 제1조 위반행위는 "국체변혁을 목적"으로 하는 '목적범'이므로, 구체적인 목적이 확정적으로 드러나야만 성립한다. 그러므로 처음 조선어학회라는 결사를 조직할 때에는 그 설립취지 등에는 이러한 목적이 분명하게 드러나지 않았다. 그러므로 위법은 아니었다.[53]

조선어학회가 사전편찬, 한글보급운동 등 각종 활동을 하면서 민족의식이 고취되어서 독립운동으로 방향을 전환하게 된 경우를 상정할 수 있다. 실제로 경찰은 '조선어연구회'를 '조선어학회'로 개칭한 것을 조직의 변경이며 동시에 목적도

53) 변호사들은 수양동우회 사건에 대한 판결을 근거로 무죄를 주장하였다. "인격을 수양하고 무실역행으로 경제적 실력을 배양한다"는 것이 수양동우회의 주요강령이었다. 여기에는 조선의 독립이 전면에 나타나 있지 않다. 그러나 이 강령을 실천하면 '자연히 조선의 독립을 달성할 수 있을 것'이므로, 조선독립은 수양동우회의 사실상-이면상裏面上-의 목적이었다. 조선총독부에는 수양동우회를 조선독립을 목적으로 삼는 단체로 규정하여 처벌하려고 하였다. 일본 변호사는 간접목적은 범죄를 구성하지 않는다고 주장하여 무죄판결을 받았다. 이희승, 앞의 책, 489-490쪽). 그러나 (조선)고등법원, 1942년 1월 26일 선고 1941년刑上제144호 판결에서는 이를 부정하고 간접목적도 범죄를 구성한다고 판시하였다(본서, 153쪽 주 14 참조).

변경하였다고 트집을 잡았다.[54] 사전편찬 등 구체적인 활동이 바로 조선독립의 목적을 띤 행위이므로 이는 바로 치안유지법 제1조 위반이 된다. 그런데 조선어학회를 결성하고 그 목적에 따른 활동은 행위 자체는 여러 번에 걸쳐 있지만, 전체로 보아서는 1개의 행위 내지 범죄로 파악할 수 있다. 즉 '조선어학회'라는 결사를 조직하고 이에 가입하고 그 목적수행 행위를 하는 것은 문화운동을 통한 민족독립행위인 것으로 치안유지법 제1조 소정의 국체변혁을 목적으로 하는 일련의 행위이다. 예심종결결정서에서 나와 있듯이 바로 '연속범連續犯'에 해당한다.[55] 나아가 조선어학회의 결성 자체도 이에 해당한다고 본 것이다. 조선총독부는 연속범의 개념을 이용하여 조선어학회의 결성부터 구체적인 행위까지 처벌하였다.

IV. 절차법적 분석

형사소송의 목적은 한편으로는 피의자 내지 피고인을 일정한 절차에 따라 재판을 하고 유죄를 확정하여 처벌하기 위함이면서, 동시에 다른 한편으로는 적법한 절차에 따라 이들의 인권을 보장하기 위함이다. 근대 형사법은 거대한 국가권력으로부터 나약한 개인을 보호하기 위하여 탄생하였다. 이러한 탄생배경을 생각해보면 형사소송 내지 형사절차에서 개인의 처벌보다는 개인의 보호가 더 우선임을 알 수 있다. 그러면 조선어학회 사건에서는 개인의 인권보호라는 근대 형사소송법의 이념이 어떻게 왜곡되었는가를 살펴보자.

조선에 적용된 당시 일본 형사소송법 제1조에서는 "재판지(裁判地)를 범죄지 또는 피고인의 주소나 거소(居所) 또는 현재지"로 규정하였다. 이는 사건의 효율적 처리와 피고인의 방어권을 보호하기 위해서이다. 조선어학회 수난 사건의 피고인은 많고 또 범죄지는 넓지만 핵심인물은 서울에 거주하며, 핵심적인 사건은 조선어사전편찬이므로 범죄지도 서울이다.[56] 그러므로 수사는 물론 재판도 서울

54) 이희승, 앞의 책, 391쪽.

55) 형법 제55조 "연속한 수개의 행위가 동일한 죄명에 저촉될 때에는 1개의 죄로써 이를 처단한다"; 자세한 것은 牧野英一, 앞의 책, 290－4面; 이의 문제점에 대해서는 신동운, 『형법총론』(제14판: 법문사, 2022), 796~9쪽. 1953년 제정형법에서는 연속범을 폐지하였다.

56) 경찰은 조선어학회를 항상 감시를 하고 있었다. 그래서 표면적으로는 최대한 조선총독부에 협조를 하여, 신사참배, 국방헌금, 근로봉사에도 참여하였으며, 또한 친일파의 거두 한상용, 최린 등

에서 이루어져야 한다. 하지만 서울이 아닌 함경남도 홍원과 함흥에서 진행되었다. 수난 사건이 발발하였을 때, 이극로는 국민총력조선연맹 총재를 찾아가 무마할 것을 부탁하였지만 무위였다. 그런데 김성수가 조선어학회를 지원한다는 사실을 알고 있는 조선총독부에서는 김성수에까지 확대하지 않았다. 초기에 경찰은 진단학회로까지 확대하려고 하였지만 고위층에서는 이를 막았다.[57] 일차적으로는 사건을 축소시키고 또 조선인은 물론 외국인의 이목을 피하려는 조선총독부의 의도가 게재되어 있다.

여기서 또 하나의 문제가 남는다. 변호사는 물론, 피고인 가운데는 변호사인 이인도 있었다. 이들은 형사재판의 기본인 토지관할(土地管轄)에 대해 전혀 모르지 않았을 것이다. 또 상소를 한 이유 중에 하나는 가족들이 옥바라지를 편리하기 위함도 있다. 이인은 분명히 관할 위반을 예심에서 주장하였을 것으로 추정할 수 있는데, 그 사실 여부와 이에 대한 법원의 태도를 현재로서는 알 수 없다.[58]

조선형사령과 일본 형사소송법에는 피의자 내지 피고인의 인권보호를 위하여 경찰과 검찰에서의 인신구속에 대해 엄격하게 기간을 제한하고 있다. 먼저 조선형사령에 따르면 사법경찰관은 피의자를 신문한 후에 구류의 사유가 있다면 10일을 초과하지 않는 기간 동안만 유치할 수 있다(제13조). 또 검사는 피의자를 구금한 후에 10일 내에 공소를 제기하든가 석방하여야 한다(조선형사령 제15조, 형사소송법 제257조). 그리고 구류기간은 형사소송법에 따르면 2개월이며 1개월마다 갱신할 수 있으나(제113조), 조선형사령에서는 각각 3개월, 2개월으로 연장하였다(제16조). 그러나 치안유지법에서는 형사소송법에 따르면서 통산하여 구류기간을 1년을 넘지 못하도록 하였다(제23조). 그리고 구인된 피고인에 대해서는 48시간 내에 신문을 하여야 하며 그 시간 내에 구류장을 발부받지 못하면 석방하도록 하였다(형사소송법 제89조, 치안유지법 제20조).

위 규정들을 종합하면 경찰의 수사단계에서는 피의자는 체포된 후 48시간 이

과도 친하게 지냈다. 이런 일은 이극로가 맡았다. 이런 관계로서 서울에서는 직접 다루기 어려웠을 것이다. 정인승, 앞의 책(주5), 13~4, 111쪽.

57) 이석린, 「화동 시절의 이런 일 저런 일」, 한글학회 편, 『얼음장 밑에서도 물은 흘러: 조선어학회 수난 50돌 기념 글모이』(한글학회, 1993), 21~8쪽.

58) 물론 관할위반은 소송절차를 무효로 하지 않으며(형사소송법 제12조), 또 민심 등을 고려하여 高等法院 檢事長이 (조선)고등법원장에게 관할이전을 청구할 수 있다(제17조).

내에 신문을 받은 후 구류장이 발부되어 구류되어야 하며 구류는 10일을 초과할 수 없다. 정태진은 1942년 9월 5일에, 이극로 등은 그해 10월에 체포되었다. 그런데 경찰의 조사는 1943년 1월말에 시작되어 3월 15일에 종료되었다. 그래서 4월에는 검찰에 송치되기를 기대하였다. 이를 종합하면 사건이 발생한 지 6, 7개월이 지난 3월 말경에 경찰의 수사와 구류가 끝난 것으로 이해할 수 있다. 이는 얼핏 보면 인권보장을 위한 법규를 정면으로 위반하는 것이다.

그러나 조선총독부는 연속범의 해석을 통하여 불법을 회피하였다. 즉 연속범은 실체법상 일죄로서 형벌권은 1개이기 때문에 공소권(公訴權)과 관련하여서는 1개로 공소절차에서는 이를 분할할 수 없다. 당사자의 조선어학회 관련행위는 수년에 걸쳐 지속적이고 반복적으로 이루어진 연속범에 해당한다. 조선총독부는 이 개념을 활용하여 심판 범위를 마음대로 확장하여 피고인의 방어권 행사를 위한 각종 절차를 허용하지 않았다. 핵심적 기소 사실은 '① 조선어학회의 결성'이지만, 부수적으로 '② 인재양성을 위한 결사의 조직, ③ 문법술어의 협의, ④ 교육과 강연'도 포함하였다. 하지만 수사절차에서는 각 범죄사실에 대하여 실무적으로 연속범 개념을 해체하여 이를 수 개의 사건으로 취급하는 것으로 하여[59] 미결구금 기간도 무제한으로 연장하였다.[60] 국체변혁을 목적으로 하는 '조선어학회의 결성'의 구체적 범죄 행위로는 8개 행위를 적시하였으며, 그중 하나인 기관지 『한글』은 발행할 때마다 하나의 범죄 행위가 된다. 이 개개의 행위마다 법령에 따라 열흘씩 구류기간을 산정하면 6, 7개월을 넘을 것이다. 따라서 외형적으로는 적법절차를 준수한 셈이다.

6, 7개월의 구류기간 동안 경찰은 자백을 받기 위해 엄청난 고문을 하였다. 고문이 불법이라는 것은 굳이 말할 필요가 없을 것이다. 뿐만 아니라 창씨개명까지도 강요하였다.[61] 이희승의 회고록에는 자백을 받기 위한 고문의 실상을 다음과 같이 그리고 있다.

> 1) '비행기 태우기': 두 팔을 등 뒤로 젖혀 두 손을 함께 묶어 허리와 동

59) 玉名友彦(1944), 법원도서관 역, 『국역 조선형사령석의』(2005), 78쪽.

60) 신동운, 앞의 책, 796~9쪽.

61) <예심종결결정서>에는 본명과 함께 創氏改名한 것도 기재되어 있다.

> 여매고 두 팔과 등허리 사이에 나무를 가로지른 다음 나무의 양 끝을 줄에 묶어 천장에 매다는 것이다. 또 줄을 꼬아서 돌리는 경우도 있다. 대개는 10분 내지 15분이면 정신을 잃어버린다(空中戰). 2) '물 먹이기': 목욕실에 칠성판 같은 곳에 사람을 묶고 얼굴을 아래로 젖힌 후 주전자 등으로 물을 붇는다(海戰). 3) 난장(亂杖): 주먹질, 발길질, 나무 등으로 때리는 것이다(陸戰). 가장 많이 쓰는 방법이다. 4) 기타: 겨울에 빨가벗겨 기게 하고, 바닥에 높이고 때리며 얼음물을 붇기, 5) 정신적 고통: 얼굴의 반을 먹칠하고 등에는 "나는 虛言者입니다", "나는 허언자이니 용서하십시오"라고 써서 돌아다니게 하는 것, 서로 때리게 하는 것 등이다.[62]

경찰에서는 1943년 4월경에 검찰로 송치한 듯하지만, 검사는 9월 7일부터 조사만 하였다. 검찰은 관련자의 경찰에서의 진술이 고문 등에 의한 것이 아닌지를 다시 조사하는 것이 임무이다. 이는 인권보장을 위한 장치이다. 그럼에도 불구하고 검사의 조사는 형식적인 것에 불과하고 경찰에서 고문으로 날조된 사실을 그대로 인정하였다. 다만 김윤경에 대해서만 고문으로 인한 허위자백을 인정하여 기소를 하지 않았을 뿐이다.

검사는 1943년 9월 18일 김윤경 등 12명은 기소유예로 석방하고, 나머지 이극로 등 16명은 예심에 회부하였다. 예심에서 검찰에서 작성한 것은 고문에 의한 것을 주장하였다. 그러나 예심판사의 조사도 앞서 본 것처럼 형식적이었다. 결국 예심조서도 경찰조서와 같은 내용으로 꾸며지게 되었다.

예심의 목적은 사건의 공판 회부 여부를 결정하는 것과 증거의 수집과 보전이다. 첫째의 목적은 범죄혐의가 불충분함에도 불구하고 검사가 함부로 기소하는 것을 방지하여 피고인의 인권을 보호하기 위한 것이다. 그러나 식민지 조선에서 예심은 제도의 원래 취지와 다르게 피고인은 무기한으로 구금하기 위한 수단으로 활용되었고, 심지어 예심을 받으면서 감옥에서 죽는 경우까지 있었다.[63] 실제 이윤재와 한징은 예심기간 동안에 옥사하였다. 예심결정은 회부된 지 1년이 지난

62) 이희승, 앞의 책, 385-8쪽; 이 부분은 이희승 선생이 『사상계』 7-9(1959. 9)에 연재한 글로, 홍원경찰서에서 근무한 伊東아무개를 직접 만나서 들은 바를 그대로 기록한 것이다.

63) 신동운, 「日帝下의 豫審制度에 관하여: 그 制度的 機能을 中心으로」, 『서울대학교 法學』 27-1(서울대학교 법학연구소 1986) 참조.

1944년 9월 30일에 났다.

제1심 공판은 예심 종결 후 달포가 지난 1944년 11월부터 진행되어 두 달만인 1945년 1월 18일에 판결이 선고되었다. 제1심 판결문이 남아있지 않는 현재, 그 구체적인 내용은 알 수 없으나 이인의 회고대로 예심종결결정서와 크게 다르지 않을 것이다.[64] 판사의 회유와 설득에도 불구하고 이극로 등 4명은 상고를 하였으며, 이에 대해 검사도 상고를 하였다. 치안유지법 제33조에 따라 직접 (조선)고등법원에 상고하였다. (조선)고등법원 역시 상고를 기각하였다. 상고법원에서는 최초의 공판기일 35일 전에는 당사자에게 통고하도록 하고 있다(조선형사령 제31조).[65] 하지만 치안유지법 제35조에서는 이를 배제하였다.

수사절차는 형식상・외견상으로는 근대형사법의 대원칙인 적법절차를 준수하여 피고인들의 인권을 보호한 듯하다. 하지만 애써 무시한 경찰에서의 불법적이고 야만적인 고문, 예심판사와 제1심 법원의 형식적 심리 등에서는 식민지 말기의 형사사법의 전형을 보여주고 있다.

V. 맺음말

1942년 9월에 발생한 조선어학회 수난 사건을 당사자의 회고와 예심종결서를 분석하여 법적인 측면에서 살펴보았다. 조선어학회 수난 사건은 식민지 말기에 대부분의 민족주의자가 전향한 가운데 문화운동을 통한 간접적인 독립운동으로 국체변혁을 목적으로 하는 단체의 조직과 가입, 목적수행행위 등을 엄하게 처벌하는 치안유지법 제1조 위반으로 다루어졌다.

33명을 검거하여 29명을 구속하였으며 증인 등은 약 50명에 달하는 대규모 사건이었다. 경찰에서는 허위자백을 얻기 위하여 고문을 하였으며 이는 검사도 묵시적으로 동조하였고 판사 역시 마찬가지였다. 경찰과 검찰에서는 1년이 지난 1943년 9월 이극로, 이윤재, 최현배, 이희승, 정인승, 정태진, 장지영, 이중화, 김법린, 이인, 김도연, 이우식, 한징, 정열모, 장현식, 김양수 등 16명을 예심에 회부

64) 상고심 판결문을 통해서 제1심 판결을 어느 정도는 복원할 수 있을 것이다.

65) 「조선전시형사특별령(1944. 제령 4)」 제1조에서는 20일 이내로 단축하였다(玉名友彦, 앞의 역서, 94쪽).

하였다. 예심 기간 동안 이윤재와 한징이 고문의 후유증과 열악한 처우 때문에 옥사하였다. 또 1년이 지난 1944년 9월 예심에서는 장지영과 정열모를 증거부족을 이유로 면소免訴하고, 나머지 12명을 정식재판으로 회부하였다.

1945년 1월의 제1심 법원은 이극로, 최현배, 이희승, 정인승, 정태진 등 5명에게는 실형을 선고하였으며, 이우식 등 6명에게는 집행유예를, 1명에게는 무죄를 선고하였다. 실형을 선고 받은 4명과 검찰이 상고하여 해방 이틀 전인 1945년 8월 13일에 (조선)고등법원에서 상고심 선고를 하였는데, 양쪽의 상고를 기각하여 제1심 판결이 확정되었다. 유죄의 논리는 "간접목적은 목적범을 구성하지 않는다"는 기존의 판례와는 달리 문화운동을 통한 간접적인 독립운동도 국체변혁을 목적으로 하는 행위에 해당한다고 보았다.

수사절차와 재판절차는 형식적으로는 당시 조선형사령과 의용되고 있는 일본 형사소송법 등을 준수하고 있었다. 하지만 실질적으로는 경찰에서는 불법적이고 야만적인 고문이 있었고, 검사와 판사는 이를 조장하거나 묵인하는 등 불법적이었다. 특히 의용된 일본 형법 제55조의 연속범 개념을 활용하여 실체법적으로는 범죄 대상 행위를 확대하였고, 절차법적으로는 인권보장을 위한 제도를 무력화시켰다. 즉 실체법적으로는 1개의 행위로 보아 이전에는 범죄행위가 아닌 것을 범죄행위에 포함시켰으며, 절차법적으로는 수사상 개개의 행위에 대해 각각 구류기간을 산정하여 구류기간을 무한히 확대하였다. 특히 예심은 예심판사가 검사의 기소를 견제하여 인권을 보장하려는 원래의 취지가 아니라, 피고인을 무제한으로 구금하는 수단으로 활용되었다. 이러한 점들은 인권보장보다는 수사의 편의를 중시하는 식민지사법의 특성을 잘 보여주고 있다.

여기에서는 일차적으로 당사자의 회고와 〈예심종결결정서〉만을 대상으로 하여 정확한 사실관계의 복원과 그에 대한 법적인 분석에 그쳤다. 특히 제1심 판결 등 사실관계를 소상히 알려주는 자료를 구할 수 없는 현재의 상황에서는 이것만으로 어느 정도 실체에 접근하였다고 본다. 이어서 상고심판결문을 통한 치안유지법의 적용과 관련된 법적인 논변 그리고 이를 둘러싼 검찰과 변호인의 논변과 조선총독부 사법부의 판단에 대해서 다음에서 검토한다.

제3 (조선)고등법원 판결 분석

I. (조선)고등법원 판결문의 발견

여기에서 검토할 "조선어학회 수난 사건 (조선)고등법원 판결문"은 이미 소개되었다. 동아일보사에서는 1982년 9월 3일자 제1면에 개요를, 이어서 9월 6일~8일 3회에 걸쳐 전문을 번역 · 소개하였다.[1] 그리고 9월 4일자 제7면에서는 생존자이신 이희승(당시 86세), 정인승(당시 85세) 선생을 인터뷰하였는데, 선생들은 "남아있으리라고 생각지도 못했던 보물을 찾았다"며 "어문운동사는 물론 독립운동사의 귀중한 자료가 틀림없다"는 소감을 밝히면서 "잃었던 자식을 찾은 기분"이라고 기뻐하였다. 발굴 당시의 생생한 느낌을 전달하기 위해 작고하신 두 선생의 인터뷰 기사를 전재한다.[2]

> 이희승 선생은, 관련 자료는 정인승 선생이 보관하고 있는 〈예심종결결정서〉뿐이었는데, 늦었지만 고등법원 판결문을 발굴한 것에 대해 반가워했고 변호인이 무죄를 주장한 상고이유에 동조하였다. 즉 일본 경찰이나 검찰, 법원의 논법은 "우리말을 정리 통일 보급하는 것은 민족정신을 함양하는 것이며, 이는 곧 민족독립과 직결되는 것이다. 그러므로 어문운동은 민족독립운동"이라는 삼단논법으로 '치안유지법위반(독립운동죄)'을 적용하였다. 그런데 수양동우회 사건의 변호사는 이런 삼단논법에 의한 간접적 행위까지 처벌할 수 없다고 주장하여, 무죄판결을 받았다. 그래서 우리도 같은 이유를 주장하였지만 인정되지 않았는데, 이 판결문을 보니 변호인의 상고이유에 그것이 포함되어 있다. 또 〈예심종결결정서〉에는 조선총독부판사가 일방적으로 열거한 '죄상'만 적혀 있는데 고등법원 판결문에는 변호인의 주장이 상세히 적시되고 거기에 대한 판사의 판단이 자세히 적혀 있으니 중요한 자료이다. 또 사전원고 중에 '서울'에 대해 설명하면서 삼국

---

1) 신문기사는 'NAVER 뉴스 라이브러리(http://newslibrary.naver.com)'에서 검색하였다. 이 판결문은 부산지검 문서보관소 창고에서 찾았다고 한다(한인섭, 『식민지법정에서 독립을 변론하다』 [경인문화사, 2012], 591쪽).

2) 가독성을 위해 필자가 용어와 문장을 수정하였다.

시대부터의 내력을 포함해서 상세히 적어 놓았고, 대신에 '東京'에 대해서는 "일본제국의 수도"라고만 간단히 해 놓았으며, 그밖에 '태극', '백두산', '단군', '창덕궁' 등을 자세히 설명해 놓은 것을 트집 잡아 그 저의가 무엇이냐고 심한 고문을 했어요. (하략) [어경택魚慶澤 기자]

정인승 선생은 "허어! 판결문이 보관되어 있다니, 우리 당사자들에게도 그렇고 한글학회에도 꼭 있어야 될 소중한 기록입니다"라고 기뻐하였다. 그리고 우리가 당한 것은 조사나 재판이랄 수도 없는 것이었어요. 시종 악랄한 고문으로 강제 허위자백을 조작해 억지 죄인을 만들어냈던 것이며, 함흥지방법원의 1심 판결 후 그들의 억지 범죄조작에 할 수 있는 데까지 대항하기 위해 즉각 상고했다. (중략) 경찰에 압수되었던 "우리말 큰 사전"의 원고를 광복 후 간신히 찾아 놓고 보니 내용이 너무 빈약해서 차마 볼 수가 없었는데, 그 이유는 그들의 검열을 의식해서 너무 조심하다보니 '없어지는 우리말을 보존하자'는 최후수단으로 만들기로 했기 때문이었다. 그런데도 저들은 어떻게든 죄목을 뒤집어씌워 민족정신을 가진 사람을 제거하려 하였는데, 이제 멋대로 조작된 이 판결문이라도 대하고 보니 그때의 하소연할 길도 전혀 없었던 울분이 조금 씻기는 것도 같다. (하략) [김봉호金奉鎬 기자]

두 분 선생은 최종판결문을 대하고 당시 사전 집필의 고난과 수사와 재판 과정을 언급하였다. 특히 이희승 선생은 법리 논쟁까지 회상하여 패전 직전 조선총독부의 다급성을 지적하였다.

현재 국가기록원에서는 조선어학회 수난 사건(조선)고등법원 판결문의 원본과 번역문을 제공하고 있다.[3] 동아일보에서는 판결문의 발굴과정이나 소장자[처]를 소개하지 않아서 양자의 동일성을 확인할 수 없다. 동아일보(1982년 9월 3일)에 게재된 판결문 첫 장 사진과 국가기록원에서 제공한 파일을 서로 비교하면 서로 다른 것으로 보이며, 동아일보 제공본이 보존상태가 좋아 보인다.[4]

3) 독립운동관련판결문(http://theme.archives.go.kr/next/indy/viewMain.do); 그러나 번역문에는 상당한 분량이 누락되었으므로 주의해야 한다.

4) 그러나 동일본이지만 약 40년의 시간이 흐르면서 상태가 더 나빠졌을 가능성도 배제할 수 없다.

II. (조선)고등법원 판결문의 형식과 구성

1. 형식

"(조선)고등법원 판결문"은 일본어 타이프로 인쇄된 양면괘지에 작성되었으며, 판심版心은 "흑구하향어미黑口下向魚尾"이며, 하단에 "재판소검사국용지裁判所檢事局用紙"가 인쇄되어 있다(도판 1 참조). 1면 12행, 1행 28자, 22~4자, 31자, 29자 등이며, 위에는 3자, 아래에는 1자의 여백을 두었는데, 이 역시 일정하지 않다. 양쪽을 접어 철하였기 때문에 겉으로 드러나는 판심 부분의 훼손이 심하며, 몇몇 곳은 아예 좌우 쪽이 분리되기도 하였다(도판 2~4 참조). 그런데 판결문 전체를 1개로 묶어 보관하면 대개는 앞뒤 부분의 훼손이 심하기 마련인데, 이 판결문은 중간 부분이 훼손된 것도 있다. 아마 판결문 전체를 1건으로 묶어 보관하지 않았기 때문으로 보인다.

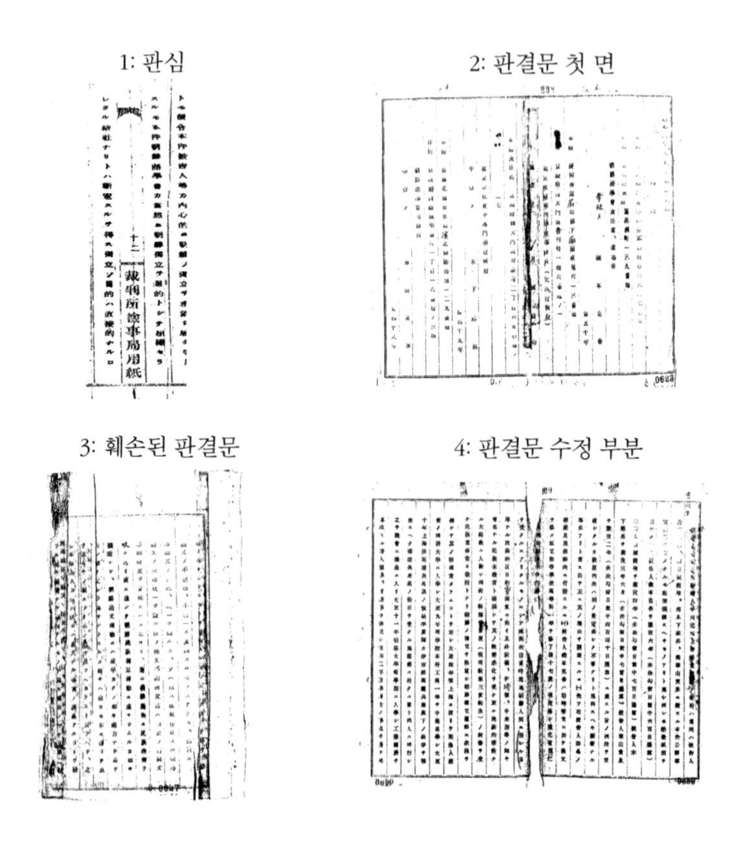

판결문 전체에는 쪽수가 없지만, 일부에는 쪽수가 보인다. 판심 부분 "재판소 검사국용지" 위에 한자로 쪽수를 표기하였는데, 중앙인 판심 부분이 훼손되지 않은 "九, 十二[도판 1], 十五[도판 5]"는 분명히 보이며, "十六"은 수기로 기입한 듯하다. 후대에 정리하면서 각 쪽의 중앙 상단과 좌우측 하단에 일련번호를 날인하였는데, 각각 "238～284[47장]", "0623～0675[53장]"이며, 좌측은 판독하기가 어렵다(도판 4, 7 참조). 그리고 중앙 상단에 이와 별도 수기로 쪽수를 병기하였는데, 첫 장부터 12장까지는 보이지 않지만, 249쪽(중앙) 12쪽부터 283쪽(중앙) 46쪽까지 이어진다(도판 6, 7 참조).[5] 269쪽(중앙)을 보면 '2'가 삭제된 것(도판 4 참조)으로 보아 중앙 상단을 먼저 날인하였고, 다음에 우측 하단에 날인한 것으로 추측된다. 그리고 중앙 상단과 우측 하단의 쪽수 기입이 다른데, 이는 정리할 당시에 이미 원본의 훼손이 심하여 1장이 분리된 것이 있었다(도판 3 참조). 그래서 우측 하단에는 현존 상태대로 날인하여 분리된 2쪽은 각각 날인했기 때문이다.

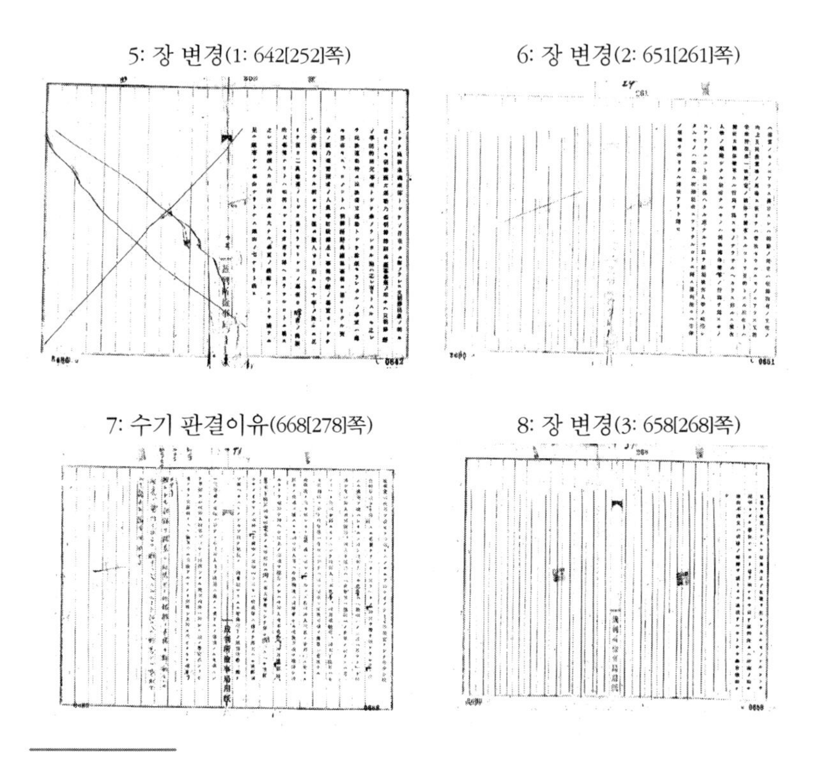

5: 장 변경(1: 642[252]쪽)

6: 장 변경(2: 651[261]쪽)

7: 수기 판결이유(668[278]쪽)

8: 장 변경(3: 658[268]쪽)

5) 마지막인 284쪽(중앙)은 우측만 있어서 수기로 기입한 숫자는 보이지 않는다.

현존 판결문 전체의 보존 상태는 〈표 1〉과 같다.

표 1 **(조선)고등법원 판결문의 상태**

일련번호			쪽수	보존 상태	특이점
右下	中	수기			
623	238	1	1- 2	중앙 훼손	
624	239	2	3- 4	중앙 훼손	
625	240	3	5- 6	중앙 훼손	
625-6	240	3	7- 8	중앙 훼손	625[240] 동일 내용, 훼손 부분 차이
627-634	240-4	4-7	9-16	좌우 훼손	좌우쪽 분리, 背面 겹침
635	245	8	17-18	중앙 훼손	
636	246	9	19-20	상태 양호	쪽수 "九" 보임
637	247	10	21-22	중앙 훼손	좌 1행 하단 마멸
638	248	11	23-24	판심 훼손	
639	249	12	25-26	상태 양호	쪽수 "十二" 보임
640-642	250-2	13-5	27-32	상태 양호	이상 1행28자, 중앙 전체 면수 (12-5),
642	252	15	31-32	상태 양호	좌측 백지, "×" 표시[그림?]
643-651	253-261	16-24	33-50	상태 양호	1행 22~4자, 좌측 백지, "／" 표시
652	262	25	51	상태 양호	冒頭에 手記 기입, 1행 22자
652-658	262-8	25-31	51-64	상태 양호	
658	268	31	63-4	상태 양호	좌측 백지, "／" 표시 위 날인
659	[2]69	32	65-66	중앙 훼손	첫 1행 수정
659-668	269-278	32-41	65-84	상태 보통	1행 31자, 여백: 하>상
666-668			79-84	상태 보통	1행 36자, 여백: 하≫상
668	278	41	83-84	상태 양호	끝에 手記로 판결이유 기재(4행)
669	279	42	85-86	상태 양호	1행 29자, 여백: 상>하
670-672	280-282	43-45	87-92	상태 양호	하 여백 없음

673-675	283-284	46-47	93-95	상태 보통	좌우쪽 분리, 1행 29자, 여백: 상>하
674			94	상태 열악	좌우 분리, 背面 겹침

판결문은 활자가 없는 한자는 수기手記로 기입하였으며, 활자나 수기로 수정한 오자가 너무나 많아서 정상적인 판결문이라고는 도저히 볼 수 없을 정도이다.

판결문은 상고이유와 이에 대한 (조선)고등법원의 판단을 기재해야 한다. 개별 상고이유를 적고 이어서 행만 바꾸어 판단하였다.[6] 그런데 이 판결문은 일반적 관례에 따르지 않고 장까지 바꾸었다(도판 5, 6, 8 참조). 이러한 판결문의 상태로 미루어 보면 당시 아주 급박하게 작성한 것 같다.

이는 1945년 5월 17일 선고 1945년刑上제30호 판결문과 비교하면 분명하다. 우선 판결문의 용지는 양면괘지로, 판심의 양식은 같은데 "조선총독부재판소朝鮮總督府裁判所"가 하단에 인쇄되어 있고 그 위에는 쪽수가 기재되어 있다. 이 판결문에도 오자 등을 수정한 것이 남아 있다. 그런데 이 판결문에는 본 조선어학회 판결문과 달리 후속조처를 알 수 있는 기록이 있다. 판결문 제1면에는 우측 상단에 "(고등법)원장, 검사장, 검사"의 열람 표시를 나타내는 부전지와 좌측에는 본형에 합산하는 피고인의 미결구류일수를 나타내는 부전지가 첨부되어 있으며, 그 사이에 판결선고일을 표시하는 도장이 있다(도판 9 참조). 그런데 본 조선어학회 판결문에는 이러한 표시가 전혀 없다. 이는 판결이 확정된 다음 후속 조치가 진행되지 않았음을 알려준다. 따라서 전체를 종합하면 1945년 8월 13일 선고를 앞두고 급박하게 작성한 판결문이다.

6) 일본 형사소송법[1937. 법률71 개정] 제425조 ①상고이유서에는 상고이유를 명시해야 한다. 제453조 판결서에는 상고이유 및 중요한 답변의 요지를 기재해야 한다. 단 제412조 내지 414조에 규정한 사유가 있는 것으로 하는 상고이유는 그 일부를 생략할 수 있다.

9: 1945. 5. 17. 선고 판결문1

9: 1945. 5. 17. 선고 판결문2

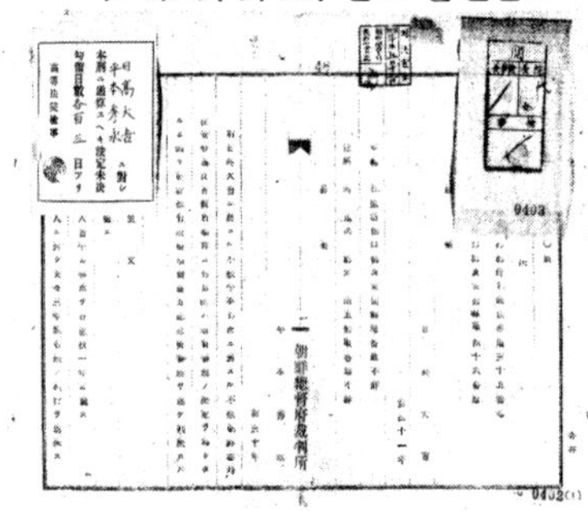

2. 구성

1쪽 12행 95쪽[실제는 93쪽]에 달하는 판결문의 구성은 크게 서두[1~4쪽]와 본문[4~94쪽], 결사[94~5쪽] 부분으로 나눌 수 있다.

(1) 서두

서두는 사건번호와 피고인 그리고 판결 경위와 주문인데 다음으로 구성되어 있다. ① 사건번호와 재판의 종류를 "昭和二十年刑上第五九號/判決"라고 기재하였다(1쪽 1~2행).[7] ② 피고인의 인적 사항을 기재하였는데(1쪽 3행~3쪽 4행), "본적, 住居[주소],[8] 성명, 직업, 나이" 순으로 각각 1행씩 적었다. 창씨創氏한 4명은 "李 改メ 義本 克魯"[9]의 형식으로(도판 2 참조), 개명改名은 張鉉植[松山武雄]의 형식으로 성명을 기재하였다.[10] 이희승 선생은 강제적으로 창씨개명을 당한 당시의 상황을 증언하였다.[11] ③ 판결에 이른 경위를 서술하였는데, "又同院檢事坂代□□本一□ヨリ被告/人等(또 (조선)고등법원 검사 坂代□□本一가 피고인 등[에 대해 상고])"을 "クルニヨリ當院ハ朝鮮總督府檢事依/ 田克(당원은 조선총독부 검사 依田克[己의 의견을])"로 수정하면서 상단에 "改十六字/ 改二字"로 밝혔다(3쪽 5~10행).

7) "/": 줄 바꿈 표시이다(아래도 같다).

8) 본적, 주소가 같으면 함께 기재하였다.

9) 나머지는 崔[月城]鉉培, 李[木下]熙昇, 鄭[華山]寅承이며, 이극로의 "李改メ"는 수기로 고쳤다.

10) 창씨개명을 표시한 방식은 <예심종결결정서>와 같다. 본고에서는 처음 나올 때에는 본명과 창씨개명을 모두 밝히고 이후에는 본명으로만 표기한다.

11) 일석이희승전집간행위원회 편, 『一石 李熙昇 全集 2』(서울대학교출판부, 2000), 452-48쪽.

④ 고등법원의 판단인 판결주문을 기재하였는데(3쪽 12행~4쪽 1행), 주문은 훼손되어 보이지 않으나 전체 내용으로 보아 "피고인 및 검사의 상고를 모두 기각한다"이다(도판 4 참조).

(2) 본문

본문은 변호인과 검사의 상고이유와 이에 대한 (조선)고등법원의 판단으로 이루어진 핵심부분으로, 다시 (조선)고등법원의 판단을 기준으로 세 부분으로 구분할 수 있다.

① 변호인 丸山敬次郎마루야마 케이지로, 安田幹太야스다 미키타, 박원삼[12]의 상고이유

㉮ 이극로, 정인승의 변호인 마루야마 케이지로의 상고이유: 1행 28자이며, 상단의 여백이 하단보다 크며, 32쪽은 빈 면으로 "×" 표시를 하였다(4[624]쪽 3행~31[642]쪽 11행; 도판 5 참조).[13]

㉯ 최현배, 이희승의 변호인 야스다 미키타의 상고이유: 위와 같으나 마침표(。)가 있다(33[643]쪽 1행~38[645]쪽 12행; 도판 10 참조).

㉰ 최현배의 변호인 박원삼의 상고이유(39[646]쪽 1~11행).

㉱ 상고이유에 대한 판단(39[646]쪽 12행~44쪽[648] 1행).

② 변호인 박원삼 및 야스다 미키타의 상고이유

㉮ 최현배의 변호인 박원삼의 상고이유: 1행 22~4자이며, 상하 여백은 위와 같다(44[648]쪽 2행~49[651]쪽 8행).

㉯ 최현배, 이희승의 변호인 야스다 미키타의 상고이유: 모두에 "被告人月城鉉培同木下熙昇辯護人安田幹太" 19자를 수기로 추가하였으며, 쉼표(、)와 마침표(。)가 있다(51[652]쪽 1행~60[656]쪽 6행; 도판 11 참조).

㉰ 상고이유에 대한 판단(60[656]쪽 7행~63[658]쪽 4행).

12) '朴元三': 원문은 '平川元三'인데, 창씨한 것이므로 본명으로 표기한다(이하 같다).

13) '4[624]쪽'에서 '4'는 쪽수이며, [624]는 좌측의 일련번호이다.

10: 安田幹太 상고이유 1(643[253]쪽)

11: 被告人 月城鉉培 등 추가

③ 검사의 상고이유

㉮ 4인에 대한 양형 부당 상고: 원문은 “被告人月城鉉培辯護人朴元三上告趣意ノ要旨ハ”를 삭제하고 우측에 수기로 수정하였으나 읽을 수 없는데, “검사의 피고인에 대한 상고이유”로 추정된다. 1행 31자이며, 하단 여백이 상단 여백보다 크다(65[659]쪽 1행~84[668]쪽 3행; 도판 12 참조).

㉯ 상고이유에 대한 판단: 수기로 1행(3자), 4행(65자)을 추가하였다(84[668]쪽 4행~7행; 도판 7 참조).

㉰ 장현식에 대한 무죄 선고에 대한 상고이유: 1행 29자이며, 상단 여백이 하단 여백보다 크다(85[669]쪽 1행~94[674]쪽 2행).

㉱ 상고이유에 대한 판단(94[674]쪽 3행~7행).

12: 검사의 상고이유

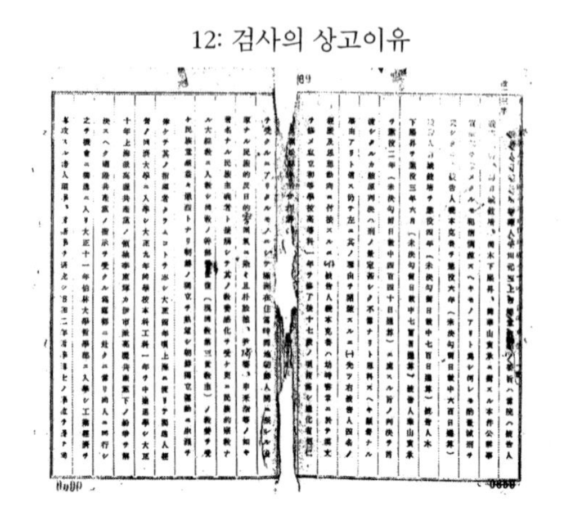

(3) 결사

마지막 부분으로 재판부가 판결함을 선언하는 부분이다. ① "따라서 전시형사특별법 제29조에 의하여 주문과 같이 판결한다"라고 하여 판결임을 선언하였다(94[674]쪽 8행). ② "昭和二十年 八月 十三日/ (조선)고등법원 형사부"를 기재하여 선고일자와 재판부를 명시하였고(94쪽 9~10행), ③ 재판부가 서명, 날인하였다(95[675]쪽 11~7행). 담당 판사는 "재판장 고등법원 판사 사이토 에이지齊藤榮治, 고등법원 판사 후지모토 카토藤本香藤, 고등법원 판사 사사키 히데오佐々木日出男, 고등법원 판사 미타니 타케시三谷武司, 고등법원 판사 테라가와 유조寺川有三" 등 5명이다.[14] "직위, 氏名[수기], 날인"의 순서이다. 특이한 것은 난외 아래에 수기手記로 판사의 "氏"가 적혀 있는 점이다(도판 13, 14 참조). 그런데 1945년 8월 20일 선고 1945년(소화 20)형상제91호 결정문 아래에는 이러한 기재가 보이지 않는다(도판 15 참조).

13: 판결문 마지막 부분

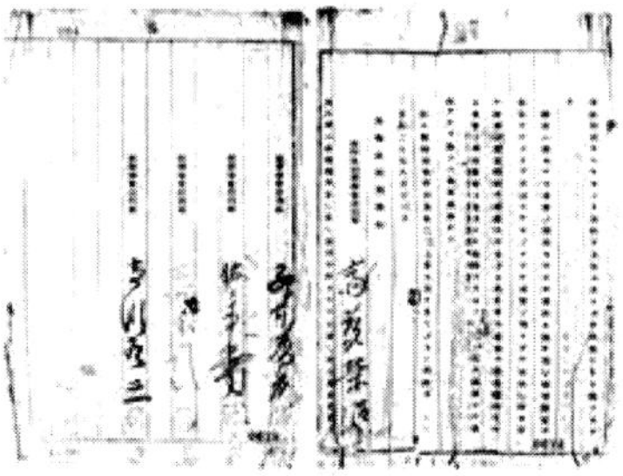

14: 수기 '氏' 부분 확대

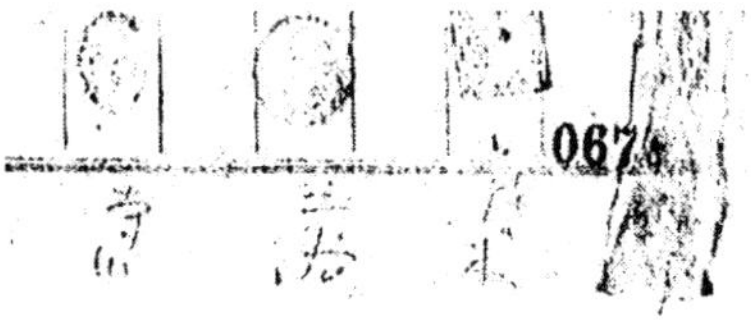

3. 작성 주체에 대한 의문

이상에서 판결문의 구성과 형식을 살펴보았다. 그런데 다음의 특이점을 발견할 수 있다: 첫째, "조선총독부검사국용지"에 작성된 점, 둘째, 상고이유 별로 장을 달리하는 점, 셋째, 판사의 서명·날인한 곳 아래에 수기로 "씨氏"가 기재된 점이다. 이들을 종합하면 법원이 아닌 검사국에서 작성하였다고 추정할 수 있다.

① 판결문은 담당 기관인 재판소에서 그 기관의 용지에 작성해야 할 것이다.

14) 명단은 전병무 박사의 도움을 받았다.

그런데 이 판결문은 "조선총독부재판소" 용지가 아닌 (조선총독부) "재판소검사국용지"에 작성되었다. 그 이유를 캐보자. 우선 전쟁 끝이어서 "조선총독부재판소" 용지가 모자라서 어쩔 수 없이 "재판소검사국용지"를 사용하였을 가능성도 있다. 하지만 일본이 항복을 선언한 후인 1945년 8월 20일 (조선)고등법원에서 선고한 결정문은 "조선총독부재판소" 용지에 작성되었다(도판 15 참조). 따라서 용지 부족으로 '검사국용지'를 사용한 것이 아님은 분명하다. 그렇다면 재판부가 판결문을 작성하지 않았을 가능성이 엿보인다.

15: 1945. 8. 20. 선고 결정문(끝 쪽)

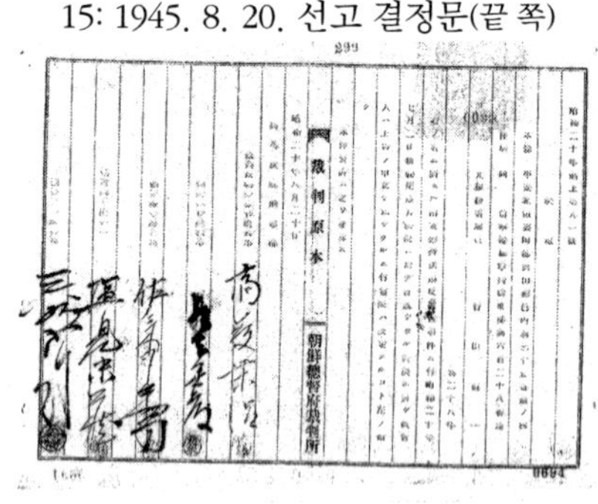
裁判原本
朝鮮總督府裁判所

② 공문서나 판결문은 계속 이어서 작성하는 것이 일반적일 것이다. 그런데 이 판결문은 위에서 본 것처럼 변호인 별로 장을 달리하여 다른 용지에 작성하였으며, 끝나는 부분에 (조선)고등법원의 판단을 기재하였으며, 검사의 상고에 대해서도 마찬가지이다. 또 용지는 동일하지만 1행 당 글자 수는 통일이 되어 있지 않으며 상하 여백도 각각 다르다. 더욱이 야스다 미키타의 상고이유에는 쉼표 "、"와 마침표 "。"가 있다(도판 11 참조). 이를 종합하면 판결문은 1명이 아니라 최대 7명이 나누어 작성하였다고 추정할 수 있다.[15] 즉, 변호인 3인의 상고이유를 내용별로 분류하고 여기에 검사의 상고이유를 각각 작성하여 말미에 (조선)고등법원의 판단을 기재하고, 7건으로 나누어진 것을 하나로 묶어서 판결문을 완성한 것으로 볼 수 있다. 위 용지와 함께 고찰하면 이 작업은 검사국에서 하였을 가능성이 더 짙어진다.

15) ①은 3명(丸山敬次郞, 安田幹太, 朴元三 및 판단), ②는 2명(朴元三, 安田幹太 및 판단), ③은 2명(양형 부당, 장현식).

③ 판결문에 판사가 서명하는 부분 아래에 그의 "氏"가 적혀 있는 것은 더더욱 이례적이다(도판 13, 14 참조). 판결문은 판사가 서명·날인을 해야 효력이 발생한다.[16] 재판부를 구성하는 판사들은 서명하는 차례를 알고 있기 때문에 굳이 아래에 "氏"를 기재할 이유가 없다. 따라서 판사들이 직접 판결문을 작성하였으면 이럴 필요가 없다. 그런데 이것이 있다는 것은 담당 재판부가 아닌 다른 곳–검사국–에서 작성된 것임을 드러내고 있다. 즉, 검사국에서 피고인–변호인–의 상고이유를 형식적으로 검토하여 상고기각의 판결문을 작성하여 담당 재판부로 보냈고 판사는 내려온 판결문에 그냥 서명·날인만 하였다. 이것으로 판결문은 형식적으로 유효하게 완성되었다.

④ 남은 문제는 검사의 상고를 기각한 이유가 다른 방식으로 작성된 점이다. 피고인–변호인–의 상고기각 부분(①-㉣, ②-㉢)과 검사의 장현식의 무죄선고에 대한 상고기각 부분(③-㉣)은 타이프로 작성되어 있다. 피고인의 상고를 기각한 판단은 당연하니 논외로 한다. ①, ②와 종합하면 피고인들과 장현식에 대한 검사의 상고기각은 검사국에서 결정한 것으로 볼 수 있다. 그러면 검사국에서는 왜 그렇게 하였을까? 조선어학회의 핵심인 학자[17]가 아닌, 자금조달을 맡은 종범從犯에 불과한 장현식[18]을 석방하여도 다시 문제가 되지 않을 것으로 판단하였기 때문일 것이다.

피고인들에 대한 양형부당에 대한 검사의 상고를 기각한 부분(③-㉯)은 타이프가 아닌 수기로 작성되었는데, 재판부에서는 기각하여 형을 확정하였다. 패망이 예감되는 당시 상황에서 검사의 상고를 인용하더라도 큰 의미는 없기 때문에 검사국에서는 직접 판단을 하지 않은 것으로 보이고, 재판부 역시 같은 맥락에서 판단하였을 것이다.

마지막 의문, 그런데 왜 (조선총독부) "재판소검사국용지"에 작성하였을까? 검사국에서 받은 판결문을 다시 "조선총독부재판소" 용지에 그대로 옮겨 작성하여

---

16) 현행 한국형사소송법에는 "재판서에는 재판한 법관이 서명·날인하여야 한다"라고 규정하고 있다(제41조). 이는 너무나 당연하므로 당시 [일본] 형사소송법에는 별도의 규정을 두지 않았다.

17) 연구자들은 보석허가를 받지 못하였으며 제1심의 형벌도 높으며 집행유예로 석방되지도 않았다.

18) 김명엽, 『서도에서 길을 찾다: 인동장씨 집성촌 서도 사람들』(민속원, 2013), 261~298쪽 참조.

선고하면 형식적 합법성을 갖춘 외관으로 완전한 판결문이 된다. 하지만 이렇게 할 수 있는 여유가 없었다. 1945년 8월 6일과 9일 히로시마와 나가사키에 원자폭탄이 투하되었으며, 8월 8일에는 소련이 선전포고를 하였다. (조선)고등법원 판사들을 포함한 조선총독부의 수뇌부들은 일본이 곧 항복할 것을 감지하였고, 그래서 하루라도 빨리 판결을 선고하기 위해 옮겨 작성할 여유조차 없어서 검사국에서 전해 받은 판결문에 그대로 서명·날인하였다. 이것이 사실이라면, 권력분립, 재판의 독립을 근본적으로 부정한 폭력이라고 할 수밖에 없다.

판결문에 대한 형식적인 문제는 이것이 판사가 재판한 후에 서명날인을 한 원본原本인 '정본正本'인지 여부이다. 우선 국가기록원에서는 출처정보를 전혀 제공하고 있지 않아서 원소장처가 (조선)고등법원인지 검사국인지를 알 수 없다. 하지만 판사가 서명·날인한 점에 비추어 보면 정본일 가능성이 높다. 그런데 판결문에 엄청난 오자가 수정되지도 않은 채 남아 있는 점에서 판결 선고용 초고일 수도 있다.[19] 그러나 이러한 형식적인 문제점을 고려하여 설사 이 판결문이 정본이 아닌 초고라고 하여도, (조선)고등법원–조선총독부–의 최종판단이라는 점은 숨길 수 없는 핵심적 사실이다.

III. (조선)고등법원 판결 분석

1. 원심의 판단

예심에서는 다음과 같이 조선어학회를 민족운동사에서의 위상을 정립하여, 「치안유지법」 상의 국체변혁을 목적으로 하는 단체로 규정하였다.

> 민족운동의 한 형태로서의 소위 어문운동은 민족 고유의 어문의 정리 통일 보급을 꾀하는 하나의 문화적 민족 운동임과 동시에 가장 심모원려深謀遠慮를 포함하는 민족독립운동의 점진형태이다. 언어는 사람의 지적 원천이며 감정과 특성을 표현하는 것이다. 민족 고유의 언어는 의사소통은 물론 민족감정 및 민족의식을 양성하여 민족결합을 굳게 하여, 민족 고유의 문자로 민족문화를 성립시키는 것으로서, 민족적 특질은 그 어문을

19) 현재도 기일에 일단 선고한 후에 수정하는 경우가 없지는 않다고 한다.

통해서 더욱 민족문화의 특수성이 향상 발전되고, 고유문화에 대한 애착은 민족적 우월감을 낳아 민족은 활기차게 발전한다. 그러므로 민족 고유의 어문의 성쇠는 민족 자체의 성쇠와 관련되는 것으로서 약소민족은 필사적으로 이의 보존과 발전에 노력하고 방언의 표준어화, 문자의 통일 및 보급을 희구하였다. 이리하여 어문운동은 민족 고유문화의 쇠퇴를 방지할 뿐만 아니라 향상과 발전을 초래하고, 문화의 향상은 민족 자체에 대한 강한 반성적 의식을 가지게 하여 강렬한 민족의식을 배양함으로써 약소민족에게 독립의욕을 낳게 하고, 정치적 독립달성의 실력을 양성케 하는 것이다. '조선어학회'는 1919년 3 · 1운동과 그 후의 문화운동에 의한 민족정신의 함양 및 실력양성을 우선한 실력양성운동에 대한 반성에서 출발하여 1931년 이래 문화운동 중 기초적인 어문운동을 통해서 표면적으로는 문화운동의 가면 아래에 조선독립을 위한 실력양성단체로서 조선어문운동을 전개하여 왔다. 그 활동은 조선어문에 깃든 조선민심의 심저心底에 파고들어 조선어문에 대한 새로운 관심을 낳게 하여 편협한 민족관념을 배양하고, 민족문화의 향상, 민족의식의 앙양 등 조선독립을 위한 실력신장에 기여한 바가 적지 않았다. '조선어학회'는 공산주의운동에 위축되어 존재감이 없는 민족주의진영에 있어서 단연 빼놓을 수 없는 지위를 차지하여, 민족주의의 아성을 사수하였다. 각종 사업은 언론 등의 지지 하에 조선인 사회에 큰 반향을 불러일으키고 특히 조선어사전 편찬사업 등 미증유의 민족적 대사업으로서 촉망받고 있었다.

이어서 '조선어학회'는 "㈎ 철자법 통일안, ㈏ 표준어 사정, ㈐ 외래어표기법, ㈑ 언문강습회, ㈒ 한글날 기념회, ㈓『한글』발행, ㈔ 조선어사전 편찬, ㈕ 조선기념도서출판 등의 활동으로 민족독립운동을 하였는데, 이는 「치안유지법」 제5조의 국체변혁을 목적으로 하는 결사에 해당한다"고 판단하였다. 그리고 조선어학회와 관련 없는 독자적인 행동으로 "인재양성을 위한 결사의 조직, 문법술어의 협의, 교육과 강연을 통한 민족의식의 고취" 등에 대해서도 같은 판단을 내려 이극로 등을 공판에 회부하였다. 즉, 순수학술활동 등을 포함한 조선어학회의 모든 행위를 '국체변혁을 목적으로 하는 범죄사실'로 규정하였으며 나아가 단순한 인

재양성을 위한 결사조직까지도 범죄사실로 포섭하였다.[20]

제1심인 함흥지방법원에서는 예심판단을 거의 그대로 수용하여 장현식에게는 무죄를, 나머지 11명에 대해서는 유죄를 선고하였는데, (조선)고등법원 판결문에서 복원한 원심의 판단은 아래와 같다.

> ① 민족 고유의 어문의 정리·통일·보급을 도모하는 소위 어문운동은 문화적 민족운동임과 동시에 가장 심모원려를 함축하는 민족독립운동이다(이극로, 정인승의 변호인 마루야마 케이지로의 상고이유 제1점).
>
> ② 민족 고유의 어문의 성쇠[消長]는 그것으로 인하여 민족 자체의 성쇠와 관계되며, 방언의 표준어화, 문자의 통일보급을 기도하는 등은 조선독립행위에 해당한다(위 제2점).
>
> ③ 조선 어문운동 자체는 표면상 합법적 문화운동이나 그 이면에 있어서 조선독립의 목적을 가진 비합법적 운동이다(위 제5점).
>
> ④ 어휘의 채록採錄·주해註解는 조선독립의 근본목적에 따라 민족정신의 고취로 일관한 취지 하에 그 철저함을 기하였으며, 조선의 민족정신을 말살·훼손하는 문구의 사용을 피하였다. 그리고 주해는 검열의 범위 내에서 암암리에 민족의식의 앙양을 도모하도록 연구할 것을 협의·결정하여 수록 어휘 약 15만(원문 '號') 단어의 원고를 작성했다(최현배의 변호인 박원삼의 상고이유 제2점).

위에서 보듯이 제1심 판결문은 예심종결결정서를 그대로 옮겨 놓은 듯하며, 아마 이 역시 검사국에서 작성하였을 것이다.

2. 변호인의 상고이유

「치안유지법」(1941. 5. 15. 시행)에서는 사법대신—조선에서는 조선총독—이 미리 지정한 변호사만 변호할 수 있었다(제29조, 제38조). 제1심 변호인은 한격만(韓[清原]格晩, 함흥), 유태설(劉[邦本]泰卨, 함흥), 나가시마 유조(永島雄藏)(서울), 박원

---

20) <부록 3: 범죄혐의사실> 참조.

삼이며, 상고심의 변호인은 마루야마 케이지로(서울), 박원삼(함흥), 야스다 미키타(서울) 등[21]이었다. 한격만 등은 1941년 7월 30일에, 박원삼과 야스다 미키타는 1943년 11월 25일에 조선총독의 지정을 받았다.[22] 박원삼은 1935년 변호사시험에 합격하여(『동아일보』 1935. 9. 3.), 1936년 3월 변호사등록을 하였으며, 자세한 이력은 알 수 없다.[23] 마루야마 케이지로는 1919년 교토京都제국대학을 졸업하고 경성법학전문학교 교수가 되어 1928년 사직하고 서울에서 변호사로 활동하였다.[24] 야스다 미키타는 도쿄東京제국대학 법학부를 졸업한 후 판사로 재직하다가 1928년 경성제국대학 교수가 되어 민법 · 민사소송법 제3강좌를 담당하였다. 1940년 대학의 자치를 부정하는 조선총독부의 처사에 항의하여 사직하고 변호사 개업을 하였다.[25]

마루야마 케이지로는 이극로와 정인승을, 야스다 미키타는 최현배와 이희승을, 박원삼은 최현배를 변론하였는데, 이극로 등은 개별적으로 변호인을 선임하였는데,[26] 공동으로 선임하면, 당사자들은 물론 변호인에게도 불이익이 있을 우려 때문이었을 것이다.[27]

(1) 이극로, 정인승의 변호인 마루야마 케이지로의 상고이유

① 원심은 조선어학회의 활동이 문화운동이 아니라 정치적 민족운동으로 보았다. 그러나 문학적 · 언어학적 문화운동으로서 정치적 민족운동은 아니다. 그 이유는 조선의 모든 문화는 발전하였지만, 조선어는 후진상태에 있어서, 조선어로는 진보된 문화나 학문을 논할 수 없는 상태이며, 조선인

21) 이희승 선생은 池田某도 있다고 회고하나, 판결문에는 보이지 않는다(일석이희승전집간행위원회 편, 앞의 책, 492쪽).

22) 『조선총독부관보』, 1941. 7. 30. 및 1943. 11. 25.

23) 이희승 선생은 朴元三은 함흥의 제1심도 변호하였고 회고하였는데, 법적으로는 불가능하다.

24) 이상 한국역사정보통합시스템(http://www.koreanhistory.or.kr/) 검색.

25) 1938년 조선총독부는 경성제국대학 교수의 글이 '反軍的'이라는 이유로 대학에 대한 간섭을 강화하였다. 이때 安田幹太는 무기력한 교수회에 회의를 느껴 사직하였다(자세한 것은 본서, 150쪽 주 12 참조).

26) 이희승, 앞의 글, 491쪽.

27) 이인 선생은 1930년 수원농고 홍농사 사건을 변론하면서, 변론 내용 때문에 6개월 변호사정직처분을 받았다(본서, 188·196쪽 참조) 조선총독은 지정을 취소하기도 하였다(신의주 平居熙建[1942. 1. 15., 대전 北村直甫[1945. 6. 13.] 등).

은 일상생활에서 조선어가 아닌 일본어를 사용하고 있다. 조선어문의 정리·통일을 도모하는 조선어학회의 활동은 순문학적·고전문학적 연구에 지나지 않으며 조선민족에 민족정신을 불어넣어 조선민족 독립운동으로 진전시키는 기능은 없다.

② 원심은 민족 고유어문의 성쇠盛衰가 민족 자체의 성쇠와 관련된다고 보았지만, 그 반대로 이는 세계사에서 검증된 사실이다. 융성한 고대의 중국과 인도, 그리스는 광의의 문화가 번영하였기 때문에 어문이 성장하였으며, 어문이 쇠퇴했기 때문에 몰락한 것은 아니다. 그리고 일본은 문법이 확립되지 않아 언어 자체로는 우수하지는 않지만, 일본정신으로 무장하여 국력이 성장하였다. 이처럼 어문활동은 문화활동에 불과하고 정치적 민족독립운동은 아니다.

③ 어문운동이 민족 고유문화의 쇠퇴를 방지하고 나아가 향상시켜 민족적 자각을 가져올 수는 있지만, 이는 이론에 불과하며, 설사 그러하여 다민족국가에서 한 민족의 독립을 가져오더라도 이는 어문운동의 당연한 귀결이 아니다. 어문운동은 단지 민족적 회고적懷古的 문학운동, 즉 협의의 순문화적 운동에 불과하며 단연코 민족적 정치독립운동은 아니다. 원심의 논리대로라면 라틴어를 연구하면 로마제국이 부활하는 것과 같은 논리이다.

④ 예심과 원심에서 주장하였듯이 조선어학회는 학술단체이지 정치단체는 아니며, 독립운동단체라는 증거는 없다. 특히 관헌 사이가 시치로(齊賀七郎)가 수양동우회와의 관련성을 조사하였지만, 독립운동단체로 인식하지 않았으며 또 쿠로누마 리키미야(黑沼力彌)도 같은 생각이었다.

⑤ 조선어학회의 활동은 어문의 통일에 있으며, 사전편찬은 1920년 조선총독부에서 간행한 조선어사전을 모범으로 하였다. 조선어연구자이며 조선총독부통역관인 다나카 도쿠타로(田中德太郎), 검사관檢査官 니시무라 신타로(西村眞太郎)가 이를 지원하였으며, 사전 원고는 조선총독부의 검열을 받았으며, 주석 중에 일부 불온한 것이 있지만, 이 일부로 전체를 판단할 것은 아니며 사전편찬의 난점을 고려해야 한다. 자구의 주석은 주석일 뿐이므로 이를 사상적으로 평가할 수 없다.

⑥ 피고인이 내심으로 조선의 독립을 희망하였다는 사실만으로 조선어학회를 조선독립을 목적으로 하는 결사라고 단정할 수는 없다. 독립의 목적은 직접적이어야 한다. 이극로는 학자로서 조선어문의 정리에 집중하였고 또 그가 김두봉에게 사사하였지만 이는 독립이 아닌 연구를 위해서였다. 그리고 수양동우회 사건에 대한 (조선)고등법원 판결과 비교하여도 더욱 그러하다. 10여 년 이상 평온 공연하게 활동해 왔고 또 조선총독부조차 협력해온 조선어학회의 사전편찬사업을 불법으로 보는 것은 자기모순이다. 또 내심 민족주의를 품고 있는 자를 처벌하는 것은 개과천선을 목적으로 하는 형법의 대원칙에 위배된다.

⑦ 조선어학회는 공산주의 앞에서 위축된 민족주의 진영에서 유력한 단체로 인정되어 사전편찬사업이 중시되고 있지만, 단순한 학술단체로만 인식되고 있다. 만약 독립을 도모하는 민족적으로 중요한 단체로 인식되었다면 사전편찬사업이 부진할 이유가 없다.

(2) 최현배와 이희승의 변호인 야스다 미키타의 상고이유

① 독립운동계의 거두인 이극로가 진정으로 독립운동을 하려고 하면 문화운동에 그치지 않을 것이며, 처음에는 이를 감출 수 있지만 결국 드러나기 마련이다. 그런데 10여 년 동안 경찰에서 사찰하였지만 정치결사로 활동한 증거를 찾을 수 없다. 이극로의 경력에 비추어보면 강력한 민족의식이 있음을 엿볼 수 있다. 하지만 그는 전향轉向의 과도기적 단계이다. 전향은 일순간에 일어나는 것이 아니며 처음에는 소극적으로 독립운동 등을 포기하는 과정을 거치기 마련이다. 이러한 준準전향자를 처벌하는 것은 오히려 독립운동에 가담하도록 하는 결과를 낳는다. 또 조선독립 목적을 가지고 행동을 했다면 행동에 적극적인 의도가 인정되어야만 처벌할 수 있고, 간접적으로 기여할 수 있는 소극적인 행동만으로는 처벌할 수 없다.

② 원심 판단의 논법에 따르면 사회·문화·경제 활동 모두가 이에 해당한다. 즉, 내심으로 조선의 독립을 목적하는 산업개발 등의 모든 행위가 이에 해당하는 한심한 사태에 이르게 된다.

③ 「과격사회운동단속법안」에서 금지하는 대상은 '무정부주의 기타에 관해

조헌朝憲을 문란케 하는 사항을 실행 또는 선전할 목적의 결사'인데, 1925년의 「치안유지법」에서 "국체변혁 또는 사유재산제도의 부인을 위한 직접행위를 목적"으로 하는 것으로까지 확장하였다. 그 목적은 공산주의의 박멸, 그 사상의 확산을 예방하기 위해 실현을 목적으로 하는 직접행위의 실행을 기도하는 결사 외에 사상이나 이념을 함께 하는 동지적으로 결합한 단체도 금지하려는 것이고, 판례도 이 점을 유의하고 있다. 그러나 조선어사전편찬회 및 조선어학회의 목적은 사전의 편찬과 조선어문의 통일·표준화 운동이지 국체변혁은 아니다. 또 이를 통하여 조선독립을 도모하였더라도 이는 동기에 불과하고 이것이 곧바로 정치운동이 되는 것은 아니다. 설사 조선어학회가 국체변혁을 목적으로 하는 결사가 되기 위해서는 내면적으로 조선독립을 소망하는 공동의지[同志]가 결합하여 안으로 공동의지의 민족의식 앙양을 도모함과 동시에 밖으로 그 사상의 선전 또는 공동의지 획득 활동을 목적으로 한 행위가 있어야 하는데, 이러한 행위가 없다.

④ 조선어학회의 각종 활동은 「치안유지법」 제5조 소정의 "국체변혁을 목적으로 한 행위"에 해당하지 않는다. 사전편찬이 이에 해당되려면 어떤 방침에서 정해져서 그것이 어떻게 국체변혁의 결과를 야기하였는지를 더 구체적으로 적시되어야 한다. 또 도서에 대해서는 그 내용에 대한 구체적인 설시가 있어야 한다.

(3) 최현배의 변호인 박원삼의 상고이유

① 경찰과 검사국에서의 자백을 증거로 원용하고 있으나, 이는 경찰에서는 엄중한 조사를 받았기 때문에 허위자백을 했고 또 검사국에서는 조사한 경찰관이 입회했기 때문에 부득이 종래의 자백을 유지한 것이다.

② 설사 조선독립의 목적이 있어 범죄구성요건을 갖추었다고 인정하더라도, 사전편찬행위는 위법성이 없기 때문에 무죄이다. 1) 조선어의 통일은 조선총독부에서 그 필요성을 인정하고 있다. 2) 조선어학회의 통일안은 교학 당국의 방침을 따른 합법적 활동이다. 3) 서울말을 기준으로 한 표준어와 외래어 표기법 역시 조선총독부의 방침과 일치한다. 4) 언문강습회는 순수 문화활동이다. 5) 총독부에서도 한글의 우수성을 인정하였으므로 한글반포

기념식은 위법이 아니다. 6) 기관지 『한글』의 발행은 정규절차를 지켰고 또 학술연구이다. 7) 원심은 어휘의 선정과 주해에 대해 위법성을 인정하였지만, 조선어사전과 조선총독부에서 1920년에 발간한 사전의 어휘와 비교하면 큰 차이가 없다. 어휘만으로는 민족의식이 앙양되지 않는다. 8) 조선 기념도서출판관의 활동은 순수학술 내지 문화활동이다.

③ 사전편찬행위에 위법성이 없기 때문에 조선어학회의 활동에는 위법성이 없다.

④ 「치안유지법」 소정의 결사는 위법한 활동과 목적이 있어야 한다. 학회의 활동은 "조선민족의 문화를 향상시킴으로써 실력을 양성"하는 것이며, 이는 조선총독부 시정施政의 목표와 일치한다.

⑤ 조선의 독립은 조선 고유의 문화향상 및 민족의식의 앙양으로 실현되지 않으며, 「치안유지법」 제1조 위반이 되려면 결사가 국체를 변혁하는 행위가 있어야 한다.

마루야마 케이지로는 조선어학회가 정치적 결사가 아닌 학술단체임을 주장하였다. 우선 조선총독부의 판단과는 달리 조선 내에서 유력한 민족주의 단체가 아니며(⑦), 조선총독부의 방침에 따른 조선어사전편찬을 조선총독부도 지원하였고(④, ⑤) 그래서 10여 년 동안 내버려두었으며, 독립을 목적으로 한 직접적인 활동이 없었다(⑥). 원심이 전제로 한 민족 고유언어의 발전이 민족 자체의 발전과 직결되는 것을 부정하고 그 반대임을 주장하였다. 그 증거로 당시 조선사회의 발전에 비추어 조선어의 후진성을 강조하여 조선어로는 학문을 할 수 없고 일상대화조차도 일본어로 하고 있는 사실을 들었다(①~③).

야스다 미키타는 핵심인물인 이극로를 들어 그가 전향과정에 있으며 다른 관련자도 그러함을 강조하고, 조선독립의 직접적 · 적극적인 행위가 있어야만 처벌할 수 있다고 주장하였다(①). 이 주장은 수양동우회-홍사단-사건에 대한 (조선)고등법원의 판결을 인용한 것이다. 1937년 6월에 150여 명을 검거하여 2년이 지난 1939년 10월에 제1심 공판을 개시하여 12월의 제1심에서는 41명 전원에게 증거불충분으로 무죄를 선고하였고, 1940년 8월 제2심에서는 전원 유죄를 선고하였다. 1941년 11월 17일 (조선)고등법원에서는 "법은 행동의 잘못을 처벌하는 것이지 마음까지 처벌할 수 없다"는 이유로 전원 무죄를 선고하였다. 즉 모든 피압박민족은 마음 속으로 독립과 자유를 원하지만, 이 마음만으로는 처벌할 수 없다는 것이다.[28] 그리고 목적을 함께하는 동지적 결합이 있어야만 내심을 처벌할 수 있다(③). 박원삼은 "조선어학회의 조선어사전편찬과 활동(①)은 시정방침과 일치하는 것으로 위법성이 없으며(②), 직접적이고 구체적인 행동만 처벌할 수 있다(③)"고 주장하였다.

위 주장은 법적인 논변을 다투고 있지만, 한편에서는 일본인들이 식민지 조선사회를 보는 시각이 잘 드러나 있다. 마루야마 케이지로는 조선사회가 발전했음에도 불구하고, 조선어가 여전히 후진상태에 있어 일상생활에서조차 일본어를 사용하고 있음을 강조하였다. 이 논변은 피고인의 이익을 위한 전술로도 볼 수 있지만, 민족말살정책의 표면적 효과를 잘 드러내며, 나아가 조선사회의 발전이 일본의 시혜임을 암묵적으로 전제하는 것이다. 그리고 야스다 미키타는 전향을 의도적으로 부각시켜, 완전한 신민으로 복속시키기 위해서는 포용을 강조하였다.[29]

3. 검사의 상고이유와 그 판단

(1) 이극로, 최현배, 이희승, 정인승에 대한 양형 부당

검사는 이극로(징역 6년), 최현배(징역 4년), 이희승(징역 3년 6월), 정인승(징역 2년)의 경력과 사상동향을 나열하였는데, 대부분 〈예심종결결정서〉를 요약하였다.[30]

이극로에 대해서는 만주에서의 활동과 공산주의, 민족종교인 대종교大倧敎와의 연계성을 강조하였으며, 최현배 등 전원에 대해서는 3·1운동의 영향을 적시하였다. 특히 최현배에 대해서는 1938년 흥업구락부 사건에 연루되었음을 강조하였다. 이어서 이극로와 이희승이 조선어학회에 관여하게 된 과정을 서술하였다.

검사는, 그들의 논지에 따르면 합법적 단체로 위장한 1931년 이후에는 회원이 많아져 30여 명이 되기도 하였지만, 본질을 알아차린 사람이 탈퇴하여 이극로 등

---

28) 한인섭, 앞의 책, 559-561쪽.

29) 이의 대표적인 예는 수양동우회 사건인데, 이를 계기로 주역인 이광수는 전향하였다. 또한 사법부는 독립된 모습을 보여 나름의 정치적 홍보의 효과도 거두었다(한인섭, 앞의 책, 562-3쪽).

30) 제1심 판결문은 확인할 수 없지만, 역시 예심종결서와 유사할 것이다.

5인의 모임으로 전락하였고, 그들의 의도대로 움직였다고 하였다. 그런데 이 서술은 33명을 검거하고 29명을 구속하여 16명을 예심에, 그 중 12명을 정식재판에 회부한 조치와는 모순된다. 즉 1931년 이전은 물론 이후에도 정치적 목적을 갖지 않은 순수한 학술·문화단체인 조선어학회를 국체변혁을 목적으로 하는 결사로 날조하였음을 실토하는 것이다.

이극로 등이 1931년 1월 조선어학회 조직 이래 1942년 10월 검거 때까지의 활동을 예심에서 인정한 7개의 사실로 정리하였다. 이어서 이극로와 정인승의 행위에 대해 언급하고, 다음에 '조선어학회'가 민족운동사에서 차지하는 위상을 다음과 같이 정리하였다.

> 조선어학회는 1919년 3·1운동의 실패를 거울삼아 문화운동에 의한 민족정신을 함양하여 독립을 추구하려는 실력양성운동 역시 성공하지 못한 것을 반성하였다. 1931년 이래 이극로를 중심으로 문화운동 중 기초적인 언문운동에 주력하여 문화운동의 가면 아래 조선독립을 위한 실력양성단체로서 20여 년의 장기간에 걸쳐 조선민족에 대해 조선어문운동을 전개해왔으며, 그 활동은 그 유례를 찾아 볼 수 없다. 조선어문에 의지하는 조선민심의 깊은 곳까지 침투하여 조선어문에 대한 새로운 관심을 불러일으켜 조선민족에게 민족관념을 배양하고 민족문화의 향상, 민족의식의 앙양 등을 기도한 조선독립을 위한 실력신장에 획기적 효과를 거두었다. 이는 메이지明治유신의 원동력이 된 도쿠가와(德川) 말기 코쿠카구(國學 Kokukaku)의 초기 발흥과 유사하다.
>
> 조선어학회는, 조선사상계를 풍미한 공산주의운동의 주된 흐름 속에서 민족주의 단체 사이에서 홀로 민족주의의 아성을 사수해 온 단체로서 민족주의진영에서 단연 불후의 지위를 점하고 있다. 그 사업은 조선인 사회에 커다란 반향을 불러일으켰고, 그 가운데 조선어사전편찬사업은 광고曠古의 민족적 대사업으로서 촉망받게 된 것이다.
>
> 조선어사전에 수록된 어휘 및 주해는 현저히 민족적 색채를 갖추어 사용자에게 저절로 민족의식을 자극·배양하는 민족적·역사적 대사전이다. 조선어학회의 어문활동이야말로 실로 조선민족운동 가운데 그 본도本道를 걸은 대표적·획기적인 확고한 지도이념을 가진 가장 심모원려가 풍

부한 민족독립운동의 점진적 형태라 단정할 수 있다. 10여 년간 일반 사회인의 마음에 끼친 해독은 심대한 것이다.

검사는 조선어학회의 활동이 잠자고 있는 조선민족의 정신을 일깨워 직접적인 독립운동보다 더 큰 영향을 조선인에게 미쳤음을 언급하고 이를 사상사적으로 일본의 근대를 탄생시킨 '국학'에 비유하였다.

이어서 이극로 등의 제1심에서 태도를 문제로 삼았다. 이극로 등은 경찰 및 검사정에서 자백했지만, 예심판사 및 공판정에서는 "경찰에서는 취조가 엄했기 때문에, 또 검사정에서는 검사가 경찰에서 경찰관이 입회한 상태에서 취조를 했기 때문에 경찰에서의 진술을 긍정하지 않을 수 없었다"라고 이를 번복하였다. 정인승은 여기에 덧붙여 "예심정에서는 보석이 취소될 우려 때문에 허위자백을 하였다"고 하였으며, 이극로는 "본인의 진술과 아예 다른 조서가 작성되었다"고 하였다.

다음으로 조선어사전의 내용에 대해 트집을 잡았다. 대종교 등 민족적 색채가 현저한 어휘나, 왜란倭亂 등 민족적 감정에서 일본을 모욕했다고 인정되는 어휘와 주해가 일본정신을 현저히 결여하고 민족적 색채를 띠는 기원절, 개국기원절, 일장기, 태극기 등을 근거로 범죄를 입증하려고 했다. 이극로 등은 "조선인을 위한 사전이기 때문에 조선을 중심으로 서술하였다"고 항변하였다. 제1심에서 조선총독부 경무국 보안과 검열계에서 근무하는 예심 증인 도쿠야마 이치德山一는 "어휘를 개별적으로 검열하지 않아 민족정신의 앙양이라는 저의를 찾을 수 없었지만, 종합적으로 보면 민족적 성격이 강하다"라고 증언하여 검사의 입장에 동조하였다.

검사는 마지막으로 이극로 등이 겉으로는 "민족의식을 청산하고 충량한 황국신민이 되어 있다고 진술하지만, 공판정에서의 태도로 보아 여전히 민족의식에 투철하다"고 논박하면서 중형에 처할 것을 요구하였다.

(2) 장현식에 대한 무죄 선고

제1심의 검사는 "장현식의 경력과 1921년 대동단[31]에 조선독립운동자금을 제공하여 보안법 위반의 전과를 제시하고, 조선어학회가 이면적으로는 조선독립을 위한 결사임을 알고 김양수의 권유로 1938년 4월경부터 1939년 말까지 조선어학회에 3,000원을, 지인 등을 권유하여 1,400원의 사전편찬자금을 지원한 사실"을 이유로 기소하였다. 장현식은 예심과 공판정에서 "경찰과 검사에게 엄한 조사를 받아서 허위로 자백하였다"고 이를 부인하였고, 제1심은 조선어학회의 성격을 알고 지원하였다는 사실에 대한 입증이 없다고 무죄를 선고하였다.[32] 이에 대해 검사는 본인에 대한 사법경찰관의 신문조서와 검사의 이극로에 대한 신문에서 "장현식에게 지원을 요청"한 내용을 근거로 유죄임을 주장하였다.

검사는 상고이유에서 〈예심종결결정서〉를 앵무새마냥 그대로 읊조리고 있다. 그러나 스스로 수사의 불법성을 폭로하고 조선어학회의 위상을 대변하고 있다. 이희승 선생의 증언이 없더라도 수사과정에서 고문이 있었다는 것은 능히 추정할 수 있다. 변호인 박원삼 역시 조사과정의 불법성을 지적하였다((3)-①). 검사 역시 당사자들이 법정에서 한 자백을 번복한 과정을 재현하여 스스로 이를 입증하고 있다.[33] 또 검사는 상고이유를 통해 조선어학회와 조선어사전편찬 사업이 사회에 끼친 영향과 나아가 민족사에서 차지하는 위상을 후손들에게 웅변적으로 전하였다.

4. (조선)고등법원의 판단

(1) 변호인의 상고

① 소극적 · 간접적 행동: 「치안유지법」에서는 국체변혁의 수단이나 방법을

31) 大同團: 1919년 3월 일진회 회원 全協과 崔益煥이 조직한 단체로, 1919년 10월 임시정부의 구심점으로 義親王 李堈 망명 계획을 주도하였지만, 실패하였다. [민백]

32) 이희승, 이인 등은 모두 장현식이 "징역 2년 집행유예 3년"의 형을 받은 것으로 회고하고 있다. 이는 1944년 2월 보석으로 석방되었기 때문이다.

33) 판결문에는 '拷問'이라는 말은 보이지 않는다. 당사자나 변호인은 '고문'을 "엄중한 조사"로 에둘러 표현하였을 것이다. 고문의 실상은 이희승 선생의 회고에 잘 나와 있다(일석이희승전집간행위원회 편, 앞의 책, 384－8쪽).

한정하지 않았기 때문에 적극적·직접적인 행동은 물론 소극적·간접적인 행위도 해당한다고 해석하였다. 이어서 독립의 방법은 정치투쟁 또는 무력투쟁 등 적극적·직접적 수단 외에, 민족종교를 홍포弘布하거나 민족 고유의 언어를 보급·통일하여 민족의식의 앙양을 도모하여 독립을 허용할 수 밖에 없는 내외 정치정세를 조성하는 것도 해당한다(조선고등법원 1942년 1월 26일 선고 1941년형상제144호 판결).[34] 이어서 구체적인 예로 무장투쟁노선에서 전향하여 게일어의 부활로 영국의 자치령이 된 남에이레(Aire)[아일랜드(Ireland)]와 프로이센, 오스트리아, 러시아 3국에 분할된 상황에서 지배국의 동화정책에 맞서 자국 언어 사용운동으로 민족정신을 고취하여 윌슨의 민족자결주의 선언 등 국제정세에 힘입어 1918년 독립을 한 폴란드를 들었다.

② 사전에 수록된 어휘의 합법성: 어휘와 그 주해의 내용은 합법·불법과는 관계가 없으며, 행위의 목적을 대상으로 판단해야 한다. 행위 자체는 위법이 아니지만, 위법한 목적과 결합되어 범죄를 구성하게 되면 처벌대상이 된다. 예컨대, 가옥을 빌리거나 칼을 사는 것 그 자체는 위법이 아니지만, 이것이 국체변혁을 도모하는 결사의 본거지 마련 또는 살인목적과 결합되면 위법한 것으로 처벌할 수 있다.

③ 조선총독부의 방침에 따른 문화활동으로 위법성이 없는 사전편찬: 이는 합법적 문화활동을 가장한 조선독립운동이다. 사전에 수록된 어휘와 주석 등을 조선총독부 간행 사전과 비교하여 위법성이 없다고 주장하지만, 객관적인 내용의 비교가 아닌 행위자의 내심－숨은 목적－을 보아야 하며, 소극적·간접적 문화운동도 국체변혁의 수단이 될 수 있다. 이는 앞의 판단과 차이가 없다(③-2).

④ 국체변혁을 목적으로 하는 결사는 그 실행으로 인정되는 행위가 있어야 한다는 주장에 대해서는, 국체변혁의 위험성을 처벌하는 취지이므로 실제로 국체변혁의 실행행위가 없어도 처벌할 수 있다.

⑤ 범죄사실에 대한 구체적인 적시가 없다는 주장에 대해서는, "원판결문과 원용된 증거의 내용을 종합하면 원판결은 이와 같은 행위가 민족의식을 앙

34) 본서, 153쪽 주 14 참조.

양시켜 독립의 기운을 양성시키는 결과 독립의 위험을 생기게 한다는 것을 설명한 취지인 것이 자명하다"고 하여, 그냥 무시하였다.

(2) 검사의 상고

고등법원은, 엄중한 조사에 의한 허위자백이라는 변호인 박원삼의 주장에 대해서는 "강박에 의한 허위자백임을 인정할 수 있는 증거가 없으므로 이를 증거로 채택한 것도 채증採證법칙위반이 아니다"라고, 검사의 상고에 대해서는 고문 등에 대한 판단은 하지 않은 채, 기록과 범정犯情 등을 고려하여도 양형 부당을 인정할 수 없다고, 또 장현식 역시 증거가 없는 것으로 기각하였다.

법률심인 상고심에서는 원칙적으로 사실관계를 심판하지 않는 것이 원칙이다(일본 형사소송법 제409조).[35] (조선)고등법원에서는 이를 철저히 준수하여 형식적 판단을 내렸다.[36] (조선)고등법원 판사들은 당사자들을 직접 대면하지는 못하였지만 고문을 받았다는 사실을 모르지 않았을 것이다. 이인 선생이 병보석으로 석방되었으며, 이윤재와 한징 선생이 예심 도중에 사망한 사실을 잘 알고 있었을 것이다. 그들은 애써 진실에 눈을 감고 주어진 대로 판결을 하였을 뿐이다.[37]

(3) (조선)고등법원 판단의 의미

이 사건에 적용된 법은 「치안유지법」이며, 그 목적은 처음에는 공산주의 사상의 확산을 방지하는 것에서, 국체변혁을 도모하는 단체의 금지로 옮겨졌으며, 조선독립운동도 해당되었다. 형사법의 목적은 '심정心情'이 아닌 '행위行爲'를 처벌하여 국가의 폭력으로부터 인간의 행동은 물론, 사상과 양심의 자유를 지키기 위한 것이다. 「치안유지법」을 적용하면서 사법부는 불온사상으로부터 국체를 보호

---

35) 다만 양형이 아주 부당하거나 중대한 사실을 오인한 현저한 사유가 있을 때에는 예외적으로 사실관계를 심리할 수 있다(제412, 414조).

36) (조선)고등법원 판결록에 수록된 형사판결문을 일별하면, 피고인이 고문 등 강압에 의한 허위자백을 주장하는 경우, 대개는 본문에서와 같은 이유로 기각하였다.

37) 재판과정에서 고문이 드러나는 일은 거의 없었다. 1924년 이인 선생은 대구 독립운동사건을 변론하면서 당사자로부터 예심에서 고문을 받았다는 사실을 듣고 공판 중지를 요청하였으나 묵살되자 이인 선생은 피고인의 신체검증을 요구하였고 그 중 1명이 옷을 벗자 모두 옷을 벗어 고문받은 사실이 폭로되었다. 그러나 무죄가 아닌 형이 가벼워졌을 뿐이다. 그 대신 가족들이 고생을 하였다. 선생은 이를 "나체공판裸體公判"이라고 하였다(본서, 192쪽 및 이인, 『愛山餘滴(4)』[애산학회, 2016], 56-8쪽).

하려는 법의 목적과 형사법의 이념 사이에 갈등을 하여 수양동우회 사건에서 보는 것처럼 행동이 뒤따르지 않는 사상은 처벌할 수 없다고 하였다. 그러나 1940년대 군국주의 하에는 사상탄압과 집요한 전향 강요로 사회주의운동은 거의 씨가 말라 「치안유지법」은 그 존재가치를 찾기 어렵게 되었다. 그러나 조선어학회 사건에 대해서는 (조선)고등법원은 근대형사법의 대원칙을 일거에 저버리고 마음속의 사상만으로도 처벌할 수 있다고 선언하였다. 합법적 단체인 '조선어학회'는 표면적 활동은 합법적이지만 이면에서는 불법단체이다. 조선총독부의 검열을 받아 합법적으로 출판된 것도 암암리에 민족의식을 고양하기 위한 불법활동이다. 합법적 학술활동에 종사하여도 방향을 전향하여 언제든지 불법활동을 할 우려가 있다. 국체변혁의 수단과 방법에는 제한이 없기 때문에 무력을 동원하지 않는 문화활동도 이에 해당한다. 핵심은 겉으로 드러난 행동—학술, 창씨개명, 자백—이 아니라 흉중에 품고 있는 속마음이다.[38]

조선인의 모든 행동은 국체변혁을 위한 수단이며 따라서 항상 조선인은 잠재적 범죄자이며 이들에 대한 감시와 처벌을 게을리 해서는 아니 된다. 이제 식민지 형사법은 불법적인 행동을 넘어서서 인간의 마음까지 규율대상으로 삼는 심정형법心情刑法으로 '거대한 전환'을 선언하였다. 그 말로는 역사가 증언하고 있다.

IV. 맺음말

위에서 1945년 8월 13일에 선고된 조선어학회 사건 (조선)고등법원 판결문을 검토하였다. 판결문을 형식적으로 검토하였을 때, 위 판결문은 판사가 아닌 검사가 작성하였음을 확인하였다. 그 이유는 첫째, '조선총독부 재판소 용지'가 아닌 '(조선총독부) 검사국' 용지에 작성된 점, 둘째, 판결문을 한 사람이 아닌 최대 7명이 작성하여 형식적으로 통일되지 않은 점, 셋째, 마지막에 판사의 서명 날인하는 곳 하단에 (조선)고등법원 판사의 "氏"가 수기로 기재된 점 등이다. 그리고 판결문에 오류와 수정한 곳이 엄청나게 많아 정상적인 것으로는 도저히 볼 수 없을 정도로 급박하게 작성하였음을 추측할 수 있다. 이는 근대법의 대원칙인 권력분

38) 한인섭, 앞의 책, 600—1쪽.

립—사법의 행정으로부터의 독립—의 대원칙을 훼손한 최소한의 법치주의조차 훼손한 폭거이다.

판결문은 변호인의 상고이유에 따라 (조선)고등법원의 판단을 수록하였는데, 변호인은 조선어학회의 조선어사전 편찬 등의 활동은 합법적이며 또 순수한 학술문화활동으로 정치적 결사 내지 독립을 목적으로 하는 것이 아님을 주장하였다. 이에 대해 (조선)고등법원은 표면적으로는 순수한 문화활동이어도 내심으로는 조선독립을 목적으로 하는 것이기 때문에 「치안유지법」 상의 '국체변혁'을 목적으로 하는 결사에 해당한다고 판단하였다. 그러나 이러한 논거는 수양동우회 사건의 판단을 정면으로 부정하는 것으로, 형사법이 인간의 행동을 넘어서서 내심까지 규율할 수 있는 심정心情형법으로 나아간 군국주의의 모습을 보이고 있다. 그리고 피고인의 고문에 의한 허위자백과 조작에 의해 범죄가 구성되었다는 주장에 대해서는 상고심인 (조선)고등법원은 법률심이기 때문에 원심에서 인정한 사실에 대해서는 심리를 하지 않는다는 법원칙에 따라 기각하였다. 그리고 법리 등에 대한 검토 없이 예심과 제1심인 함흥지방법원의 판단을 그대로 용인하였다.

변호인은 피고인의 이익을 위하여 당시 조선어의 상황, 사상전향의 문제 등을 상고이유로 주장하였지만, 인정되지 않았다. 이 주장은 당시 식민지 조선에서 활동하는 변호사 등 지식인들이 조선사회를 보는 시각을 드러내고 있는데, 이에 대한 관심도 필요하다.

검찰은 이극로 등 4명에 대해서는 양형 부당을, 장현식에 대해서는 무죄를 이유로 상고하였으나, 모두 기각되었다. 검찰의 상고이유는 〈예심종결서〉를 그대로 옮긴 것으로, 군국주의의 탄압 하에 모든 사회운동이 거의 절멸의 상태에 있는 상황에서 조선어학회의 위상을 간접적으로 드러내었다.

조선어학회 사건은 민족사적 의의 외에 전쟁말기 군국주의 하에서 제대로 작동하지 않는 식민지 형사사법의 모습을 잘 보여주고 있다. '연속범'과 피고인의 방어권 확보, 간접목적의 인정 그리고 애써 외면한 고문과 허위자백에 의한 유죄인정 등. 해방 후 형법과 형사소송법은 이러한 폐단을 극복하려는 입법자의 의지의 산물이었다. 이 점에서 조선어학회 사건은 현재 우리의 삶에도 많은 영향을 주고 있다.

결언

현재적 의의

조선총독부가 조선어학회의 활동을 묵인한 이유는 동화정책의 강화로 내선일체가 이루어지면 그 활동이 박제가 될 것으로 판단했기 때문이다.[1] 사실 조선어교육이 폐지된 1938년 이후 조선어학회가 아무런 행동을 취하지 않았고 이를 비판[2]하는 입장도 있다. 조선어학회가 표준어 사정안을 발표한 1938년 10월 이후 대중집회가 금지되었으며, 조선총독부는 일본어 보급정책을 강화하였고, 그 체제에서 조선어학회의 표준어 사정안은 의미가 없었다. 그렇지만 조선어학회의 표준어 사정안 발표는 대중노선을 확인한 것이다. 조선어가 부정된 상황에서는 조선문화가 위축될 우려가 있다. 이런 상황에서 조선어학회는 한글강습회와 같은 대중사업을 수행하였다. 또 「개정한 한글 맞춤법 통일안」(1940. 10), 「로마자표기법과 외래어표기법」(1940. 6. 제정, 1941. 1. 출판), 조선어사전 원고를 완성하였다(1940. 3).[3] 이러한 소극적인 조선어규범화 운동은 당사자의 의식과 무관하게 조선총독부의 지배를 위협할 수 있는 보이지 않는 '저항'운동이었다.[4]

1938년 제3차 조선교육령 공포 후 초등교육에서 조선어는 임의과목으로 되고 국어[일본어]의 보급이 강화되었고, 1941년 3월 「국민학교규정」을 공포하여 조선어 교육을 완전히 폐지하였으며, 1943년 3월 「조선교육령」을 개정하여 중등학교

1) 최경봉, 「쟁점: 일제강점기 조선어학회 활동의 역사적 의미」, 『민족문학사연구』 31(민족문학사학회, 2006), 430쪽.

2) 박지향 · 김철 · 김일영 · 이영훈 (엮음), 『해방 전후사의 재인식 2』(책세상, 2006), 626－627쪽; 대담의 김철 발언.

3) 최경봉, 앞의 글(주1), 421－9쪽

4) 미쓰이 다카시(三ツ井 崇)/ 정준영 역, 「식민지하 조선의 언어 정치학: 조선 언어정책 · 사회사 재고」, 『한림일본학』 20(한림대학교 일본연구소, 2012), 103쪽.

및 사범학교에서도 없앴다.[5] 그 결과 한글은 정규교과과정에서 제외되어 국민학교에 다니고 있는 학생들조차 체계적으로 한글을 배울 수 없는 상황이었다. 해방 직후 학교교육의 물적 토대를 마련하는 것의 난관은 다음 남조선과도정부 문교부의 보고에 잘 드러난다.

> 역사상 한국과 같이 과거 교육에서 사용된 언어가 완전히 바뀐 나라는 없을 것이다. 우리가 처음 업무를 시작했을 때, 학교에서 사용한 교재 중 한국어로 된 교재는 단 한 페이지도 없었다.[6]

1945년 9월 29일 미군정 일반명령 법령 제6호 "교육의 조치"에 따라 9월 24일에 소급하여 초등학교 수업을 재개할 수 있었다. 그러나 한글로 된 교과서가 없어서 수업을 할 수 없는 사정이었다. 이에 한글학회가 중심이 되어 '국어교과서편찬위원회'를 조직하여 중등학교 1, 2학년『한글 첫걸음』과 초등학교 1, 2학년용『초등국어교본』을 제작 · 공급하여 한글로 된 우리 교육을 시작할 수 있었다.[7] 나아가 식민지기 조선어학회의 활동은 해방 후 출판계 및 출판문화가 부활하는 바탕이 되었다. 대구역 앞에서 좌판으로 서적을 판매한 김원대는 1933년 조선어학회에서 제정한『맞춤법 통일안』 2만 부 이상을 판매하여 출판사 설립의 자본을 마련하였고, 서울 관훈동에서 일성당을 운영한 황종수는 식민지기에 최현배의『우리말본』,『한글갈』과 조선어학회의『한글』을 충분히 사서 숨겨두었는데, 해방이 되자 단 며칠만에 다 팔았다.[8]

한글은 외세에 의해 남북과 이념으로 분단된 해방 정국에서 강력한 사회문화적 통합의 기능을 하였다. 또한 국민국가 건설의 열망은 국어교육으로 이어졌다. 그러나 조선총독부의 민족말살 정책의 결과 한국어로 된 교재는 전혀 없는 실정이었다. 모든 교육과정에서 국어–한국어–교과목은 가장 큰 비중을 차지하게 되

---

5) 김용일,「美軍政下의 敎育政策硏究 : 敎育政治學的 接近」(고려대학교 교육학박사학위논문, 1995), 38쪽.

6) HUSAHC, *Department of Education, Textbook Situation in South Korea,* 18 August 1947, 정태수 편저,『미군정기 한국교육사자료집 상』(홍지원 , 1992), 960–1쪽. 위의 김용일 논문, 40쪽에서 재인용.

7) 박영사 70년사 편찬조직,『박영사 70년사』(박영사, 2023), 41쪽.

8) 강성호,『서점의 시대』(나무연필, 2022), 65, 93쪽,

었다. 해방 전 평양사범학교에 재직한 덕분에 조선어학회 수난 사건에 연루되지 않은 이숭녕(1908~1994)은 8월 조선어학회로부터 중등국어독본편찬사업을 이태준, 이희승과 함께 최고위원으로 위촉받아 위원장으로 주관하였으며, 이하윤, 조지훈 등 30명을 위촉하여 한 달 반 만에 완수하여 최현배가 미군정청 문교부 편수국장으로 임명되자 원고를 편수국으로 이관하였다.[9] 조선어학회는 이를 이어서 미군정청 학무국의 위촉을 받아 국어교과서 편찬을 맡았으며, 1945년 11월 20일 『초등국어교본』을 무상으로 배포하였다. 또 교과서 검인정제도가 정비되지 않아서 개인들도 교과서를 간행하였는데, 조선어학회 인사들이 편저자로 활동하였다. 이처럼 해방 후 교과서 편찬에서 조선어학회가 중추적인 역할을 담당하였다.[10] 조선어학회가 단체로 또는 그 회원이 개인으로 한 교재편찬 활동 등에 대한 반대가 없는 사실에 비추어 보면 식민지기 조선어학회의 활동과 1933년 "한글맞춤법 통일안"은 학술적 차원을 넘어서서 민족독립운동의 차원에서도 대중이 긍정하여 암묵적으로 지지하고 있음을 반증하는 것이다.

1933년 조선어학회가 제정한 "한글마춤법 통일안"은 당시의 문법연구에 근거한 형태주의적形態主義的 정서법으로, 음소주의적音素主義的 정서법에 기댄 비판이 지속되었다. 1954년 3월 대통령 이승만은 자기에게 익숙한 음소주의로 한글맞춤법의 개정을 명하였다. 그러나 학계를 비롯한 반대가 심하여 1955년 9월 이승만은 개정을 철회함으로 이른바 '한글 간소화 파동'은 종결되었다.[11] 절대권력자가 강력하게 추진한 정책이 학계의 반대로 좌절된 예는 드물다. 학계의 주장이 관철될 수 있은 것은 1933년 조선어학회의 독립운동사에서의 위상과 "한글맞춤법 통일안"의 과학성이 대중에게 널리 수용되었기에 가능하였다.

보이지 않고 들리지 않은 조선어학회의 저항운동은 해방 이후에 빛을 발했다. 『큰사전』의 편찬은 규범적 권위를 갖는 한국어사전의 필요성과 열망이 배경이었다. 이러한 바탕에서 큰사전의 편찬은 지속적으로 시도되어 1911년 주시경의 『말

9) 이병근 외, 「심악 이숭녕 선생 연보」, 『이숭녕 현대국어학의 선구자』 (태학사, 2024), 1227-8쪽.

10) 이혜령, 「이태준 『문장강화』 해방 전/후」, 『한국소설과 골상학적 타자들』(소명출판, 2007), 404-410쪽.

11) 최경봉, 『우리말의 탄생: 최초의 국어사전 만들기 50년의 역사』(개정판: 책과함께, 2019), 303-4쪽; 대위, 「1950년대 이승만 정부의 한글 간소화 파동 연구」(서울대학교 국제학 석사학위논문, 2021) 참조.

모이』, 1925년 심의린의 『보통학교 조선어사전』을 거쳐 1938년 문세영의 『조선어사전』의 편찬으로 일단은 완성되었다. 조선어학회의 『큰사전』은 문세영의 사전과 같이 시작하여서 완간은 많이 늦었지만 더욱 완비된 형태로 간행되었다.[12] 『큰사전』의 편찬은 그 자체로도 의미가 있지만, 이후 한국사회에 미친 영향은 훨씬 더 중요하다.

서양의 문물·제도의 수용과 함께 이를 표현하는 언어와 단어도 들어왔다. 『큰사전』에 수록된 '근대적 단어'는 전통적 한자어휘의 전용轉用에 의한 의미의 개신改新이 대부분이었는데, 일반이 이를 수용하고 활용하여 언어생활에 자리를 잡았다. 『큰사전』의 편찬은 근대에 새롭게 등장한 단어를 표제어로 선정하고 그 풀이로 개념의 표준화를 수행하였다. 이는 언어의 근대화의 수단이자 결과였다.[13]

조선어학회의 『큰사전』 편찬은 국가 등 공식적인 권력이 아닌 사용자인 대중의 자발적인 합의로 진행되었다. 식민지기 합법적 권위가 부재한 상태에서 진행된 사전편찬은 조선총독부의 개입, 다른 입장에서 반대 등 우여곡절이 있었지만, 암묵적 규범화에 대한 동의를 거쳐 성문규범으로 확립되어 한국어 통일에 기여하였다.[14]

우리나라의 정치적·경제적 성장의 뒷받침은 인적 자원이다. 인적 자원의 양성은 교육으로 가능하였으며, 통일적 교육이 가능하게 된 것은 어휘 내지 용어의 통일과 함께 문해자의 증대이다. 이는 조선어학회의 활동이 있었기에 가능하였다. 개화기 이후 우리나라 성인의 비문해율은 1930년 77.7%, 1945년 78%, 1948년 42%, 1959년 22.1%, 1968 14.7%, 1990년 9.1%, 2002년 8.4%, 2008년 5.4%로 지속적으로 감소하였다.[15] 특히 1945년 78%는 식민지기와 큰 차이가 없으나 불과 3년 후인 1948년은 42%로 거의 절반 정도로 감소하였다. 이러한 격감은 조선어학회의 펼친 철자법, 표준어, 사전편찬이 있었기에 가능하였다.

---

12) 조태린, 「≪큰사전≫의 위상과 역할에 대한 사회언어학적 접근」, 『한글』 85－1(한글학회, 2024), 133－6쪽.

13) 조태린, 앞의 글, 137－140쪽.

14) 조태린, 앞의 글, 141－3쪽.

15) 교육과학기술부·한국교육개발원 [편], 『2011 경제발전경험모듈화사업: 한국 성인 文解교육의 발전과정과 성과』(기획재정부·KDI국제정책대학원, 2012), 65쪽.

『큰사전』은 민간단체가 편찬하였기에 공적인 국가의 학교교육화의 과정에 직접 영향을 미치지 못했다는 한계는 있지만, 학교교육의 바탕인 어휘 및 표기의 규범을 마련하는데 기여하였다. 또한 조선총독부의 지배라는 상황에서 민족주의 성향을 드러낼 수 없었지만, 해방 후에는 일본어에서 기원한 외래어 및 일본식 한자어의 정화로 어문민족주의를 어느 정도 실현할 수 있었다. 『큰사전』의 편찬은 문해력 향상과 학교교육에 기여하였으며, 아울러 국민어 형성의 도구이자 표상으로 기능하였다.[16]

식민지기에 조선어학회는 조선총독부와 타협하면서 우리말을 지키기 위해서 한글맞춤법 통일안을 제정하고 조선어사전 원고를 작성하였다. 이러한 업적과 활동은 식민지 권력에 굴복한 듯 보이는 외견과 달리 판결문에서 언급하였듯이 진정한 의미에서의 독립을 준비한 기초적인 활동이다. 전 인구의 4분의 3이 비문해자이며 한글 교육과 나아가 전체 교육의 물적 기반이 철저하게 파괴된 해방 후의 상황에서 문해인구의 급격한 증가와 교육을 통한 경제성장 나아가 정치의 민주화와 문화의 융성은 식민지기에 조선어학회가 한글을 지키려는 노력이 없었으면 불가능하였을 것이다.

16) 조태린, 앞의 글, 147-150쪽.

부록

Ⅰ. 사건 전개 및 법적용

1. 사건 전개 일지

1942. 8.	사건 단서 포착
1942. 9. 5.	정태진 연행
1942. 10. 1.	이극로, 이중화, 장지영, 한징, 이윤재, 김윤경, 최현배, 이희승, 정인승, 권승욱, 이석린 등 11명 검거
1942. 10. 21.	이우식, 이병기, 이만규, 이강래, 김선기, 정열모, 김법린 등 7명 검거
1942. 12. 23.	이인, 서승효, 안재홍, 김양수, 장현식, 정인섭, 윤병호, 이은상 등 8명 검거
1943. 1. 5.	김도연, 서민호 등 2명 검거
1943. 1. 말	경찰 조서 작성 시작
1943. 2.	함경남도 경찰부와 홍원경찰서 협의
1943. 3. 15.	경찰 조서 작성 완료
1943. 3. 15.	안재홍 경찰의 불기소 결정으로 석방
1943. 3. 말	신윤국과 김종철 검거, 권덕규와 안호상 기소중지 처분
1943. 4. 1.	경찰 김종철, 신윤국 기소유예
1943. 4.	경찰 권승욱 등 4명 기소유예, 김도연 등 24명 기소 의견 검사국 송치
1943. 9. 7.	아오야나기 고로(青柳五郎) 검사 조사 시작(* 경찰 수사 의견 제시)
1943. 9. 12.	관련자 함홍으로 이감(이틀)
1943. 9. 18.	김윤경 등 12명 기소유예로 석방, 이극로 등 16명 예심 회부

1943. 12. 8. 이윤재 옥사[면소]

1944. 2. 상순 예심판사 나타남

1944. 2. 22. 한징 옥사[면소]

1944. 9. 30. 14명 예심 종결; 장지영, 정열모 면소, 이극로 등 12명 공판 회부

1944. 12. 21. ~ 45. 1. 16. 제1심 공판 9회

일자 미상 검사 4~8년 징역형 구형

1945. 1. 16. 제1심 선고 공판; 11명 유죄 선고(5명 실형, 6명 집행유예), 장현식 무죄

1945. 1. 18. 정태진 외 실형 선고자 4명 상고

1945. 1. 21. 검사 상고(장현식 포함)

1945. 1. 판사 상고 취하 권유

1945. 5. 상고 접수 통고

1945. 7. 중순 상고심 선고일(8. 12.) 통고

1945. 8. 13. (조선)고등법원 상고 기각 판결

1945. 8. 15. 해방

1945. 8. 17. 함흥 형무소에서 석방

1945. 8. 18. 함흥 출발, 서울 도착

1945. 9. 8. 서울역 조선운송주식회사 창고에서 국어사전 원고 발견

1947. 10. 9. 조선말큰사전 제1권 발간

1957. 10. 9. 큰사전 6권 완간

2. 관련자의 형사절차

성명	체포일과 장소	구속 장소	기소 여부		예심 1944. 9. 30.	제1심 판결 1945. 1. 16.	상고 여부
			경찰 43. 4.	검찰 43.9. 18.			
권덕규	병으로 불구속		중지				
권승욱	42. 10. 1; 서울	함흥	유예				
김도연	43. 1. 5; 서울	미상	○	○	공판	징역 2년 집행유예 3년	포기

김법린	42. 10. 19; 동래	미상	○	○	공판	징역 2년 집행유예 3년	포기
김선기	42. 10. 21; 서울	미상	○	유예			
김양수	42. 12. 23; 서울	미상	○	○	공판	징역 2년 집행유예 3년	포기
김윤경	42. 10. 1; 서울	홍원	○	유예			
김종철	43. 4. 1; 서울		유예				
서민호	43. 1. 6; 서울	미상	○	유예			
서승효	42. 12. 23; 서울	미상	유예				
신윤국	43. 3. 31; 서울		유예				
안재홍	42. 12. 23; 서울		불기소			(43. 3. 15. 석방)	
안호상	병으로 불구속		중지				
윤병호	42. 12. 23; 부산	미상	유예				
이강래	42. 10. 21; 서울	미상	○	유예			
이극로	42. 10. 1; 서울	함흥	○	○	공판	징역 6년	상고
이만규	42. 10. 21; 서울	미상	○	유예			
이병기	42. 10. 21; 서울	미상	○	유예			
이석린	42. 10. 1; 서울	홍원	유예				
이우식	42. 10. 18; 의령	미상	○	○	공판	징역 2년 집행유예 3년	포기
이윤재	42. 10. 1; 서울	홍원	○	○	면소	1943. 12. 8. 옥사	
이은상	42. 12. 23; 광양	미상	○	유예			
이 인	42. 12. 23; 서울	함흥	○	○	공판	징역 2년 집행유예 3년	포기
이중화	42. 10. 1; 서울	홍원	○	○	공판	징역 2년 집행유예 3년	포기
이희승	42. 10. 1; 서울	홍원	○	○	공판	징역 2년 6월	상고
장지영	42. 10. 1; 서울	홍원	○	○	면소		
장현식	42. 12. 23; 서울	미상	○	○	공판	무죄	검사
정열모	42. 10. 20; 김천	미상	○	○	면소		
정인섭	42. 12. 23; 서울	미상	○	유예			
정인승	42. 10. 1; 서울	함흥	○	○	공판	징역 2년	상고
정태진	42. 9. 5; 서울	미상	○	○	공판	징역 2년	포기
최현배	42. 10. 1; 서울	홍원	○	○	공판	징역 4년	상고

한 징	42. 10. 1; 서울	홍원	○	○	면소	1944. 2. 22. 옥사	

* 구속 장소는 대부분 홍원으로 추정된다.

** 이희승의 회고를 기초로 작성하였다.

단 '징역 2년 집행유예 3년': 김윤경은 "징역 2년 집행유예 4년"으로 회고하였다.

3. 범죄혐의사실

범죄 사실	이극로	최현배	이희승	정인승	정태진	김도연	김법린
1. 조선어학회 조직	△ 29-42	△ 좌동	△ 30				
2. 조선어학회 가입				○ 36.4.	◎	◎	△ 32
가) 철자법 통일안	○ 33, 40	○ 좌동	○ 좌동	○ 좌동			
나) 표준어 사정	○ 35, 36	○ 좌동	○ 좌동				
다) 외래어표기법	○ 31-41.1	○ 좌동	○ 좌동				
라) 언문강습회	○ 31-32	○ 좌동	○ 좌동				
마) 한글날 기념회	○ 31-36	○ 좌동	○ 좌동				
바) 『한글』 발행	○ 32-42.6	○ 좌동	○ 좌동	○ 37-42			
사) 조선어사전편찬	○ 38-42.9	○ 좌동	○ 좌동	○ 36-42	○ 41-42	○ 36-40	
아) 조선 기념도서출판	○ 35, 38	○ 좌동	○ 좌동				
자) 결사가입 권유	○ 36. 4.						
3. 인재양성 결사 조직	△ 36, 37, 41		△ 이극로				
4. 문법술어 협의		○ 35,40	○ 좌동	○ 좌동			
5. 교육 · 강연					○ 36-39		○ 34-38
범죄 사실	**김양수**	**이우식**	**이 인**	**이중화**	**장지영**	**정열모**	**장현식**
1. 조선어학회 조직					●29	●29	
2. 조선어학회 가입	◎	△31.6.	◎	◎고용			◎
가) 철자법 통일안					●이극로	●이극로	
나) 표준어 사정					●이극로	●이극로	

다) 외래어표기법							
라) 언문강습회							
마) 한글날 기념회					● 이극로	●이극로	
바) 『한글』 발행		○ 36-42			● 이극로	●이극로	
사) 조선어사전편찬	○ 36-40	○ 상동	○ 39,40	○ 37-42			○ 36-39
아) 조선 기념도서출판			○ 38				
자) 결사가입 권유							
3. 인재양성 결사 조직		○이극로	○이극로				
4. 문법술어 협의							
5. 교육·강연						●31-39	

비고 ○: 혐의사실 인정;

●: 혐의사실 불인정;

◎: <예심종결결정서>에 적시되지 않은 혐의사실 인정

△: 혐의사실을 불인정하나 다른 사실과 함께 연속 1죄로 기소

* 일제는 조선어사전편찬회와 조선어학회를 동일단체로 간주하므로 1929년으로 하였다.

* 표시 뒤의 숫자는 해당사건이 발생한 연월이며, "이극로"는 그와 같다.

* <예심종결결정서>를 토대로 작성하였다.

4. 적용 법조 및 법정형

성 명	치안유지법(1941)		관계	치안유지법 개정	처단형 죄명	선고형
이극로	제1조 전단	제5조 실행협의	형법 제55조		제1조 전단 결사 조직죄	징역 6년
최현배	제1조 전단					징역 4년
이희승	제1조 전단					징역 2.5년
정인승	제1조 후단				제1조 후단 목적수행행위죄	징역 2년
정태진	제1조 후단	제5조 실행선동	형법 제55조			징역 2년
이중화	제1조 후단				제1조 후단 목적수행행위죄	
이우식	제1조 후단	제5조 실행협의	형법 제55조			

김양수	제1조 후단			부칙; 형법 제10조	개정 전 치안유지법 제1조	징역 2년 집행유예 3년
김도연	제1조 후단			부칙; 형법 제10조		
이 인	제1조 후단	제5조 실행협의	형법 제55조	부칙; 형법 제10조	제1항후단 목적수행행위죄	
장현식	제1조 후단			부칙; 형법 제10조		무죄
김법린	제1조 전단	제5조 실행선동	형법 제55조		제1조 후단 결사가입죄	징역 2년 집행유예

* 치안유지법 제1조 전단 결사조직죄: 사형, 무기 또는 7년 이상 징역형
* 치안유지법 제1조 후단 결사가입죄: 7년 이상 유기징역형
* 치안유지법 제5조 결사목적수행행위죄: 1년 이상 10년 이하 징역형
* 개정 전 치안유지법 제1조 제1항 후단: 결사목적수행행위죄: 2년 이상 유기징역 또는 금고형
* 형법 제55조 연속한 수개의 행위가 동일한 죄명에 저촉될 때에는 1개의 죄로써 이를 처단한다.
* 치안유지법 부칙 제2조: 개정으로 형이 가중되면 종전의 형으로 처단한다.

II. 조선어학회 관련

1. 조선언문회 규칙(1911. 9. 3. 제정)

제2조 본회는 조선의 언문(言文)을 실행함을 목적함

제4조 제2조의 목적을 달하기 위하야 조선 언문에 필요한 서적과 잡지를 간행하며 강습소를 설함.

2. 조선어연구회 규칙(1921. 12. 3. 제정)

2. 본회는 조선어의 정확한 법리를 연구함을 목적함

3. 조선어학회 규칙(1932. 1. 9. 전부 개정)

2. 본회는 조선 언문의 연구와 통일을 목적함

11. 본회는 본회의 목적을 이루기 위하여, 다음과 같은 사업을 행함.

 1) 강연회

 2) 강습회

 3) 강의록, 학보, 연구 총서, 조사 보고서, 관계 고문헌, 기타 필요 서적의 출판[1]

4. 사전편찬사업 발기 취지서(1929. 10. 31.)

인류의 행복은 문화의 향상을 따라 증진되는 것이요, 문화의 발전은 언어 및 문자의 합리적 정리와 통일을 말미암아 촉성되는 것이다. 그러므로 어문의 정리와 통일은 제반 문화의 기초를 이루며, 또 인류 행복의 원천이 되는 것이다.

언어와 문화의 관계는 여사如斯히 중대하므로, 일찍이 문화 발전에 유지有志한 민족들은 언어 및 문학의 정리와 통일을 급무로 하지 않은 자가 없으니, 과학의 모든 문명민족이 제가끔 자기 어문의 표준을 확립하기 위하여, 표준언어와 표준문자를 제정하며, 동시에 표준 사전을 편성하여, 어문의 통일을 도모하였고, 금일의 중국과 튀르키예土耳其의 신흥민족들은 종래의 문자가 합리적이지 못하고 실제적이지 못하여, 문화 보급에 막대한 장애가 있음을 통절히 느끼어, 신문자를 제정한 바요, 또 미국과 러시아도 재래 문자의 자법字法이 불합리하므로, 학습상 공연한 시간과 노력의 손실을 제거하기 위하여 자법을 합리화하기에 전력을 경주하는 바다.

그러므로 금일 언어를 소유하고 문자를 소유한 민족으로서는, 사전을 가지지 않은 민족이 없다. 그러하나, 우리 조선민족은 언어를 소유하고 또 문자를 소유하면서도 금일까지에 아직 사전 한 권을 가지지 못하였다. 그러므로 조선의 언어는 극단으로 문란을 일으키게 된 것이요, 또 조선민족의 문화적 생애는 금일과 같은 황폐를 이루게 된 것이다.

---

1) 한글학회, 『한글학회 100년사』(2009), 916~8쪽.

조선의 언어는 상술한 것처럼 어음·어법의 각 방면으로 표준이 없고 통일이 없으므로 하여, 동일한 사람으로도 조석이 상이하고 동일한 사실로도 경향京鄕이 불일不一할 뿐 아니라, 또는 어의語意의 미상未詳한 바가 있어도 이를 질정質正할 만한 준거가 없기 때문에, 의사와 감정은 원만히 소통되고 충분히 이해될 길이 바이 없다. 이로 말미암아 문화의 향상과 보급은 막대한 손실을 면할 수 없게 되는 것이다.

금일 세계적으로 낙오된 **조선민족의 갱생**更生할 첩로는 문화의 향상과 보급을 급무로 하지 않을 수 없는 것이요, 문화를 촉성하는 방편으로는 문화의 기초가 되는 언어의 정리와 통일을 급속히 꾀하지 않을 수 없는 것이다. 그를 실현할 최선의 방책은 사전을 편성함에 있는 것이다.

조선민족에게 사전이 없다 함은 이미 상술한 바다. 그러나 서양인 선교사들이 예수교를 전도하기 위하여 조선어를 학습할 목적으로 편성한 사전이 수종이 있으니, 서기 1880년에 프랑스 선교사의 손으로 프랑스 파리에서 출판된 ≪한불자전韓佛字典≫이 그 하나요, 1890년에 미국인 선교사 언더우드 씨의 손으로, 일본 요코하마橫濱에서 출판된 ≪한영자전韓英字典≫이 그 둘이요, 1920년에 영국인 선교사 께일 씨의 손으로 역시 요코하마에서 출판된 ≪한영자전韓英字典≫이 그 셋이다. 그리고 또 1920년에 조선총독에서 일본어로 대역한 조선어사전이 출판되었다.

위에 말한 사전들은 모두 외인이 조선어를 학습하기 위하여 편성한 사전이요, 조선인이 조선어를 학습하기 위하여 편찬한 사전이 아닐 뿐더러, 언어와 문자에는 아무 합리적 통일이 서지 못한 사전들이다. 그러하면, 조선인으로는 금일까지 사전편찬을 위하여서, 하등의 노력한 바가 없느냐 하면, 그런 것이 아니다. 거금距今 17, 8년 전에 조선광문회에서 고 주시경 씨를 중심으로 하여서 조선어 사전 편찬을 착수한 바가 있으니, 이것이 조선인으로서는 사전편찬을 착수한 효시가 되는 것이다. 그러나 이 사업은 끝내 완성을 보지 못하고 중도에 말게 되었으며, 그 후에도 단체 혹은 개인으로 노력한 바가 있으나 아직은 하나도 완성된 것이 없다.

본디 사전의 직분이 중대하니만큼 따라서 이의 편찬사업도 그리 용이하지 못하다. 1일이나 1월의 짧은 시일로는 될 수 없는 사업이요. 1인이나 2인의 단독한 능력으로는 도저히 성취될 바가 아니므로, 본회는 인물을 전 민족적으로 망라하고. 거과去過 선배의 업적을 계승하며 동인의 사업을 인계도 하여, 엄정한 과학적 방법으로 언어와 문자를 통일하여서 민족적으로 권위있는 사전을 편성하기로 자기自期하는 바인즉. 모름지기 강호의 동지들은 민족적 백년대계에 협조함이 있기를 바라는 바이다. (강조는 원문)[2]

5. 기념도서출판관 창립 취지서(1935. 1.)

반만년에 걸친 배달민족의 문화가 찬연히 발달하여온 것은 분명한 사실이다.

그러므로 세계에 그 빛을 자랑해 온 우리의 옛 문화도 이제 다시금 밝혀 내지 않으면 안될 것이요 또 대대로 누려갈 우리의 새문화도 이제 확실히 세워놓지 않으면 안될 것이다.

그래서 이 방면의 참된 양심과 협동적인 노력이 하나하나의 결실을 거둘 적에, 그것이야말로 우리들의 법유(法乳)요, 영천(靈泉)이요, 생명소(生命素)가 될 것을 믿는 것이다.

그런데 근래에 와서, 우리 출판계의 경향이, 순수한 학술연구에 관한 서적들은 구독자가 적기 때문에, 그것의 출판을 기피하고 있는 것이 사실이다.

그러므로 우리는 이 같은 실정 하에서, 일반 판매성이 희박한 유익한 도서출판을 위하여, 한 가지 방법을 제시하고자 하는 것이 있다.

사람의 일생을 통하여, 누구에게나 길흉 간에 반드시 기념할만한 일들이 생기는 것으로서 혹은 결혼 · 회갑 · 개업 등 경축할 만한 일도 있고, 또 혹은 가족의 장례 등 슬픈 일로 기념해야 할 일도 있는 것이다.

그래서 그때마다 많고 적고 간에, 경우 따라, 정세 따라, 물질적인 비용을 들이게 되는 것인데, 그러한 때에 그 비용을 절감하여, 자기 뜻에 맞는, 어떤 누구의 무슨 종류의 서적이든지를 한 책씩 간행하자는 것이니, 그것은 실로 그 일 자체를 영원히 기념하게 될 뿐만 아니라, 그 출판으로 말미암아 우리 문화를 질적으로 양적으로 좀 더 높이는 결과를 가져오게 될 것이다.

---

2) 일석 이희승 전집간행위원회 편, 『一石 李熙昇 全集 2』(서울대학교출판부, 2000), 391－3쪽

이러한 의도에서 우리는 이제 기념도서 출판관을 창립하고, 이 방법의 출판을 위하여 중립적인 위치에서 정성껏 소개하는 책임을 다하려는 것이다.

과연 이 사업에 대한 민족적 지지로 말미암아 하나의 민풍이 서고, 그대로 우리 문화의 흐름을 이룬다면, 출판하는 이에게 있어서는 그 덕이 후손에게 미칠 것이요, 민족 전체를 위해서도 문화발전상 막대한 보람이 될 것을 믿는 것이다.

동포들이여 이 뜻에 공명(共鳴)하라. 모두 한 마음으로 협조함이 있기를 바란다.

1935년 1월

기념도서출판관 창립 발기인 일동[3]

발기인: 권상로, 김미리사, 김성수, 김활란, 박홍식, 방응모, 송진우, 안재홍, 양주삼, 여운형, 유각경, 유억겸, 이극로, 이용설, 이윤재, 이은상, 이인, 이종린, 정세권, 정인과, 조만식, 조신열, 주요한

임원 관 장: 김성수

이 사: 김성수, 이극로, 이윤재, 정세권, 김병조

감 사: 조만식, 이인

평의원: 안재홍, 이종린, 권상로, 정인과, 유억겸, 송진우, 방응모, 여운형, 김활란, 이용설, 이여성, 오천석, 주요한, 이은상[4]

6. 『조선문자 및 어학사』, 출판기(1937. 3. 3.)

본관은 허례에 낭비되는 경제력을 이용하여 문화생활에 도움이 되도록 하며, 인간의 기념심을 선용하여 그 여천지與天地 무궁無窮하도록 사라지지 아니하는 새로운 기념 방식을 지도하려 하는 것이다. 이제까지 이 취지로 출판물이 실현되기를 기다리던 중에 선각으로 이인 선생이 그 아버지와 어머니와의 회갑 기념으로 제1호의 출판을 하게 되었다.

이 뜻 깊은 기념 도서 출판의 원고는 저자 김윤경 선생의 수십 년 전공과 과학적 노력으로 이루어진 값있는 원고라 학술계에 한 거성으로 나타난 것은 감출 수

3) 독립운동사편찬위원회, 『독립운동사 8: 문화투쟁사』(독립유공자 사업기금운용위원회, 1976), 1003~4쪽.

4) 『매일신보』, 1935. 13. 16 기사.

없는 사실이다. 이러한 귀중한 원고가 본관의 제1호 기념 출판으로 된다는 것은 본관으로서 더욱 영광스러운 일이 아니라고 할 수 없다.

이 첫걸음은 뭇사람의 모범이 되어서 누구나 길흉 대소사를 당할 때마다 종래 습관에 끌리어서 허례에 없어지는 돈이 있다면 그것으로 기념 도서를 출판하여 사적으로 영구성이 있는 기념을 하는 동시에 공적으로 문화생활에 협조가 있기를 바라는 마음에서 이번 이 출판 성사에 대하여 감사함을 말지 아니하는 바이다.

1937년 3월 3일 조선 기념도서출판관장 김성수金性洙[5]

III. 관련 법령

1. 조선형사령(1912년[明治 45] 제령 11; 1938년[昭和 13] 제령 25 개정)

제1조 형사에 관한 사항은 본령 기타의 법령에 특별규정이 있는 경우를 제외하고는 다음의 법률에 의한다.

1. 형법, 2. 형법시행법, (중략) 9. 형사소송법 (하략)

제13조 ①사법경찰관은 전조前條 제2항의 규정에 의하여 피의자를 신문한 후 형사소송법 제87조 제1항 각호에 규정한 사유가 있다고 사료하는 때에는 10일 초과하지 아니하는 기간 동안 이를 유치할 수 있다.

제15조 ①검사는 제12조의 규정에 의하여 피의자를 신문한 후 형사소송법 제90조 제1항에 규정된 사유가 있다고 사료하는 때에는 피의자를 구금할 수 있다. 이 경우에는 형사소송법 제91조 및 제131조의 규정을 준용한다.

② 검사가 전항의 규정에 의하여 피의자를 구금한 경우에 10일 이내에 공소를 제기하지 아니한 때에는 구금을 취소하여야 한다.

제16조 형사소송법 제113조 중 2월로 된 것은 3월로 하고, 1월마다로 된 것은 2월마다로 한다.

제31조 형사소송법 제422조 중 50일로 된 것은 35일로 한다.

---

5) 김윤경, 『한결 김윤경 전집 1: 朝鮮文字及語學史』(연세대학교출판부, 1985) 참조.

2. 형법(1907년[明治 40] 법률 45; 1921년[大正 10] 법률 77 개정)

제10조 ①주형의 경중輕重은 전조 기재의 순서에 따른다. 단 무기금고와 유기징역은 금고를 중한 형을 하고, 유기금고의 장기가 유기징역의 장기의 2배를 초과할 때에는 금고를 중한 형으로 한다.

② 동종의 형은 장기가 긴 것 또는 최고액이 많은 것을 중한 형으로 하고, 장기 또는 최고액이 같은 것은 그 단기가 긴 것 또는 최소액이 많은 것을 중한 형으로 한다.

③ 2개 이상의 사형 또는 장기 혹은 최고액 또는 다액 및 단기 혹은 최소액이 같은 동종의 형은 범정犯情에 따라 그 경중을 정한다.

제55조 연속한 수개의 행위가 동일한 죄명에 저촉될 때에는 1개의 죄로써 이를 처단한다.

3. 형사소송법(1922년[大正 11] 법률 75; 1937년[昭和 12] 법률 71 개정)

제1조 ①재판소의 토지관할은 범죄지 또는 피고인의 주소, 거소居所나 현재지에 따른다.

제12조 소송절차는 관할위반을 이유로 그 효력을 상실하지 않는다.

제17조 범죄의 성질, 피고인의 지위, 지방의 민심, 기타 사정으로 관할재판소에서 심판을 할 때에 공안을 해칠 우려가 있다고 인정되는 경우에는 검찰총장은 대심원大審院에 관할이전을 청구해야 한다.

제87조 다음의 경우에는 직접 피고인을 구인할 수 있다.

1. 피고인이 일정한 주거가 없을 때
2. 피고인이 증거를 인멸할 우려가 있는 때
3. 피고인이 도망하였을 때 또는 도망할 우려가 있는 때

제89조 구인된 피고인은 재판소에 인치된 때로부터 48시간 이내에 신문하여야 한다. 그 시간 내에 구류장을 발부되지 않으면 피고인을 석방해야 한다.

제90조 ①제87조의 규정에 의하여 피고인을 구인해야 할 원인이 있을 때에는 이를 구류할 수 있다.

제91조 피고인의 구류는 구류장을 발부하여 이를 해야 한다.

제113조 구류의 기간은 2월로 한다. 특히 계속할 필요가 있는 경우에는 결정으로 1월마다 이를 갱신할 수 있다.

제255조 ①검사가 수사를 하면서 강제처분의 필요가 있는 때에는 공소제기 전이라도 압수, 수색, 검증 및 피의자의 구류 또는 증인의 신문이나 감정의 처분을 그 소속 지방재판소의 예심판사 또는 구재판소의 판사에게 청구할 수 있다.

제257조 ①제255조의 규정에 따라 피의자를 구류한 사건에 대해 10일 내에 공소를 제기하지 않으면 검사는 즉시 피의자를 석방하여야 한다.

제288조 공소의 제기는 예심 또는 공판을 청구하는 것으로 이를 한다.

제295조 ①예심은 피고사건을 공판에 회부할 것인지를 결정하기 위한 필요한 사항을 조사하는 것을 목적으로 한다.

제311조 예심판사는 피고인의 신청이 없으면 토지관할에 대해 관할위반의 선고를 할 수 없다.

제312조 ①공판에 회부할 충분한 범죄혐의가 있는 때에는 예심판사는 결정으로써 피고사건을 공판에 회부하는 선고를 해야 한다.

②전항의 결정에는 죄라고 할 만한 사실 및 법령의 적용을 표시해야 한다.

제313조 피고사건이 죄로 되지 않거나 공판에 회부할 충분한 범죄혐의가 없는 때에는 예심판사는 결정으로써 면소의 선고를 해야 한다.

제357조 ①재판소는 피고인의 신청이 없으면 토지관할에 대해 관할위반의 선고를 할 수 없다.

③ 관할위반의 신청은 예심을 거친 사건에 대해서는 예심판사에 대해 그 신청을 하지 않았으면 이를 할 수 없다.

제418조 상고의 제기기간은 5일로 한다.

제422조 ①상고재판소는 늦어도 최초로 정한 공판기일의 50일 전에 그 기일을 상고신청인 및 그 상대방에게 통지해야 한다.

4. 치안유지법

(1) 1925년 4월 21일 법률 제46호(1925. 5. 15. 시행)

제1조 ①국체를 변혁하거나 사유재산제도를 부인하는 것을 목적으로 결사를 조직하거나 그 정情을 알고서 이에 가입한 자는 10년 이하의 징역 또는 금고에 처한다.

②전항의 미수죄는 벌한다.

제2조 전조 제1항의 목적으로 그 목적사항의 실행에 관하여 협의를 한 자는 7년 이하의 징역 또는 금고에 처한다.

제3조 제1조 제1항의 목적으로 그 목적사항의 실행을 선동한 자는 7년 이하의 징역 또는 금고에 처한다.

제4조 제1조 제1항의 목적으로 소요・폭행 기타 생명・신체 또는 재산에 해를 가할 수 있는 범죄를 선동한 자는 10년 이하의 징역 또는 금고에 처한다.

제5조 제1조 제1항 및 전3조의 죄를 범하게 할 것을 목적으로 하여 금품 기타의 재산상의 이익을 공여하거나 그 신청 또는 약속을 한 자는 5년 이하의 징역 또는 금고에 처한다. 공여를 받거나 그 요구 또는 약속을 한 자도 같다.

제6조 전5조의 죄를 범한 자가 자수한 때에는 그 형을 감경 또는 면제한다.

제7조 이 법은 누구든지 이 법의 시행구역 외에서 죄를 범한 자에게도 적용한다.

부칙〈법률 제46호, 1925. 4. 21.〉 1923년 칙령 제403호는 폐지한다.[6]

※ 1925. 5. 7. 칙령 제175호로 조선, 대만 및 사할린[樺太]에 5. 12. 시행

6) 1923년 칙령 제403호: 「치안유지를 위한 벌칙에 관한 건」으로, 1923년 9월 1일에 발생한 관동대지진 이후의 혼란을 수습하기 위해 긴급칙령으로 제정되었다. 실제로는 사회주의자를 탄압하는 근거가 되었으며, 치안유지법의 선구가 되었다.

(2) 1928년 칙령 제129호 개정[7]

제1조 ①국체변혁을 목적으로 하여 결사를 조직한 자 또는 결사의 임원 기타 지도자의 임무에 종사한 자는 사형, 무기 또는 5년 이상의 징역에 처하며, 그 정을 알고서도 결사에 가입한 자 또는 결사의 목적수행을 위한 행위를 한 자는 2년 이상의 유기징역 또는 금고에 처한다.

② 사유재산제도를 부인하는 것을 목적으로 결사를 조직한 자, 결사에 가입한 자 또는 결사의 목적수행을 위한 행위를 한 자는 10년 이하의 징역 또는 금고에 처한다.

③앞 2항의 미수죄는 이를 처벌한다.

제2조 전조 제1항 또는 제2항의 목적으로 그 목적사항의 실행에 관하여 협의를 한 자는 7년 이하의 징역 또는 금고에 처한다.

제3조 제1조 제1항 또는 제2항의 목적으로 그 목적사항의 실행을 선동한 자는 7년 이하의 징역 또는 금고에 처한다.

제4조 제1조 제1항 또는 제2항의 목적으로 소요 · 폭행 기타 생명 · 신체 또는 재산에 해를 가할 수 있는 범죄를 선동한 자는 10년 이하의 징역 또는 금고에 처한다.

제5조 제1조 제1항 또는 제2항 및 전3조의 죄를 범하게 할 것을 목적으로 하여 금품 기타의 재산상의 이익을 공여하거나 그 신청 또는 약속을 한 자는 5년 이하의 징역 또는 금고에 처한다. 공여를 받거나 그 요구 또는 약속을 한 자도 같다.

제6조 전5조의 죄를 범한 자가 자수한 때에는 그 형을 감경 또는 면제한다.

제7조 이 법은 누구든지 이 법의 시행구역 외에서 죄를 범한 자에게도 적용한다.

부칙

본령은 공포일부터 이를 시행한다.

---

7) 천황의 명령인 긴급칙령의 형식으로 개정되었으며, 사후에 제국의회의 승인을 받아서 효력이 존속되었다. 대일본제국헌법 제8조 "①천황은 공공의 안전을 유지하거나, 재난을 피하기 위하여 긴급한 필요에 따라 제국의회 폐회의 경우에 법률에 대신할 칙령을 發한다. ②이 칙령은 다음 회기에 제국의회에 제출하여야 한다. 만일 의회에서 승낙하지 않을 때에는, 정부는 장래에 향하여 그 효력을 상실함을 공포하여야 한다" 참조.

(3) 1941년 3월 8일 법률 제54호 전부개정(1941. 5. 15. 시행)

제1장 죄

제1조 국체를 변혁하는 것을 목적으로 결사를 조직한 자 또는 결사의 임원 기타 지도자의 임무에 종사한 자는 사형 또는 무기나 7년 이상의 징역에 처하고, 그 정을 알고 결사에 가입한 자 또는 결사의 목적수행을 위한 행위를 한 자는 3년 이상의 유기징역에 처한다.

제2조 전조의 결사를 지원하는 것을 목적으로 결사를 조직한 자 또는 결사의 임원 기타 지도자의 임무에 종사한 자는 사형 또는 무기나 5년 이상의 징역에 처하고, 그 정을 알고 결사에 가입한 자 또는 결사의 목적수행을 위한 행위를 한 자는 2년 이상의 유기징역에 처한다.

제3조 제1조의 결사의 조직을 준비하는 것을 목적으로 하여 결사를 조직한 자 또는 그 정을 알고 결사의 임원 기타 지도자의 임무에 종사한 자는 사형 또는 무기나 5년 이상의 징역에 처하고, 그 정을 알고 결사에 가입한 자 또는 결사의 목적수행을 위한 행위를 한 자는 2년 이상의 유기징역에 처한다.

제4조 전3조의 목적으로 집단을 결성한 자 또는 집단을 지도한 자는 무기 또는 3년 이상의 징역에 처하고, 전3조의 목적으로 집단에 참가한 자 또는 집단에 관하여 전3조의 목적수행을 위한 행위를 한 자는 1년 이상의 유기징역에 처한다.

제5조 제1조 내지 제3조의 목적으로 그 목적사항의 실행에 관하여 협의 또는 선동을 하거나 그 목적사항을 선전하고 기타 그 목적수행을 위한 행위를 한 자는 1년 이상 10년 이하의 징역에 처한다.

제6조 제1조 내지 제3조의 목적으로 소요·폭행 기타 생명·신체 또는 재산에 해를 가할 수 있는 범죄를 선동한 자는 2년 이상의 유기징역에 처한다.

제7조 국체를 부정하거나 신궁新宮 또는 황실의 존엄을 모독할 수 있는 사항을 유포하는 것을 목적으로 결사를 조직한 자 또는 결사의 임원 기타 지도자의 임무에 종사한 자는 무기 또는 4년 이상의 징역에 처하고, 그 정을 알고 결사에 가입한 자 또는 결사의 목적수행을 위한 행위를 한 자는 1년 이상의 유기징

역에 처한다.

제8조 전조의 목적으로 집단을 결성한 자 또는 집단을 지도한 자는 무기 또는 3년 이상의 징역에 처하고 전조의 목적으로 집단에 참가한 자 또는 집단에 관하여 전조의 목적수행을 위한 행위를 한 자는 1년 이상의 유기징역에 처한다.

제9조 전8조의 죄를 범하게 하는 것을 목적으로 금품 기타 재산상의 이익을 공여하거나 그 신청 또는 약속을 한 자는 10년 이하의 징역에 처한다. 공여를 받거나 그 요구 또는 약속을 한 자도 같다.

제10조 사유재산제도를 부인하는 것을 목적으로 결사를 조직한 자 또는 그 정을 알고 결사에 가입한 자나 결사의 목적수행을 위한 행위를 한 자는 10년 이하의 징역 또는 금고에 처한다.

제11조 전조의 목적으로 그 목적 사항의 실행에 관하여 협의를 하거나 그 목적사항의 실행을 선동한 자는 7년 이하의 징역 또는 금고에 처한다.

제12조 제10조의 목적으로 소요·폭행 기타 생명·신체 또는 재산에 해를 가할 수 있는 범죄를 선동한 자는 10년 이하의 징역 또는 금고에 처한다.

제13조 전3조의 죄를 범하게 하는 것을 목적으로 금품 기타 재산상의 이익을 공여하거나 그 신청 또는 약속을 한 자는 5년 이하의 징역 또는 금고에 처한다. 그 정을 알고 공여를 받거나 그 요구 또는 약속을 한 자도 같다.

제14조 제1조 내지 제4조·제7조·제8조 및 제10조의 미수죄는 벌한다.

제15조 이 장의 죄를 범한 자가 자수한 때에는 그 형을 감경 또는 면제한다.

제16조 이 장의 규정은 누구든지 이 법 시행지 외에서 죄를 범한 자에게도 적용한다.

제2장 형사절차

제17조 이 장의 규정은 제1장에 기재한 죄에 관한 사건에 대하여 적용한다.

제18조 ①검사는 피의자를 소환하거나 그 소환을 사법경찰관에게 명령할 수 있다.

②검사의 명령으로 사법경찰관이 발부하는 소환장에는 명령을 한 검사의 직·성명 및 그 명령에 근거하여 발부한다는 취지도 기재하여야 한다.

③소환장의 송달에 관한 재판소 서기 및 집달리에 속하는 직무는 사법경찰관

리가 행할 수 있다.

제19조 ①피의자가 정당한 사유 없이 전조의 규정에 의한 소환에 응하지 아니하거나 형사소송법 제87조 제1항 각호에 규정한 사유가 있는 때에는 검사는 피의자를 구인하거나 그 구인을 다른 검사에게 촉탁하거나 사법경찰관에게 명령할 수 있다.

②전조 제2항의 규정은 검사의 명령으로 사법경찰관이 발부하는 구인장에 대하여 준용한다.

제20조 구인한 피의자는 지정된 장소에 인치한 때부터 48시간 내에 검사 또는 사법경찰관이 신문하여야 한다. 그 시간 내에 구류장을 발부하지 아니하는 때에는 검사는 피의자를 석방하거나 사법경찰관에게 석방하게 하여야 한다.

제21조 ①형사소송법 제87조 제1항 각호에 규정한 사유가 있는 때에는 검사는 피의자를 구류하거나 그 구류를 사법경찰관에게 명령할 수 있다.

② 제18조 제2항의 규정은 검사의 명령으로 사법경찰관이 발부하는 구류장에 대하여 준용한다.

제22조 구류에 대하여는 경찰관서 또는 헌병대의 유치장으로 감옥을 대용할 수 있다.

제23조 구류의 기간은 2월로 한다. 특별히 계속할 필요가 있는 때에는 지방재판소검사 또는 구재판소검사는 검사장의 허가를 받아 1월마다 구류의 기간을 갱신할 수 있다. 다만, 총 1년을 초과할 수 없다.

제24조 구류의 사유가 소멸하거나 기타 구류를 계속할 필요가 없다고 사료되는 때에는 검사는 신속히 피의자를 석방하거나 사법경찰관에게 석방하게 하여야 한다.

제25조 ①검사는 피의자의 주거를 제한하여 구류의 집행을 정지할 수 있다.

②형사소송법 제119조 제1항에 규정한 사유가 있는 경우에는 검사는 구류의 집행정지를 취소할 수 있다.

제26조 ①검사는 피의자를 신문하거나 그 신문을 사법경찰관에게 명령할 수 있다.

②검사는 공소제기 전에 한하여 증인을 신문하거나 그 신문을 다른 검사에게

촉탁하거나 사법경찰관에게 명령할 수 있다.

③사법경찰관은 검사의 명령으로 피의자 또는 증인을 신문한 때에는 명령을 한 검사의 직·성명 및 그 명령으로 신문한 취지를 신문조서에 기재하여야 한다.

④제18조 제2항 및 제3항의 규정은 증인신문에 대하여 준용한다.

제27조 ①검사는 공소제기 전에 한하여 압수 · 수색 또는 검증을 하거나 그 처분을 다른 검사에게 촉탁하거나 사법경찰관에게 명령할 수 있다.

②검사는 공소제기 전에 한하여 감정 · 통역 또는 번역을 명하거나 그 처분을 다른 검사에게 촉탁하거나 사법경찰관에게 명령할 수 있다.

③전조 제3항의 규정은 압수 · 수색 또는 검증의 조서 및 감정인 · 통사 또는 번역인의 신문조서에 대하여 준용한다.

④제18조 제2항 및 제3항의 규정은 감정 · 통역 및 번역에 대하여 준용한다.

제28조 형사소송법 중 피고인의 소환 · 구인 및 구류, 피고인 및 증인의 신문, 압수, 수색, 검증, 감정, 통역과 번역에 관한 규정은 별도의 규정이 있는 경우를 제외하고는 피의사건에 대하여 준용한다. 다만, 보석 및 책부責付에 관한 규정은 그러하지 아니하다

제29조 변호인은 사법대신이 미리 지정한 변호사 중에서 선임하여야 한다. 다만, 형사소송법 제40조 제2항의 규정을 적용할 수 있다.

제30조 ①변호인의 수는 피고인 1인에 대하여 2인을 초과할 수 없다.

②변호인의 선임은 최초로 정한 공판기일에 관련된 소환장의 송달을 받은 날부터 10일을 경과한 때에는 할 수 없다. 다만, 부득이한 사유가 있는 경우에 재판소의 허가를 받은 때에는 그러하지 아니하다.

제31조 ①변호인은 소송에 관한 서류의 등사를 하고자 하는 때에는 재판소장 또는 예심판사의 허가를 받아야 한다.

②변호인의 소송에 관한 서류의 열람은 재판장 또는 예심판사가 지정한 장소에서 하여야 한다.

제32조 ①피고사건이 공판에 부쳐진 경우에 검사가 필요가 있다고 인정하는 때에는 관할이전의 청구를 할 수 있다. 다만, 제1회 공판기일의 지정이 있은 후

에는 그러하지 아니하다.

②전항의 청구는 사건이 계속되는 재판소 및 이전지 재판소에 공통하는 가까운 상급재판소에서 하여야 한다.

③제1항의 청구가 있은 때에는 결정이 있을 때까지 소송절차를 정지하여야 한다.

第33조 ①제1장에 기재한 죄를 범한 것으로 인정된 제1심의 판결에 대하여는 항소를 할 수 없다.

②전항에 규정한 제1심의 판결에 대하여는 직접 상고를 할 수 있다.

③상고는 형사소송에서 제2심의 판결에 대하여 상고를 할 수 있는 이유가 있는 경우에 할 수 있다.

④상고재판소는 제2심의 판결에 대한 상고사건에 관한 절차에 의하여 재판을 하여야 한다.

第34조 제1장에 기재한 죄를 범한 것으로 인정한 제1심의 판결에 대하여 상고가 있는 경우에 상고재판소가 같은 장에 기재한 죄를 범한 것이 아니라는 것을 의심할 수 있는 현저한 사유가 있는 것으로 인정한 때에는 판결로 원판결을 파기하고 사건을 관할 항소재판소에 이송하여야 한다.

第35조 상고재판소는 공판기일의 통지에 대하여는 형사소송법 제422조 제1항의 기간에 의하지 아니할 수 있다.

第36조 형사절차에 대하여는 별도의 규정이 있는 경우를 제외하고는 일반 규정의 적용이 있는 것으로 한다.

第37조 이 장의 규정은 제22조 · 제23조 · 제29조 · 제30조 제1항 · 제32조 · 제33조 및 제34조의 규정을 제외하고는 군법회의의 형사절차에 대하여 준용한다. 이 경우에 형사소송법 제87조 제1항은 육군군법회의법 제143조 또는 해군군법회의법 제143조, 형사소송법 제422조 제1항은 육군군법회의법 제444조 제1항 또는 해군군법회의법 제446조 제1항으로 하고, 제25조 제2항 중 형사소송법 제119조 제1항에 규정하는 사유가 있는 경우에는 모두에 해당하는 것으로 한다.

第38조 조선에서는 이 장 중 사법대신은 조선총독, 검사장은 복심법원검사장, 지방재판소검사 또는 구재판소검사는 지방법원검사, 형사소송법은 조선형사령에 의할 것을 정한 형사소송법으로 한다. 다만, 형사소송법 제422조 제1항은 조선형사령 제31조로 한다.

제3장 예방구금

제39조 ①제1장에 기재한 죄를 범하여 형에 처하여진 자가 그 집행을 마치고 석방될 경우에 석방 후에 다시 같은 장에 기재한 죄를 범할 우려가 있는 것이 현저한 때에는 재판소는 검사의 청구로 인하여 본인을 예방구금에 부치는 취지를 명할 수 있다.

②제1장에 기재한 죄를 범하고 형에 처해져 그 집행을 마친 자 또는 형의 집행유예의 선고를 받은 자가 사상범보호관찰법에 의하여 보호관찰에 부쳐져 있는 경우에 보호관찰에 의하여도 같은 장에 기재한 죄를 범할 위험을 방지하기가 곤란하고 다시 이를 범할 우려가 있는 것이 현저한 때에도 전항과 같다.

제40조 ①예방구금의 청구는 본인의 현재지를 관할하는 지방재판소의 검사가 그 재판소에 하여야 한다.

②전항의 청구는 보호관찰에 부쳐져 있는 자에 관련된 때에는 그 보호관찰을 하는 보호관찰소의 소재지를 관할하는 지방재판소의 검사가 그 재판소에 할 수 있다.

③예방구금의 청구를 하기 위하여는 미리 예방구금위원회의 의견을 구하여야 한다.

④예방구금위원회에 관한 규정은 칙령으로 정한다.

제41조 ①검사는 예방구금의 청구를 함에 있어 필요한 취조를 하거나 공무소에 조회하여 필요한 사항의 보고를 요구할 수 있다.

②전항의 취조를 함에 있어 필요한 경우에는 사법경찰관리에게 본인을 동행하게 할 수 있다.

제42조 ①검사는 본인이 일정한 주거를 가지지 아니한 경우 또는 도망하거나 도망할 우려가 있는 경우에 예방구금의 청구를 함에 있어 필요한 때에는 본인을 예방구금소에 가수용할 수 있다. 다만, 부득이한 사유가 있는 경우에는 감

옥에 가수용할 수 있다.

②전항의 가수용은 본인의 진술을 들은 후가 아니면 할 수 없다. 다만, 본인이 진술을 승낙하지 아니하거나 도망한 경우에는 그러하지 아니하다.

제43조 전조의 가수용의 기간은 10일로 한다. 그 기간 내에 예방구금의 청구를 하지 아니하는 때에는 신속히 본인을 석방하여야 한다.

제44조 ①예방구금의 청구가 있는 때에는 재판소는 본인의 진술을 듣고 결정을 하여야 한다. 이 경우에는 재판소는 본인에게 출두를 명할 수 있다.

②본인이 진술을 승낙하지 아니하거나 도망한 때에는 진술을 듣지 아니하고 결정을 할 수 있다.

③형의 집행종료 전 예방구금의 청구가 있은 때에는 재판소는 형의 집행종료 후라도 예방구금에 대한 취지의 결정을 할 수 있다.

제45조 ①재판소는 사실의 취조를 함에 있어 필요한 경우에는 참고인에게 출두를 명하여 사실의 진술 또는 감정을 하게 할 수 있다.

②재판소는 공무소에 조회하여 필요한 사항의 보고를 요구할 수 있다.

제46조 검사는 재판소가 본인에게 진술을 하게 하거나 참고인에게 사실의 진술 또는 감정을 하게 하는 경우에 입회하여 의견을 개진할 수 있다.

제47조 ①본인이 속한 가의 호주·배우자 또는 4친등親等 내의 혈족 또는 3친등 내의 인족姻族은 재판소의 허가를 받아 보좌인이 될 수 있다.

②보좌인은 재판소가 본인에게 진술을 하게 하거나 참고인에게 사실의 진술 또는 감정을 하게 하는 경우에 입회하여 의견을 개진하거나 참고가 될 만한 자료를 제출할 수 있다.

제48조 다음 각호의 경우에는 재판소는 본인을 구인할 수 있다.

1. 본인이 일정한 주거를 가지지 아니한 때
2. 본인이 도망한 때 또는 도망할 우려가 있는 때
3. 본인이 정당한 이유 없이 제44조 제1항의 출두명령에 응하지 아니한 때

제49조 ①전조 제1호 또는 제2호에 규정한 사유가 있는 때에는 재판소는 본인을 예방구금소에 가수용할 수 있다. 다만, 부득이한 사유가 있는 경우에는 감옥

에 가수용할 수 있다.

②본인이 감옥에 있는 때에는 전항의 사유가 없다고 하더라도 가수용할 수 있다.

③제42조 제2항의 규정은 제1항의 경우에 대하여 준용한다.

제50조 별도의 규정이 있는 경우를 제외하고 형사소송법 중 구인에 관한 규정은 제48조의 구인에, 구류에 관한 규정은 제42조 및 전조의 가수용에 대하여 준용한다. 다만, 보석 및 책부責付에 관한 규정은 그러하지 아니하다.

제51조 ①예방구금에 부치지 아니하는 취지의 결정에 대하여는 검사는 즉시항고를 할 수 있다.

②예방구금에 부치는 취지의 결정에 대하여는 본인 및 보좌인은 즉시항고를 할 수 있다.

제52조 별도의 규정이 있는 경우를 제외하고 형사소송법 중 결정에 관한 규정은 제44조의 결정에, 즉시항고에 관한 규정은 전조의 즉시항고에 대하여 준용한다.

제53조 ①예방구금에 부쳐진 자는 예방구금소에 수용하여 개전하게 하기 위하여 필요한 처치를 하여야 한다.

②예방구금소에 관한 규정은 칙령으로 정한다.

제54조 ①예방구금에 부쳐진 자는 법령의 범위 안에서 타인과 접견하여 서신 기타 물건의 수수를 할 수 있다.

②예방구금에 부쳐진 자에 대하여는 서신 기타 물건의 검열·압류 또는 몰수를 하거나 보안 또는 징계를 위하여 필요한 처치를 할 수 있다. 가수용된 자 및 이 장의 규정에 의하여 구인장의 집행을 받아 유치된 자에 대하여도 같다.

제55조 ①예방구금의 기간은 2년으로 한다. 특별히 계속할 필요가 있는 경우에는 재판소는 결정으로 갱신할 수 있다.

②예방구금의 기간 만료 전에 갱신의 청구가 있은 때에는 재판소는 기간 만료 후라도 갱신의 결정을 할 수 있다.

③갱신의 결정은 예방구금의 기간 만료 후에 확정된 때라도 기간 만료 시 확정된 것으로 본다.

④제40조 · 제41조 및 제44조 내지 제52조의 규정은 갱신의 경우에 대하여 준용한다. 이 경우에 제49조 제2항 중 감옥은 예방구금소로 한다.

제56조 ①예방구금의 기간은 결정 확정일부터 기산한다.

②구금되지 아니한 일수 또는 형의 집행으로 인하여 구금된 일수는 결정 확정 후라도 전항의 기간에 산입하지 아니한다.

제57조 ①결정 확정시 본인이 수형자인 때에는 예방구금은 형의 집행종료 후에 집행한다.

②감옥에 있는 본인에 대하여 예방구금을 집행하고자 하는 경우에 이송의 준비 기타 사유 때문에 특별히 필요한 때에는 일시 구금을 계속할 수 있다.

③예방구금의 집행은 본인에 대한 범죄의 수사 기타 사유 때문에 특별히 필요한 때에는 결정을 한 재판소의 검사 또는 본인의 현재지를 관할하는 지방재판소의 검사의 지휘로 정지할 수 있다.

④형사소송법 제534조 내지 제536조 및 제544조 내지 제552조의 규정은 예방구금의 집행에 대하여 준용한다.

제58조 ①예방구금에 부쳐진 자가 수용 후 필요 없게 된 때에는 제55조에 규정한 기간만료 전이라도 행정관청의 처분으로 퇴소하게 하여야 한다.

②제40조 제3항의 규정은 전항의 경우에 대하여 준용한다.

제59조 ①예방구금의 집행을 하지 아니한 것이 2년에 달한 때에는 결정을 한 재판소의 검사 또는 본인의 현재지를 관할하는 지방재판소의 검사는 사정에 따라 그 집행을 면제할 수 있다.

②제40조 제3항의 규정은 전항의 경우에 대하여 준용한다.

제60조 ①천재사변에 있어 예방구금소 안에서 피난의 수단이 없다고 인정되는 때에는 수용된 자를 타소로 호송하여야 한다. 만약, 호송할 여유가 없는 때에는 일시 해방할 수 있다.

②해방된 자는 해방 후 24시간 내에 예방구금소 또는 경찰관서에 출두하여야 한다.

제61조 ①이 장의 규정에 의하여 예방구금소나 감옥에 수용된 자 또는 구인장이

나 체포장이 집행된 자가 도주한 때에는 1년 이하의 징역에 처한다.

②전조 제1항의 규정에 의하여 해방된 자가 동조 제2항의 규정에 위반한 때에도 전항과 같다

제62조 수용설비 또는 계구繫具를 손괴하고, 폭행 또는 협박을 하거나 2인 이상 통모하여 전조 제1항의 죄를 범한 자는 3월 이상 5년 이하의 징역에 처한다.

제63조 전2조의 미수죄는 벌한다.

제64조 이 법에 규정한 것 외에 예방구금에 관하여 필요한 사항은 명령으로 정한다.

제65조 ①조선에서는 예방구금에 관하여 지방재판소가 하여야 하는 결정은 지방법원의 합의부에서 한다.

②조선에서는 이 장 중 지방재판소의 검사는 지방법원의 검사, 사상범보호관찰법은 조선사상범보호관찰령, 형사소송법은 조선형사령에 의할 것을 정한 형사소송법으로 한다.

부칙 〈법률 제54호, 1941. 3. 8.〉

① 이 법의 시행기일은 칙령으로 정한다. 〈1941. 5. 13. 칙령 553〉

② 제1장의 개정규정은 이 법 시행 전 종전의 규정에서 정한 죄를 범한 자에게도 적용한다. 다만, 개정규정에서 정한 형이 종전의 규정에서 정한 형보다 중한 때에는 종전의 규정에서 정한 형에 의하여 처단한다.

③ 제2장의 개정규정은 이 법 시행 전 공소를 제기한 사건에 대하여는 적용하지 아니한다.

④ 제3장의 개정규정은 종전의 규정에서 정한 죄에 대하여 이 법 시행 전에 형에 처하여진 자에게도 적용한다.

⑤ 이 법 시행 전 조선형사령 제12조 내지 제15조의 규정에 의한 수사절차는 이 법 시행 후에도 그 효력을 가진다.

⑥ 전항의 수사절차에서 이 법에 상당하는 규정이 있는 것은 이 법에 의한 것으로 본다.

⑦ 이 법 시행 전 조선사상범예방구금령에 의한 예방구금에 관한 수사절차는 이 법 시행 후에도 그 효력을 가진다.

⑧ 전항의 예방구금에 관한 절차에서 이 법에 상당하는 규정이 있는 것은 이 법에 의한 것으로 본다.

5. 조선총독부재판소령전시특례(1944년[昭和 19]; 제령 2; 동년 3. 15. 시행)

제3조 ①제1심판결에 대해서는 공소를 할 수 없다.

②전항의 판결에 대해서는 직접 상고를 할 수 있다. 단 궐석판결은 이에 해당하지 않는다.

제4조 ①제1심판결로 단독판사가 한 것에 대한 상고는 복심법원이 그 재판을 한다.

②전항의 판결에 대하여 지방법원이 한 상고기각의 결정에 대한 항고에 대해서는 역시 전항과 같다.

③제1심판결로 합의부가 한 것에 대해서 지방법원이 한 상고장기각 및 상고기각의 결정에 대한 항고에 대해서는 고등법원이 그 재판을 한다.

④복심법원이 상고심으로서 한 재판에 대해서는 항고를 할 수 없다.

⑤복심법원이 상고심으로서 재판을 함에 법률의 점에 대해 의견을 표시한 것은 그 소송 일체의 사건에 대해 하급재판소를 기속한다.

부칙: 제3조 내지 제5조의 규정은 본령 시행 전 제1심의 변론이 종결된 사건에 대하여 이를 적용하지 않는다.

※ 치안유지법 및 위 전시특례는 법제처 제공, 국가법령 정보센터, 근대법령 DB에서 제공하는 번역문을 참조하여 다시 번역하였다.

2부

자료: 예심종결 결정서 및 고등법원 판결문 역주

번역 범례

1. 예심종결결정서는 한말연구학회 편, 『건재 정인승 전집 6: 국어운동사』 부록으로 원문(269- 323쪽)과 번역문(242-268쪽)이 수록되어 있다.
2. 고등법원 판결문의 원문과 번역문은 국가기록원에서 제공하는 다음 누리집에서 볼 수 있다.
   독립운동관련판결문(https://theme.archives.go.kr/next/indy/viewMain.do)
   - 검색방법: 조선어학회, 선고일자 또는 피고인
3. 창씨개명한 인명으로 기재되어 있으며, "金良洙, 李允宰, 李熙昇, 崔鉉培"는 수기로 수정하였다. 피고인의 인정(人定)사항과 주문 부분만 창씨개명한 채로 표기하고 본문은 원래 성명으로 표기하였다. 창씨개명하였으나 본명을 알 수 없으면 그대로 표기하였다.
4. 일본 연호는 모두 서기로 고쳤으며, 언문諺文은 한글로 수정하였다.
5. 결정서에는 인용과 강조 모두 "「 」"로 표시하였는데, 역문에서는 인용은 따옴표 " "로, 강조는 홑꺽쇠 「 」로 표시하였다.
6. 고등법원 판결문에서 판독할 수 없어서 추정한 내용은 "[판독 불가; ○○]"로 표시하였다.
7. 관련자의 창씨개명 현황은 다음과 같다.

   김도연 ⇒ 永川度演, 김법린 ⇒ 金山政平, 김선기 ⇒ 金光善琪,
   김양수 ⇒ 金光良洙, 김윤경 ⇒ 大金允經, 서민호 ⇒ 利川珉濠,
   서승효 ⇒ 結城承孝, 이극로 ⇒ 義本克魯, 이강래 ⇒ 廣村康來,
   이만규 ⇒ 李家萬珪, 이우식 ⇒ 頭山祐植, 이윤재 ⇒ 廣村 充,
   이 인 ⇒ 大谷 仁, 이희승 ⇒ 木下熙昇, 장현식 ⇒ 松山武雄,
   정열모 ⇒ 仁山弘道, 정인섭 ⇒ 東原寅燮, 정인승 ⇒ 華山寅承,

정태진 ⇒ 丁子泰鎭, 최현배 ⇒ 月城鉉培, 한 징 ⇒ 西原 澄,

이중화 ⇒ 李 重華, 장지영 ⇒ 張 志暎

※ 창씨개명에는 임의와 법정 창씨개명 2종이 있는데, 1940년 8월 10일 이후에는 한국인의 성명이 일본식의 씨명氏名으로 법적으로 변경되었다 (법정창씨). 이중화, 장지영은 이미 본인의 의사와 무관하게 일본식 씨명으로 변경되었다.

8. 공판 개시 이후에 창씨개명하여 수기로 정정한 것은 다음과 같이 표시하였다.

   1) 추가: 〈○〉, 예 김양수 ⇒ 金<光>良洙

   2) 수정 후 날인: [○㊞], 예 최현배 ⇒ 최[月城㊞]현배

   3) 수정 무 날인: [⇒ ○], 예 이윤재 ⇒ 이윤재[廣村 充]

9. 번역문의 주석은 모두 역자가 하였으며, 편집 상 약자를 제시하였는데, 참고문헌을 보기 바란다.

1. 함흥지방법원 예심종결 결정서*

昭和18년(1943) 예제11호

예심종결 결정

본적 경상남도 의녕군 지정면芝正面 홍곡리紅谷里 827번지

주소 경성부 화동정花洞町 139번지

조선어학회 책임자

李 고쳐서[1] 義本 克魯(당 49세)

본적 경상남도 울산군 하상면下床面 동리東里 613번지

주소 경성부 행촌정杏村町 146번지

경성사립연회전문학교 사무원(전 동교 교수)

崔 고쳐서 月城 鉉培(당 51세)

본적 및 주소 경성부 죽첨정竹添町 2정목丁目 65번지의 27

경성 사립이화여자전문학교 교수

李 고쳐서 木下 熙昇(당 48세)

본적 경성부 교남정嶠南町 132번지

주소 경성부 북아현정 1번지의 63

무직

張 志暎(당 58세)

본적 전라북도 장수군 계북면溪北面 양악리陽岳里 129번지

주소 경성부 혜화정惠化町 37번지

조선어학회 사무원

鄭 고쳐서 華山 寅承(당 48세)

본적 경성부 종로 1丁目 3번지

주소 경성부 사직정社稷町 167번지의 1

* 번역은 한말연구학회 편, 『건재 정인승 전집 6: 국어운동사』 부록으로 수록된 번역문을 바탕으로 수정하였으며, 다나카 토시미츠(田中俊光; 일본 帝京대학 교수)가 검토하였다.

1) "李 고쳐서"는 수기로 수정하였으며, 나머지는 모두 활자이며, 아래도 같다.

조선어학회 사무원

李重華(당 64세)

본적 및 주소　경상남도 의녕군 의녕면 동동東洞 1053번지

농업

李 고쳐서 頭山 祐植(당 55세)

본적 및 주소　경성부 사직정 262번지

조선홍업주식회사 취체역

金 고쳐서 金光 良洙(당 49세)

본적 및 주소　경성부 명륜정 1정목 81번지

농업

張鉉植 고쳐서 松山 武雄(당 49세)

본적 및 주소　경성부 죽첨정 3정목 210번지의 32

조선홍업주식회사 이사

金 고쳐서 永川 度演(당 51세)

본적 및 주소　경성부 청진정淸進町 175번지

변호사

李 고쳐서 大谷 仁(당 49세)

본적 및 주소　경상북도 김천군 김천읍 대화정大和町 318번지

전 김천중학교 교장

鄭烈模 고쳐서 仁山 弘道(당 50세)

본적 및 주소　경상남도 동래군 북면北面 청룡리靑龍里 546번지

범어사 불교전문강원 학감

金法麟 고쳐서 金山 政平(당 46세)

본적　경기도 파주군 아동면衙洞面 금릉리金陵里 406번지

주소　경성부 미근정美芹町 601번지의 8

조선어학회 사무원(전 함홍 영생고등여학교 교원)

丁 고쳐서 丁子 泰鎭(당 42세)

상기인에 대한 치안유지법 위반 피고사건에 대해 예심을 마쳐 종결결정을 한 바 다음과 같다.

주문

피고인 의본극로義本克魯(이극로), 같은 월성현배月城鉉培(최현배), 같은 목하희승木下熙昇(이희승), 같은 화산인승華山寅承(정인승), 같은 이중화李重華, 같은 두산우식頭山祐植(이우식), 같은 금광양수金光良洙(김양수), 같은 송산무웅松山武雄(장현식), 같은 영천도연永川度演(김도연), 같은 대곡인大谷仁(이인), 같은 금산정평金山政平(김법린) 및 같은 정자태진丁子泰鎭(정태진)에 대한 본건을 함흥지방법원의 공판에 부친다.

피고인 장지영張志暎, 같은 인산홍도仁山弘道(정열모) 두 명에 대한 본건은 면소한다.

이유

민족운동의 한 형태로서의 소위 어문운동은 민족 고유어문의 정리 통일 보급을 꾀하는 하나의 문화적 민족운동임과 동시에 가장 심모원려深謀遠慮를 포함하는 민족독립운동의 점진형태이다. 생각하건대, 언어는 사람의 지적 정신적인 것의 원천임과 동시에 사람의 의사·감정을 표현하는 외에 그 특성도 표현하는 것으로써 민족 고유의 언어는 민족 내의 의사소통은 물론 민족감정 및 민족의식을 양성하여 여기에 굳은 민족결합을 낳게 하여, 이를 표기하는 민족 고유의 문자가 있어서 여기에 민족문화를 성립시키는 것으로서, 민족적 특질은 그 어문을 통해서 더욱 민족문화의 특수성을 파생하여 향상 발전하고 그 고유문화에 대한 과시·애착은 민족적 우월감을 낳아 그 결합을 더욱 굳건히 하여 민족은 활기차게 발전한다. 그러므로 민족 고유어문의 성쇠盛衰는 이 때문에 민족 자체의 흥망과 관련되는 것으로써 약소민족은 필사적으로 이의 보존에 노력함과 동시에 이의 발전을 꾀하고, 방언의 표준어화, 문자의 통일 및 보급을 희구해 마지않는다. 이리하여 어문운동은 민족 고유문화의 쇠퇴를 방지할 뿐만 아니라 그 향상·발전을 초래하고, 문화의 향상은 민족 자체에 대한 보다 강한 반성적 의식을 가지게 하여 강렬한 민족의식을 배양함으로써 약소민족에게 독립의욕을 낳게 하고 정치적 독립달성의 실력을 양성하게 하는 것으로, 본 운동은 18세기 중엽 이래 유럽 약소민족이 되풀이해서 실천해 온 그 성과에 비추어 세계 민족운동사상 가장 유력하고도 효과적인 운동이라 보이기에 이르렀다. 1919년 만세 소요 사건의 실패를 되돌아보고 조선독립을 장래에 기대하기에는 문화운동에 의한 민족정신의 함양 및 실력양성이 급무라고 해서 대두된 소위 실력양성운동이 그 출발점이 되었음에도 불구하고 결국 용두사미 격으로 끝나 그 본령을 충분히 발휘하지 못하였다. 그리하여 본건 「조선어학회」는 그 뒤를 이어 1931년 이래 피고인 이극로를 중심으로 문화운동 중에서도 그 기초적 운동인 위와 같은 어문운동을 통해서 그 이념을 지도이념으로 하여 표면적으로는 문화운동의 가면 아래에 조선독립을 위한 실력양성단체로서 본건 검거까지 십여 년의 긴 세월에 걸쳐 조선민족에 대해서 조선어문운동을 전개하여 왔다. 시종일관 진지하게 변하지 않은 그 활동은 조선어문에 깃든 조선 민심의 세세한 부분에 닿아 깊이 그 심저에 파고듦으로써 조선어문에 대한 새로운 관심을 낳게 하여 다년에 걸쳐 편협한 민족관념을 배양하고, 민족문화의 향상, 민족의식의 앙양 등 그 기도하는 바인 조선독립을 위한 실력신장에 기여한 바가 적지 않다. 「조선어학회」는 이리하여 민족주의 진영에 있어서 단연 빼놓을 수 없는 지위를 차지하고, 조선 사상계를 풍미하고 있던 공산주의 운동에 위축되어 아무런 할 일 없이 자연 소멸하거나 혹은 사교단체로 전락하여 그저 그 명맥을 유지해 온 기타 민족주의 단체 사이에서 홀로 민족주의의 아성을 사수한 것으로서 중시되기에 이르러, 후단에 기재하는 사업과 같은 것은 어느 것이나 한글[諺文]신문 등의 열의 있는 지지 하에 조선인 사회에 심상치 않은 반향을 불러일으키고 특히 조선어사전편찬사업과 같은 것은 미증유의 민족적 대사업으로서 촉망받고 있는 바이다.

제1. 피고인 이극로는 어릴 적 서당에서 한문을 배우고 사립초등학교 고등과 1년을 수료한 후 17세경에 만주로 건너가 통화성通化省 항인현恒仁縣 및 무송현撫松縣에서 초등학교 교원을 하다가 1915년 상해로 건너가 독일인이 경영하는 동제同濟대학에 입학하였으나, 1920년 같은 대학 본과 공과 1년을 중퇴하고 그 이듬해 상해파 고려공산당의 영수 이동휘[2]가 이르쿠츠伊市파 고려공산당[3] 하의 분쟁을 해결하는 목적으로 국제공산당의 지시를 받기 위해 소련의 수도 모스크바에 갔을 때 본인이 동행한 것을 기화로 독일에 건너가 이듬해 1922년 베를린대학 철학부에 입학하여 공업경제를 전공하는 한편 인류학, 언어학을 연구하여 1927년 철학박사 학위를 취득하고 베를린 대학을 졸업, 1929년 1월경에 조선에 돌아왔는데, 만주 거주 당시 그곳의 조선인 사이에 퍼지고 있던 농후한 민족적・반일적 분위기에 물들면서 또 박은식,[4] 윤기섭,[5] 신채호[6] 등과 같은 저명한 민족주의자와 접촉하여 그 교양・감화를 받고, 또 민족적 종교인 대종교[7]에 입교하여 동교 간부 윤세복[8](현 동교 제3세 교주)의 교양을 받아 치열한 민족의식을 품고 조선독립을 열망, 조선독립운동에 생애를 바쳐 그 지도자가 되기를 결심하고 군사학 연수를 위해 러시아에 가기를 열망하였으나 제1차 세계대전의 발발로 이를 이루지 못하였다. 그 후 1919년 만세소요 실패 후 세계에서의 여러 민족의 흥망사 및 체독 중 1927년 벨기에의 수도(브리셀)에서 개최된 제1회 세계 약소민족대회에 피고인 김법린 등과 조선 대표로서 출석하여 (1) 시모노세키조약[9]에 의해 보증된 조선독

2) 李東輝(1873~1935): 대한제국 군인출신으로 비밀결사 新民會 설립에 중추적 역할을 하였으며, 1914년 대한광복군정부 조직에 참여하여 부통령직을 맡았다. 대한민국임시정부 수립에 찬성하고 초대 국무총리가 되었으나, 이승만 불심임안이 관철되지 않자 대한민국임시정부를 탈퇴하였고, 고려공산당의 지도자로써 항일무장투쟁에 앞장섰다. [역사넷]

3) 이르쿠츠파 고려공산당: 1920년 1월 22일 이르쿠츠크에서 당시 러시아 볼셰비키당의 한인지부로, 金哲勳이 대표이다. [민백]

4) 朴殷植(1859~1925): 황성신문 및 대한매일신보 주필로 언론을 통한 애국계몽운동을 전개하고, 임시정부 제2대 대통령 등을 역임하였으며, 『한국통사』 등을 저술하였다. [민백]

5) 尹琦燮(1887~1959): 1908년 안창호 등과 청년학우회를 조직하였으며, 서간도로 망명해 1911년 신흥무관학교에서 학감, 교장 등을 역임했다. [향토→디지털동작문화대전]

6) 申采浩(1880~1936): 독립운동가이자 민족주의 사학자이다. 1919년 대한민국 임시정부에 참여하였으나 무정부주의 단체에 가담하여 활동했으며, 1936년 2월 21일 뤼순(旅順) 감옥에서 순국하였다. [역사넷]

7) 大倧敎: 1909년 羅喆이 단군을 모시는 종교로, 처음에는 단군교라고 하였다가, 1910년 8월 대종교로 바꾸었다. 일제의 탄압으로 만주로 망명하여 군관학교를 설립하여 항일투사를 양성하였다. 일본과 타협한 만주군벌로부터 탄압을 받았다. [민백]

8) 尹世復(1881~1960): 1924년 先宗師 茂園宗師 김교헌金敎獻에 이어 대종교 교주로 취임하였다. 일본과 만주군벌 張作霖의 탄압을 받아 고초를 겪었다. 조선어학회 수난 사건과 관련하여 무기징역을 선고 받았다. [민백]

9) 시모노세키(下關)조약: 청일전쟁 후 양국이 1895년 4월 17일 체결한 강화조약으로, 조선이 독립

립의 실행을 일본정부에 요구할 것, (2) 조선에서 총독정치를 즉시 중지케 할 것, (3) 상해 대한민국 임시정부를 승인할 것의 3개 항목에 걸친 의안을 제출하여 조선독립을 위하여 원조를 요구하였으나 채택되지 않았다. 약소민족 대표자 사이에서조차 조선의 존재가 무시된 것 등으로 인해 조선독립에는 외력 의존의 근본관념을 시정하고 우선 조선민족의 문화와 경제력을 양성·향상시키면서 동시에 민족의식을 환기·앙양함으로써 독립의 실력을 양성한 후 정세에 따라 무장봉기 기타 적절한 방법에 의해 독립을 실현해야 한다고 생각하기에 이르렀다. 또 조선에 돌아오는 도중 미국 및 하와이에서 이승만, 서재필[10] 등 민족주의자와 만나 의견을 교환하고 한층 위와 같은 견해를 굳건히 하기에 도달하였다. 귀국 후 전 조선 각지를 시찰하고, 혼돈되어 그 나아갈 길을 모르는 조선민족운동 그 중에서도 특히 실력양성운동으로서의 문화운동의 부진한 상황을 개탄하면서 조선 고유문화의 쇠퇴와 민족정신의 불통일은 우선 조선어문의 난맥이 불통일함에 기인한다고 보고 이를 정리·통일하기 위해서는 우선 표준적 조선어사전을 편찬하는 것이 첩경이라고 생각하였다. 같은 의견을 가지고 있던 민족주의자 신명균,[11] 이중건 및 이윤재[12](그 후 모두 사망)와 협의한 결과 조선어의 대가로서 일찍이 조선어사전 편찬의 경험이 있는 상해 대한민국 임시정부 요인인 김두봉[13]을 초빙하여 그를 중심으로 당해 사전의 편찬을 하려고 기도하여 1929년 7월경 위 이윤재을 상해에 파견하였는데 김두봉이 이를 승낙하지 않았기 때문에 피고인 등이 위 계획을 실행하기로 한 그 무렵 피고인 최현배, 같은 장지영 및 같은 정열모 등의 협력을 얻어 각 방면의 명사 100여 명을 각각 같은 사업의 발기인으로서 권유하여 그해 10

국임을 명시하였고, 이후 조선은 청국과 대등한 외교를 펼치게 되어 이 조약을 높이 평가하였다. [실록]

10) 徐載弼(1864~1951): 갑신정변 후 미국으로 망명하여 의학을 공부하고 귀국하여 독립신문을 간행하고 독립협회 활동을 했다. 3·1운동 직후 미국에서 독립운동에 적극 활동했다.

11) 申明均(1889~1941): 주시경의 제자로 조선어학회 회원으로서 "한글마춤법통일안" 제정 등 국어학자로 활동하였다. [민백]

12) 李允宰는 1943년 12월 8일에 옥사하였다.

13) 金枓奉(1889~?): 주시경의 제자로 국어사전 편찬에 참여하였고, 1916년에는 『조선말본』을 저술하였다. 3·1 운동 후 중국 上海로 망명하여 대한민국임시정부에 참여하였다. 이념보다는 항일통일노선을 견지하였다. 해방 후 북한에서 북조선인민위원회 의장 등으로 국가수반으로 선출되었으나 김일성이 집권하면서 연안파로 숙청되었다. [향토 → 부산역사문화대전]

월 31일 경성부 수표정水標町 조선교육협회에서 창립 총회를 개최하여 「조선어사전편찬회」를 조직하고 피고인 및 앞의 신명균, 이중건, 이윤재 및 피고인 최현배 외 1명이 그 상무위원이 되어 사전편찬에 착수하였다.

(一) 조선어사전편찬사업의 진척에 따라 표준적인 조선어사전편찬을 위해서는 그 기초공작으로서, 우선 일반에게 권위 있다고 인정되는 조선어 연구단체에 의해서 혼란된 조선어 및 문자(한글[諺文] 철자)를 연구한 다음 이를 정리·통일할 필요를 통감하는 한편, 더욱 나아가 위 정리·통일된 조선어문을 널리 조선민중에게 선전·보급하는 것이 앞에서 언급한 소위 어문운동으로 예상되는 조선독립을 위한 실력양성운동으로써 가장 효과적일 뿐만 아니라 위와 같은 부진한 조선문화운동의 나아갈 길은 우선 그 기초적 운동인 이 운동으로부터 시작할 수밖에 없다고 생각하게 되었다. 마침 1930년 1월 하순경 앞의 조선교육협회서 그 무렵 미국, 영국으로부터 상해를 거쳐 귀국하는 피고인 김〈광〉양수를 통해서 앞의 김두봉으로부터 "단순한 조선어문의 연구 또는 사전편찬은 민족운동으로서는 아무런 의미가 없고 연구 결과를 정리한 통일된 조선어문을 널리 조선 민중에게 선전 및 보급함으로써 비로소 조선 고유문화의 유지·발전 및 민족의식의 배양도 기대할 수 있으며 조선독립을 위한 실력양성도 가능하므로 이후로는 이 방침으로 나아갈 것"이라는 취지의 지시를 받기에 이르러 더욱더 위와 같은 어문운동에 몸을 바칠 결의를 다지기에 이르렀다. 우선 그 방법으로써 일찍이 부진하였던 「조선어연구회」라는 조선어 연구단체가, 피고인의 가입 이래, 피고인의 조선어문에 대한 조예와 그 연구 열의에 의해 앞의 신명균, 이윤재 및 피고인 최현배의 열렬한 지지 하에 매우 활기를 띠고 조선어문의 연구단체 중 가장 유력한 단체가 되었을 뿐만 아니라, 위 피고인 등 수 명을 중심으로 한 단체가 되었던 것을 기화로 동회를 표면상 마치 단순한 조선어의 연구·보급을 목적으로 하는 단체로 개조한 것처럼 꾸미고 이면에서는 합법적인 국면을 이용하여 조선어 및 문자의 보급에 의한 조선독립단체로 개조하려고 기도하여, 1930년 9월부터 11월까지의 사이에 앞의 조선교육협회 내나 다른 곳에서 앞의 신명균, 이윤재[廣村 充], 피고인 최현배, 같은 이[木下]희승 등에게 각각 혹은 회합 석상에서 미리 위 김두봉의 지시 내용을 전하고 조선어연구회를 조선독립을 목적으로 하는 어문운동단체로 개조하고자 하

는 결의를 알리고 각각의 찬동을 얻은 후, 1931년 1월 10일 위 조선교육협회에서 열린 조선어연구회 정기총회에서 피고인으로부터 동회 개조의 진짜 사정을 감추고, 조선어연구회가 다른 곳에도 동일 또는 유사한 명칭의 단체[14]가 있어 이것저것 혼동하기 쉽고 또 연구회라는 명칭은 조선어문에 관한 최고의 권위가 있는 단체의 명칭으로서 상응하지 않으므로 이제 그 명칭을 변경함과 동시에 조선어사전편찬회로부터의 위 사전편찬 기초공작으로서 조선어 철자법의 통일, 표준어의 사정 등의 위탁도 있다고 하여 이번에 회원 개개의 연구가 기관으로부터 진행되어 이 연구의 결과를 통일하여 적극적인 조선어문의 보급운동을 전개하도록 이들의 개조 방법을 제의하여 신명균, 이윤재 및 피고인 최[月城㊞]현배 및 같은 이희승 등 4명은 위 속사정을 모두 알고 있으면서 이에 찬동하여 사정을 모르는 다른 참여 회원 피고인 장지영, 같은 정열모 및 이만규, 이강래의 찬성을 얻어 위 「조선어연구회」의 개명과 함께 그 목적변경을 결정하여 위 신명균, 이윤재, 피고인 최현배 및 같은 이희승과 함께 표면상 조선어문의 연구·보급을 꾀하는 문화단체인 것처럼 위장하고, 이면에서는 조선어문을 정리·통일하여 이것을 조선민중에게 선전·보급하여 조선 고유문화의 향상과 조선 민중의 민족의식의 환기·앙양에 의해 조선독립의 실력을 양성하여 조선독립을 실현할 것을 목적으로 하는 「조선어학회」라 부르는 결사를 조직하고 이래 위 결사의 중심인물이 되었던 바,

(가) 조선 고유문화의 향상 및 조선민족의 민족의식의 통일과 민족적 단결을 꾀함으로써 조선독립의 실력을 양성하는 데, 통일이 되지 않아 구구하기 때문에 문화 및 의식 분열의 원인이 되어 왔던 조선문자의 맞춤법을 통일하여 이를 조선민중에게 선전·보급할 필요가 있다고 하여 위 결사를 조직한 후 곧바로 앞의 조선교육협회 내의 조선어학회 사무소 등에서 이윤재, 피고인 최현배, 같은 이희승 외 사정을 모르는 피고인 장지영, 권덕규, 김윤경, 이병기 및 이만규[15] 등을 추가하여 조선문자 맞춤법 통일에 대하

14) 1926년의 정음회를 이어 1931년 국어학의 연구와 한글맞춤법의 정리를 목적으로 朴勝彬(1880~1943)이 조직한 '조선어학연구회'인데, 1933년 조선어학회의 "한글맞춤법통일안"을 반대하였다. 또 일본인 伊藤韓堂이 '朝鮮語研究會'를 설립하여 일본인을 대상으로 한글을 가르치고 있었다(이희승, 앞의 책[2000], 391쪽).

15) 권덕규, 김윤경, 이병기 및 이만규: 이들은 예심에 회부되지 않았으므로 피고인이 아니다.

여 종종 협의를 거친 후 이듬해인 1933년 10월 서울의 중류계급이 사용하는 조선어의 발음을 표준으로 하는 표음식 조선어 철자법 통일안을 작성하여 이를 일반에 공표하고 또 그 후 피고인 이희승, 같은 정인승과 함께 이에 개정改定을 추가하여 1940년 6월경 당해 개정안을 공표하여 조선일보, 중외신보, 동아일보 등 각 한글[諺文]신문 및 조선에서 발행되는 한글잡지의 거의 전부에 당해 철자법을 채용하도록 하고,

(나) 이상과 같은 취지로 조선 각 지방의 방언을 정리하여 표준적 조선어로 사정査定할 필요가 있다고 하여 1934년 12월 이윤재, 피고인 최현배, 같은 이희승 및 김윤경, 이만규와 협의한 결과 피고인 이극로, 같은 최현배, 신명균 및 이윤재 등 4명이 원안을 작성하여 이듬해 1935년 1월 이래 조선어학회 사무소 등에서 이상의 피고인 외에 피고인 장지영, 김윤경, 이만규, 이강래 등 사정을 모르는 다수의 조선 각도 출신 유명인사를 추가해 종종 협의를 거듭하여 1936년 10월 서울의 중류계급이 사용하는 언어로 가급적 각도에 보편성이 있는 조선어를 표준으로 하는 조선어표준어를 사정하고 이를 같은 달, 후에 기술하는 훈민정음 반포 기념 축하식에서 발표함과 동시에 각 방면에 공표하고,

(다) 이상과 같은 취지로 외래어, 즉 국어[일본어] 및 외국어로서 조선어로 사용되는 언어의 표기방법을 통일할 필요에서 1936년 1월 하순 이래 피고인 이희승 및 조선어학회원 정인섭과 함께 또 1938년 4월경 같은 회원 김선기를 추가해 조선어학회 사무소에서 여러 협의를 거쳐 외래어 표기법 통일 초안을 작성하고 그 후 피고인 이희승과 협의를 거쳐 1941년 1월 통일안을 결정하여 이를 일반에 공표하고,

(라) 1929년 조선총독부에서 "개정 언문철자법"[16]을 발표한 결과 각 방면에서 신철자법에 대한 연구열이 높아진 것을 기화로 조선 내 각지에서 한글강습회를 개최하여 한글강습을 구실로 조선민중의 민족의식 환기·앙양을

16) 개정 언문철자법: 조선총독부는 보통학교 교과서를 위한 "보통학교용 언문철자법"을 1912년 4월에 시행하고 1921년 3월에 <보통학교용 언문철자법대요普通學校用諺文綴字法大要>로 개정·공표하였다. 교육계 등의 문제제기에 학무국에서 기초안을 만들어서 전문가로 구성된 제1차조사회(1928.9.~1929.1.)와 제2차조사회(1929.5.~7.)의 심의를 거쳐 확정한 것이다. [민백]

기도하고 1931년 7월 이윤재, 피고인 최현배, 같은 이희승 및 앞의 김윤경, 이강래, 이병기 등과 조선어학회 사무소에서 회합하여 위 강습회의 개최에 대해 종종 협의하여 강습에 있어서 한글의 역사성을 이야기하고 한글이 조선민족과 불가분의 관계에 있다는 것, 한글을 연구하는 것이 즉 조선민족정신을 유지하는 것이라는 점을 강조하여 수강자의 민족의식의 환기·앙양에 힘쓸 것을 합의하고 그 해 및 이듬해인 1932년 7, 8월에 걸쳐 위 사람 외 이만규를 추가하여 조선 내 각지에서 한글강습회를 개최하고, 또 1934년 여름 같은 취지의 강습회를 개최하려고 하였으나 당국에 의해 금지되어 이를 중단할 수밖에 없게 되었으며

(마) 또 조선어 및 문자의 보급과 조선민족의식의 앙양을 꾀하기 위해 일찍이 1926년경 이래 경성부의 조선인 유지가 세종대왕 한글 창제 반포 당일을 기념하기 위해 매년 음력 9월 29일에 거행하고 있던 훈민정음 반포 기념 축하식을 조선어학회 주최 하에 거행하기로 하고 1931년 이래 매년 음력 9월 29일에 경성부에서 이윤재, 피고인 최현배, 같은 이희승, 같은 장지영 등과 함께 다수의 조선민중을 모이게 하여 위 축하식을 거행하고 세종대왕의 훈민정음 반포 서문[17]의 낭독 및 한글의 우수성을 강조하는 연설 등을 하여 농후한 민족적 분위기의 양성에 힘써 왔는데 1936년의 축하식 당일에 계속해서 앞에서 언급한 조선어 표준어 발표를 한 것에 대해 내빈으로 참석한 민족주의자 망 안창호[18]가 "조선민족은 선조로부터 계승된 모든 것을 잃고 결국 국가조차도 상실하게 되어 겨우 조선어만을 보유하는 상태이므로 이의 보급 발달에 힘쓰지 않으면 안된다"는 취지의 불온한 연설을 해서 당국의 주의를 받고 또 이듬해 1937년 중일전쟁의 발발에 따라 당국의 단속이 엄중하게 되었기 때문에 이후 위 축하식의 거행을 중지하기에 이르렀다.

---

17) 훈민정음 반포 서문: ≪세종실록≫ 세종 28년(1446) 9월: ○是月 訓民正音成. 御製曰, 國之語音 異乎中國 與文字不相流通, 故愚民有所欲言 而終不得伸其情者多矣. 予爲此憫然 新制二十八字, 欲使人易習 便於日用耳. …

18) 安昌浩(1878~1938): 일제강점기 때, 독립협회, 신민회, 공립협회, 흥사단, 임시정부 등에서 항일투쟁을 전개하였고, 신문 발행 및 학교 설립을 통해 민중운동을 전개한 교육자 · 독립운동가 [민백]

(바) 조선어 및 문자의 보급·발달에 의해 조선 고유문화의 향상을 도모함과 동시에 조선민중의 민족의식을 환기·앙양시키기 위해 기관지의 발행을 결의하여 1932년 1월 앞의 사무소에서 이윤재, 피고인 최현배, 같은 이희승, 같은 장지영, 김윤경 및 이만규 등과 함께 조선어학회 기관지로서『한글ハングル』(정음正音)[19]이라는 명칭의 월간 잡지를 발행할 것을 협의·결정하고 이후 1934년 1월까지 앞의 신명균, 동년 4월부터 1937년 5월까지 이윤재, 그 후 1942년 6월까지 피고인 정인승으로 하여금 각각 이의 편수를 담당하게 하여 매월 최저 600부 최고 3,000부의 월간 잡지를 발행하였다.

(사) 앞의 조선어사전편찬회는 그 후 재정난과 위와 같은 조선어학회에 위탁된 조선어 철자법의 통일, 표준어 사정 등의 기초공작 결정의 필요성으로 인해 1933년 6월경부터 사실상 사전편찬사업은 부득이 중지할 수밖에 없게 되어 동회는 여전히 유명무실하게 되어 있었는데 사전의 기초공작도 점차로 완성되고 후단 제7에서 보는 바와 피고인 김양수의 알선에 의해 위 사업에 대한 재정 원조자를 얻게 되면서부터 중지하고 있던 조선어사전편찬을 결의, 1936년 3월 조선어학회 사무소에서 이윤재, 피고인 최현배, 같은 이희승 등과 만나서 결의한 결과 조선어학회에서 사전의 편찬을 계승하여「조선어사전편찬회」의 편찬 방침을 그대로 답습하여 위 사전편찬을 계속하기로 하고 그때쯤 조선사전편찬회에 자문을 얻어 동회를 해산하고 위 사업을 계승하여 1938년 1월 피고인 정인승, 같은 이중화 및 한징(그 후 사망)[20]과 어휘채록과 주해는 조선독립의 근본목적에 따라 민족정신의 고취를 일관하는 취지 하에 가능한 한 철저를 기하고 적어도 조선의 민족정신을 말살 혹은 훼손하는 문구의 사용을 피해 주해를 당국의 검열이 허용하는 범위 내에서 암암리에 민족의식의 앙양을 꾀하도록 궁리할 것을 협의 결정하고, 이후 조선어학회 사무소 및 1935년 8월 경성부 화동정花洞町으로 이전한 위 결사의 사무소에서 이상의 방침에 기초하여

19) '한글ハングル'은 2행이며, '한글'은 수기이다(아래도 같음).
20) 한징은 1944년 2월 22일 옥사하였다.

피고인 정인승, 같은 이중화, 같은 한징 및 1938년 6월 조선어학회 사무원이 된 권승욱, 마찬가지로 동년 7월 사무원이 된 권덕규, 1941년 4월부터 사무원이 된 피고인 정태진 등과 함께 일견 교묘하게 학술적인 조선어사전을 위장하여 실은 조선 고유문화를 향상시키고 조선민중의 민족의식을 환기·앙양하는 데 충분한 조선어사전의 편찬에 힘써 1942년 9월까지 수록어휘 약 15만어, 16,000쪽에 이르는 원고를 작성하였다.

(아) 조선독립의 실력을 양성하기 위해 조선민족의 고유문화 향상과 민족의식의 환기·앙양을 이루기 위해서는 위와 같은 각 방법을 실행하는 외에 조선어 출판물의 보급을 꾀할 필요를 느껴 그 방법으로써 태국의 사례에 따라 널리 조선민중에게 관혼상제 등의 비용을 절약하게 하여 그 일부를 제공받아 그 기념으로써 조선어도서를 출판하기로 계획하고, 이것이 일반의 찬조·지원을 얻기 위해서 이를 형식상 「조선어학회」 사업으로 하지 않고 조선인 저명인사를 회원 및 그 임원으로 하는 별개 단체의 조직을 기도하여 1935년 11월 조선어학회 사무소에서 피고인 최현배, 같은 이희승 두 명에게 이와 같은 결의를 통고하고 의견을 구해 그 찬동을 얻자 그 무렵 같은 장소에서 이윤재에게, 동년 3월 경성부 청진정淸進町의 피고인 이인의 집에서 같은 피고인에게 각각 이 결의를 통고하고 협력을 구해 각각 그 찬동을 얻은 다음 그 사정을 모르는 각 방면의 명사 20명 정도를 권유해 그 발기인이 될 승낙을 얻어 동년 3월 중순 경성부 공평정公平町의 요리점 태서관에서 피고인 이인 및 이윤재 외 사정을 잘 모르는 발기인 수명과 함께 이와 같은 취지 하에 겉으로는 단순한 출판사업을 경영하는 "조선 기념도서 출판관"이라 부르는 단체를 조직하였으나 그 후 기념출판의 신청이 없자 1938년 1월 피고인 이인과 협의하여 같은 피고인으로부터 그의 부모 환갑축하 비용 1,200원을 제공받고 그 사정을 모르는 김윤경의 저작 『조선문자 및 어학사』 서적 1,000부를 출판하여 그중 500부를 조선 및 일본의 각 도서관 및 유명인사에게 무상으로 나누어 주고 그 나머지를 판매하였고, 또 동년 2월 그 사정을 모르는 오세억吳世憶으로부터 그 결

혼기념으로서 400원을 제공받아 그 사정을 모르는 노양근[21]의 저작인 『날아다니는 사람』이란 서적을 출판하기로 하여 동년 11월 500부를 출판하여 각 방면에 배부하였다.

(자) 「조선어학회」에 1932년 4월경 피고인 김법린을, 1936년 4월경 피고인 정인승을, 같은 한징 두 명을 각각 권유하여 이 결사에 가입하게 하였다.

이로써 앞의 결사의 목적 수행을 위한 행위를 하고,

(二) 앞에서 말한 바와 같이 조선어학회를 조직하여 조선독립의 목적 하에 조선독립을 위한 실력양성운동으로서 문화운동의 기초적 운동인 어문운동을 전개하여 착착 그 효과를 거두어 오면서부터, 더 나아가 같은 목적 하에 겉으로는 학술연구기관을 표방하고 속으로는 조선문화의 향상과 조선정신의 선양을 꾀함과 동시에 독립운동투사 및 독립 후의 지도적 인재를 양성할 결사의 조직을 기도하여

(1) 1936년 1월경 경성부 화동정의 이윤재의 집에서 그에게 이와 같은 결의를 통고하고 그의 찬동을 얻어 황해도 안악의 부호 김홍량[22]에게 자금을 제공하게 하여 위 결사를 조직할 취지를 협의하였으나 김홍량에게 출자의 전망이 없자 이 계획은 좌절되고,

(2) 또 피고인 이우식에게 출자하게 하여 당해 결사를 조직할 것을 계획하여, 1937년 5월경 경성부 안암정의 보성전문학교 교수 안호상[23]의 집에서 위와 같은 사정을 감춘 채 그 표면상의 계획을 알리고 피고인 이우식에게 출자의 권유를 의뢰해 둔 안호상 및 동아일보 기자 대원일수大原一叟와 함께 피고인 이우식에 대해 위 계획의 개요를 알리고 피고인의 진정한 의도

---

21) 盧良根(1900~?): 동아일보 신춘문예로 등단한 동화작가이자 교사이다. [동아일보 1936. 01. 06. 3면.]

22) 金鴻亮(1885~1950): 황해도 안악 출신으로 교육구국운동을 지도한 교육자, 사회운동가이다. 新民會에 가입하였으며, 만주 무관학교 설립 자금을 지원하였으며, 1911년 安岳事件으로 8년을 복역하였다. 그러나 1930년대 전향하였다. [민백]

23) 安浩相(1902~1999): 대종교에 입교하였으며 독일 예나대학에서 박사학위를 받았다. 귀국 후에는 보성전문학교 교수로 활동하였다. 조선어학회사건과 녹지연맹사건 등에 관련되었다. 정부 수립 후에는 초대 문교부장관으로 대한민국의 교육이념을 홍익인간으로 정하는 데 주도적인 역할을 하였다. [민백]

를 추측하여 위 결사를 위해 출자를 요구해서 그의 찬동을 얻어 자금 10만 원의 제공을 승낙하게 하여 그 자금으로 재단법인을 설립할 것을 협의한 다음에 피고인 이인의 집에서 그에 대해 같은 결사 조직의 위와 같은 계획 및 피고인 이우식과의 교섭한 전말을 전하고 그 협력을 구하여 찬동을 받은 후 동월 7일 경성부 본정本町 요리점 에도가와(江戸川)에서 피고인 이우식, 같은 이인 및 안호상과 회합하여 위 결사를 재단법인으로 조직할 것에 대해 여러 협의하여 동월 하순경 피고인 이인의 집에서 재단법인 설립의 절차에 관해 협의하고, 구체적 계획을 진행해 왔는데 동년 12월에 이르러 피고인 이우식이 앞의 10만 원의 자금제공이 곤란해졌기 때문에 계획은 다시 좌절되었다.

(3) 1941년 9월 당시 서울에 거주 중인 피고인 이우식이 본적지인 경상남도 의령군으로 가게 되고부터 거듭 같은 피고인에게 출자를 요구하여 초지를 관철할 것을 주문하였다. 그 무렵 경성부 화동정의 자택에서 진짜 사정을 감춘 채 위와 같은 경위를 알리고 협력을 요구해 둔 같은 피고인과 친밀한 관계인 이인과 서승효 및 안호상과 함께 피고인 이우식에 대해 전과 같은 신청을 하고 출자를 요구하여, 같은 피고인의 승낙을 받아 다시 동년 10월 하순 경성부 관훈정寬勳町의 중국요리점 중화원에서 안호상과 피고인 이우식이 회합하여 협의한 결과 같은 피고인에게 1942년 1월까지 10만 원을 제공할 것을 거듭 확약하였는데 1941년 12월 대동아전쟁 발발로 시국의 추이를 정밀히 관찰하기 위해 위 계획을 연기하기에 이르렀다.

이리하여 전후 수년에 걸쳐 조선독립의 목적으로 그 목적사항의 실행에 관해 협의하고,

제2. 피고인 최현배는 히로시마廣島고등사범학교를 거쳐 1925년 3월 교토京都제국대학 문학부 철학과를 졸업하고 1년간 같은 대학 대학원에서 교육학을 전공한 후 1926년 4월부터 1938년 7월까지 연희전문학교 교수로서 철학, 교육, 조선어 등의 학과를 담당하고 홍업구락부 사건[24]에 관계되어 동교 교수의 직을 사

24) 홍업구락부 사건: 1925년 3월 이승만의 독립혁명동지회와 연계되어 서울에서 조직된 비밀독립운동단체이다. 이들은 실력양성운동을 기반으로 신간회를 결성하는 데 참여하였다. 1938년 관

임, 1941년 5월부터 동교 사무원의 직에 있던 자로서, 일한병합 당시부터 이에 불만을 품고 조선독립을 희망하여 그 후 혹은 김두봉, 주시경[25]과 같은 민족주의자의 감화를 받고 혹은 대종교에 입교하여 그 민족주의적 분위기에 물들고 혹은 최남선의 저작을 읽고서 민족의식을 높이고 또 윌슨이 제창한 민족자결주의 및 1919년 조선독립만세 소요 사건 등의 자극을 받아 더욱더 조선독립을 희망하기에 이르렀으며, 『민족갱생의 길』[26]이란 민족적 저술이 있다. 1927년 이래 조선독립을 목적으로 하는 결사 「흥업구락부」에 가입하여 자주 그 집회에 참가하였으며 1938년 9월 경성지방법원 검사국에서 치안유지법 위반으로 기소유예처분을 받은 자로서, 일찍이 조선어문운동에 깊은 관심을 가지고 피고인 이극로와 함께 조선어사전편찬회를 조직하여 그 상무위원이 되어 동회를 위해 힘써 왔는데 제1의 (一)에서 언급한 바와 같이 피고인 이극로, 같은 이희승 및 신명균, 같은 이윤재[廣村 充㊞] 등과 「조선어학회」라고 부르는 조선독립을 목적으로 하는 결사를 조직하고, 위 결사를 위해

(1) 제1의 (一)(가) (나) (다) (라) (마) (바) (사)와 같은 활동을 하고

(2) 제1의 (一)(아)와 같은 「조선 기념도서 출판관」의 조직에 참가를 계획하고

(3) 1935년 5월 및 1940년 3월의 2회에 걸쳐 조선어학회 사무소에서 피고인 이희승, 정인승의 두 명과 회합하여 피고인 이극로, 같은 정인승이 편찬 중이었던 조선어사전에 사용할 문법술어에 관해서 협의하여

이로써 위 결사의 목적 수행을 위한 행위를 하고,

제3. 피고인 이희승은 보통학교 졸업 후 1925년 4월 29세로 경성제국대학 예과에 입학, 1930년 3월 같은 대학 법문학부 조선어학 및 조선문학과를 졸업, 그해 4월 관립경성사범학교 교유教諭가 되어 1932년 3월 이를 사직하고, 1935년 4월 이래 이화여자전문학교 교수로서 조선문학, 국어, 한문 등의 과목을 담당하고 있

련자 54명이 체포되었고, 9월 '전향 성명서'를 받은 후, 이들을 기소유예 처분으로 석방하였다. [민백]

25) 周時經(1876~1914): 국어학자로, 『독립신문』의 표기통일을 위해 한글 연구를 체계적으로 연구하여 『국어문법』, 『말의 소리』 등을 발간하였다. [민백]

26) 『民族更生의 길』: 1926년 『동아일보』에 연재한 내용을 1930년 단행본으로 간행하였다. 이 책에 일관된 정신은 '민족 사랑'이었으며, 이러한 정신은 광복 이후에 『나라 사랑의 길』(1958)과 『나라 건지는 교육』(1963)으로 확대, 발전되었다. [민백]

던 자로서, 조선독립만세 소요 사건 당시부터 이에 자극되어 민족의식을 품고 그 후 다수의 조선역사에 관한 문헌의 탐독과 조선통치에 대한 불만에 의해 앞의 대학 재학 시 이래 조선독립을 열망하기에 이르러, 1930년 1월 피고인 이극로의 권유에 의해 앞의 조선어사전편찬회의 회원이 되어 그 편찬위원이 된 자인데 제1의 (一)에서 언급한 바와 같이 피고인 이극로, 같은 최현배 및 신명균, 같은 이윤재[廣村 充㊞] 등과 조선독립을 목적으로 하는 결사를 조직하여 위 결사를 위해

(1) 제1의 (一)(가) (나) (다) (라) (마) (바) (사)와 같은 활동을 하고

(2) 제1의 (一)(아)와 같은 「조선 기념도서 출판관」의 조직에 대해 피고인 이극로의 의견에 찬동하고

(3) 제2의 (3)의 기재와 같이 피고인 최현배, 같은 정인승 두 명과 조선어사전에 사용할 문법술어에 관해 협의하여

이로써 위 결사의 목적 수행을 위한 행위를 하고,

제4. 피고인 정인승은 보통학교 졸업 후 전문학교 입학자 자격검정시험에 합격하여 1925년 3월 연희전문학교를 졸업, 약 10년간 전라북도 사립고창고등보통학교 교원으로 복무한 후 목장을 경영하고 있던 자로서, 1919년부터 조선독립만세 소요 사건의 자극을 받아 조선독립을 희망하여 1936년 4월 앞의 조선어학회 사무소에서 피고인 이극로의 권유에 의해 조선어학회가 조선독립을 목적으로 하는 결사라는 사정을 알면서도 이에 가입하여 위 사무소에서

(1) 가입 당시부터 1942년 10월까지 제1의 (一)(사) 기재의 같은 방침에 따라 주로 명사, 감탄사, 부사 등의 어휘를 담당하여 조선어사전의 편찬에 종사하고 또 그 사전의 편찬에 관해서 제1의 (一)(사) 및 제2의 (3)의 기재와 같은 협의를 하고

(2) 1937년 6월부터 1942년 6월까지 조선어학회 기관지 『한글ハングル』의 편집을 담당하고

(3) 또 제1의 (가)의 기재와 같이 조선어학회가 사정한 조선어 철자법 통일안에 피고인 이극로, 같은 이희승과 함께 개정을 추가하고 이를 공표하여

이로써 위 결사의 목적 수행을 위한 행위를 하고,

제5. 피고인 이중화는 어릴 적 10년간 한문을 배우고 또 경성사립홍화학교에서 영어와 지리 및 역사[地歷]를 배운 후 약 25년간 동교 및 사립배재학당 및 배재고등보통학교의 영어와 지리 및 역사 교원을 한 자로서, 일한병합 당시부터 이에 불만을 품고 조선독립을 희망하여 1936년 5월경 「조선어학회」의 사무원으로 고용되어 1937년 여름부터 1942년 10월경까지 경성부 화동정의 「조선어학회」 사무소에서 동회가 조선독립을 목적으로 하는 결사라는 사정을 알면서도 제1의 (一)(사)와 같은 방침에 따라 주로 고유명사, 제도어, 한자어의 어휘를 담당하여 조선어사전의 편찬에 종사하고 또 사전편찬에 관해 제1의 (一)(사)와 같은 협의하여

이로써 위 결사의 목적 수행을 위한 행위를 하고,

제6. 피고인 이우식은 젊었을 적 상해에 유학하고 그 후 일본 동양대학에 입학하여 같은 대학 철학과 1학년을 중퇴하고 귀국하여 향리 굴지의 자산가로서 다년간 무역회사 사장, 은행 총재 등을 한 후 농업에 종사해 온 자로서, 일한합병 당시부터 이에 불만을 품고 1919년 향리에서의 만세 소요 사건에 관계한 적이 있고 또 일찍이 조선독립을 희망하여 젊었을 적부터 알고 지낸 동향의 피고인 이극로가 제1의 (一)의 모두冒頭와 같이 열렬한 민족주의자로서 그 생애를 조선민족을 위해 장차 조선독립운동을 위해 바치려고 하는 열의가 있음을 알고 이에 다년간 학자금 및 생활비를 제공하여 상해, 독일에 유학을 보내 같은 피고인이 조선독립을 위해 할 활동을 기대하고 있던 자로서, 같은 피고인 이극로가 귀국 후 장래의 활동방침 결정을 위해 6개월에 걸친 조선 내 시찰 여행비 및 같은 피고인을 중심으로 하는 조선어사전편찬회에 가입, 1931년 1월부터 동회의 간사장이 되어 그 활동자금을 제공하여 같은 피고인을 지원, 해외 재학 중의 학자금 등 같은 피고인을 위해 지출한 금액은 총 8,850원에 이르고, 또 같은 피고인의 사업을 원조하기 위해

(一) 1936년 4월경부터 1942년 9월경까지 경성부 창신정의 당시 거주지 등에서 「조선어학회」가 조선독립을 목적으로 하는 결사인 사정을 알면서도 위 결사의 사업인 조선어사전편찬의 자금으로서 16,140원, 기관지 발행자금으로서 1,050원을 「조선어학회」에 제공하여 위 결사의 목적수행을 위한 행위를 하고

(二) 또 조선독립을 목적으로 피고인 이극로 및 같은 이인과 제1의 (二)(2) 및 (3) 과 같은 협의하여

이로써 위 목적사업의 실행에 관해 협의하고,

제7. 피고인 김양수는 도쿄 준텐順天중학교를 거쳐 1917년 6월 와세다早稻田 대학 정치경제과를 졸업하고 동아일보, 조선일보의 기자를 한 후 1925년 6월경부터 미국 및 영국에 유학하여 파리, 콜럼비아, 런던 각 대학에서 영어, 정치학, 경제학 등을 연구하고, 1929년 말 귀국한 후 피고인 김도연 외 수명과 함께 경성부 관훈정에서 조선흥업주식회사라 부르는 상사회사를 경영하고 있는 자로서, 일한합병 당시부터 이에 불만을 품고, 또 와세다대학 재학시 같은 대학 교수 오오야마 이쿠오[27]의 민족국가이상론의 영향을 받아 그때부터 조선독립을 희망하고 또 그 후 윌슨이 제창한 민족자결주의에 자극을 받아 이 희망을 강화하게 되어 미국에 체류하는 중에는 1927년 말부터 뉴욕에서 피고인 김도연 및 그곳에 체재 중인 민족주의자 장덕수[28] 등과 상의하여『삼일신보』라는 1919년 3월 1일의 조선독립 만세 소요에 기인하는 명칭의 신문을 발행하여 이를 통하여 재상해 대한민국 임시정부를 지원함과 동시에 대한민국 임시정부를 중심으로 하는 재외 각파 민족단체의 대동단결을 제창하였고 영국에 체류하는 중에는 1929년 8월경 독일 프랑크프루트에서 개최된 제2회 세계약소민족대회에 조선대표로서 참석하여 조선독립에 대한 각 약소민족의 국제적 원조를 요구하였으며, 귀국 시에는 상해에서 대한민국 임시정부의 간부와 면담하고 조선독립에 관해 의견을 교환하여, 위 제1의 (一) 기재와 같이 김두봉으로부터 피고 이극로에게의 전언傳言을 의뢰받아 이를 같은 피고인에게 전해 같은 피고인으로 하여금 조선독립을 목적으로 하는 조선어학회를 조직하는 계기를 주는 등 조선독립을 위해 여러 가지로 활동해 왔던바, 피고인 이극로로부터 같은 피고인 등이 기도하는 조선어문에 의한 조선독립운동이 자금난으로 진척이 여의하지 않다는 것을 듣고 이를 원조하여 활발한 운동을 전

27) 大山郁夫(1880~1955): 와세다대학을 졸업하고 1915년 교수가 되었으나 1917년 사직, 1920년에 복직하였다. 무산정당의 조직화에 힘쓰며 1926년 노동농민당 위원장이 되었고, 1927년 와세다대학 교수직을 사임하였다. 1930년 중의원에 당선되었으나 1932년 미국으로 망명하였다. 1947년 귀국 이후 다시 와세다대학 교수로 복귀하였고 평화운동을 하였다. 1950년에는 참의원에 당선되기도 하였다.[일본 国立国会図書館 제공 (전자전시회) '近代日本人の肖像' 사이트에서 확인(https://www.ndl.go.jp/portrait/datas/581/)

28) 張德秀(1895~1947): 언론인으로 동아일보 주간과 부사장을 역임하였으며, 1938년 흥업구락부 사건에 연루되어 전향하였다. [민백]

개하기로 결의하여, 1936년 4월경부터 1940년 1월경까지 「조선어학회」 사무소와 다른 곳에서 「조선어학회」가 조선독립을 목적으로 하는 결사라는 사정을 알면서도 위 결사의 사업인 조선어사전편찬의 자금으로서 700원을 조선어학회에 제공하고, 동시에 같은 피고인 장현식. 같은 김도연, 같은 이인 및 사정을 알지 못하는 서민호, 금전문웅金田文雄, 신현모[29] 설태희 설원식 및 윤홍섭[30] 등의 지인이나 동료를 권유하여 합계 1,700원을 「조선어학회」에 제공하게 하여

이로써 위 결사의 목적수행을 위한 행위를 하고,

제8. 피고인 장현식은 어릴 적 한문을 배운 외에는 학력이 없고 경성부 사립중앙고등보통학교 교주 및 동아일보사 감사역 등을 한 후 지주로서 농업에 종사하고 있는 자로서 1919년의 조선독립만세 소요 당시부터 이에 자극을 받아 조선독립을 희망하여 그 무렵 소위 전협(全協: 1878~1927) 일당의 대동단[31]에 조선독립운동 자금을 제공하고 있었기 때문에 1921년 4월 경성지방법원에서 보안법[32] 위반으로 징역 1년, 2년간 형집행유예의 판결을 받아 유예기간을 무사히 경과하였으나 아직 조선독립사상을 완전히 불식하지 못한 자로서, 피고인 김양수의 권유에 따라 1936년 4월경부터 1939년 말까지의 사이에 「조선어학회」가 조선독립을 목적으로 하는 결사라는 것을 알면서도 조선흥업주식회사에서 위 결사의 사업인 조선어사전편찬자금으로서 3,000원을 피고인 김양수를 통해서 조선어학회에 제공하고 그 무렵부터 1939년 11월경까지의 사이에 사정을 모르는 친척 민영욱, 지인

---

29) 申鉉謨(1894~1975): 미국 라이더대학(Rider University)을 졸업하고 대한인국민회와 흥사단, 청년혈성단 등에서 활동했다. 1937년 '동우회 사건'으로 체포되었다. [민백]

30) 尹弘燮: 해풍부원군 윤택영(尹澤榮)의 큰아들로 해공 신익희 선생이 일본에 유학하던 시절 그의 학비를 보조해준 인물이다. 1918년 6월 윌슨의 민족자결주의가 발표된 후에 신익희 · 나경석 등과 비밀리에 독립운동을 모의하였으며 3 · 1운동 직전에는 최남선의 부탁을 받고 윤용구에게 독립운동에 참여를 권유했다가 체포되어 취조를 받은 인물이다. 1922년 도미했다가 1935년 11월 귀국 이후 '민족 혁명을 목적으로 하는' 흥업구락부에 관여했다가 일제 경찰에 체포되었다. 해방 후에는 한국민주당에 관여하며 숙명학원 이사장 등을 지냈다. [오영섭, 『한국 근현대사를 수놓은 인물들(1)』, 경인문화사, 2007, 115－6쪽.]

31) 大同團: 1919년 3월 一進會 회원 全協과 崔益煥이 조직한 단체로, 1919년 10월 임시정부의 구심점으로 義親王 李堈망명 계획을 주도하였지만, 실패하였다. [민백]

32) 保安法(1907, 법률 2): 결사의 해산, 집회 또는 다중운동의 금지 · 해산, 문서나 도서의 배포 · 낭독의 금지, 정치에 관한 불온한 언론 · 행동 · 교사 · 사용 등으로 치안방해자의 처벌 등을 규정한 것으로 정치적 의사표시를 금지하였다.

임혁규 및 조병식(小松茂로 개명)을 권유하여 합계 1,400원을 피고인 및 같은 김양수를 통하여 조선어학회에 제공케 하여

이로써 위 결사의 목적 수행을 위한 행위를 하고,

제9. 피고인 김도연은 도쿄 킨조錦城중학교를 거쳐 게이오기주쿠慶應義塾대학 경제학과[理財科] 2학년을 중퇴하고 1926년 4월 미국에 건너가 오하이오주 윌시안전문학교, 콜럼비아 및 아메리카 각 대학에서 경제학을 전공하여 1931년 3월 철학박사 학위를 취득하고 1932년 7월 귀국하여, 일시 연희전문학교의 경제학 담당 강사를 한 후 피고인 김양수와 함께 조선흥업주식회사를 경영하고 있던 자로서 게이오기주쿠대학 재학 시부터 조선통치에 불만을 품고 또 윌슨이 제창한 민족자결주의에 자극을 받아 조선독립을 희망하여 1919년 2월 동경에서 이광수(李光洙: 1892~1950), 최팔용[33] 외 수 명과 같이 조선독립선언서[2 · 8독립선언: 역자]를 출판 · 반포하였기 때문에 그해 6월 26일 동경지방재판소에서 출판법[34] 위반으로 금고 9월에 처해져서 그 형의 집행을 끝내고 출소한 후에 미국 유학 중 제7의 기재와 같이 피고인 김양수와 『삼일신보』를 발행하여 대한민국 임시정부의 지파와 각파 민족단체의 대동단결을 꾀하고 또 뉴욕 체류 조선인 및 실업가를 규합하여 "재미 한인산업협회"라는 단체를 결성하여 산업지식의 연구발전에 의해 조선독립의 경제적 실력양성을 꾀하는 등 여러 가지로 조선독립을 위해 활동한 자인데, 피고인 김양수의 권유에 따라 1936년 4월경부터 1940년 1월경까지의 사이에 「조선어학회」가 조선독립을 목적으로 하는 결사인 사정을 알면서 조선흥업주식회사에서 위 결사의 사업인 조선어사전편찬자금으로서 700원을 피고인 김양수를 통해서 조선어학회에 제공하여

이로써 위 결사의 목적 수행을 위한 행위를 하고,

제10. 피고인 이인은 대구부 실업보습학교, 도쿄시 세이소쿠正則중학교, 니혼日本대학 전문부 법과를 거쳐 메이지明治대학 법과를 졸업하고 1919년 9월부터

---

33) 崔八鏞(1891~1922): 1910년 도일하여 재일유학생의 지도적 역할을 하였다. 1919년 일본에서 2 · 8독립선언을 주도하였다. [민백]

34) 出版法(1909, 법률 6): ① 국교의 저해, 정체의 정변, 조헌의 문란을 야기하는, ② 외교와 군사기밀에 관한, ③ 安寧秩序를 방해하거나 풍속을 壞亂시키는 문서나 도서의 출판을 금지하였다.

1923년 3월까지 조선총독부 재판소 서기로서 대구지방법원 김천지청 및 경성지방법원에 근무한 후 1923년 4월 이래 경성부 청진정에서 변호사를 개업하고 있는 자로서, 1918년 여름경부터 조선통치에 불만을 품고 있었던 바, 그 후 변호사로서 각종 사상사건에 관여하기에 이르러 조선을 일본의 식민지로 간주하고 그 독립을 주장하는 사건 관계자의 사상에 공명하여 1930년 중 경성지방법원에서 보안법 위반 피고 사건의 변호인으로서 변론할 때 "조선인이 조선독립을 외치는 것은 본능이다"라고 절규하여, 정치에 관해서 불온한 언동을 하여 치안을 방해한 같은 사건 피고인 등의 범죄를 비호하고 그 소행을 찬양한 혐의로 정직 6월의 징계처분[35]을 받은 적이 있으며 항상 총독정치에 불만을 가지고 조선독립을 희망하여 민족주의 진영의 이채로운 한 사람으로서 본건에 의해 과거의 사상을 청산하고 황국신민으로서 갱생을 서약하여 1943년 1월 6일 변호사 명부등록을 취소[36]한 자인데

(一) 앞의 「조선어학회」가 제1의 (一)의 모두와 같은 조선독립을 목적으로 하는 결사라는 사정을 알면서도 위 결사를 위해

(1) 제1의 (一)(아)와 같이 피고인 이극로, 이윤재[廣村 充㊞]와 함께 위 결사의 사업인 「조선 기념도서 출판관」이라는 조선어 도서의 출판 단체를 조직하고 1938년 1월경 조선어학회의 책임자인 피고인 이극로에게 자금 1,200원을 제공하여 『조선문자 및 어학사』라는 조선어도서를 출판하고,

(2) 1939년 4월경 및 1940년 1월경 두 차례에 걸쳐 위 결사의 사업인 조선어사전편찬의 자금으로서 합계 200원을 피고인 김양수를 통해 조선어학회에 제공하여

이로써 위 결사의 목적 수행을 위한 행위를 하고,

(二) 제1의 (二)(2) 기재와 같이 피고인 이극로, 같은 이우식과 조선독립의 목적을 가지고 조선문화 향상과 조선정신의 선양을 꾀함과 동시에 독립운동의 투사 및 독립 후의 인재를 양성하는 결사를 조직할 것에 대해 종종 협의하여

---

35) 1925년 수원농업고등학교 학생들이 조직한 鷄林興農社에서 1928년 농촌계몽을 목적으로 하는 常綠樹 운동을 전개하면서 학예회를 개최하였다. 여기에 출품된 작품 가운데, "民族, 自由, 獨立" 등의 문자를 경찰이 문제로 삼아 220명을 연행한 사건이다(본서, 188·196쪽 참조).

36) 변호사 명부등록 취소: 1941년 개정치안유지법 제29조에서는 사법대신이 미리 지정한 변호사만이 변론을 할 수 있게 하였다.

이로써 목적 사항의 실행에 관해서 협의하고,

제11. 피고인 김법린은 경상남도 동래군 범어사 명정明正학교, 같은 불교전문강원, 경성부 숭일정 불교중앙학림 등에서 불교학을 배우고 1921년 4월경부터 프랑스 프레르고등학교, 같은 파리대학 문학부에서 불어 및 철학을 연구하고 1928년 1월에 귀국하여 일시 경성불교전문학교 강사를 역임하고 이어 1930년 4월부터 2년간 도쿄 고마즈駒津대학에 재학하여 불교학을 수학한 이래 경성부 수송정 불교사 기자, 경상남도 사천군 다솔사 및 동도 합천군 해인사 각 부설 불교강원, 범어사 불교전문강원 등의 교사를 지내고 있던 자로서 1917년 이래 학우의 감화, 이광수. 최남선 등의 저작, 윌슨이 제창한 민족자결주의의 영향 등으로 조선독립을 희망하기에 이르러 1919년의 조선독립만세 소요 시 이에 참가하여 경성부 인사정 일대에 조선독립선언문을 배포, 검거를 피해 상해로 건너가 대한민국 임시정부에 가담하고자 하였으나 받아들여지지 않았으며, 프랑스 체재 중에도 1927년 2월 피고인 이극로와 함께 조선대표로 제1회 세계약소민족대회에 참석하여 제1 모두에 기재한 바와 같은 제안을 하고 조선독립에 대한 각 약소민족의 국제적 지원을 요구하는 연설을 하였으며 또 그해 9월 벨기에 브뤼셀에서 개최된 반제국주의 연합 제1회 중앙위원회에 조선대표 최린[37]의 통역으로 참석하는 등 여러 가지로 조선독립을 위해 활동한 바 있고 귀국 후 1929년 1월경, 조선 불교계의 유력자로서 피고인 이극로의 권유에 따라 「조선어사전편찬회」에 가입하기에 이르렀는데

(一) 1932년 4월경 경성부 수송정 조선불교사에서 피고인 이극로의 권유에 따라 「조선어학회」가 조선독립을 목적으로 하는 결사라는 사정을 알면서도 이에 가입하고

(二) 1929년 1월 이래 불교를 통해서 조선문화의 향상을 꾀함으로써 조선독립의 실력을 양성할 것을 결의하고 그 방법으로써 당시 아무런 통일도 없이 쇠퇴 일로를 걷고 있던 조선 불교의 통일 진홍을 위해 여러 가지로 획책하였으나 여의지 않자 장래 조선의 불교계를 짊어질 청소년 불교도에게 민족적 교양을 가르쳐 소

37) 崔麟(1878~1958): 3·1독립선언 민족대표 33인이며, 보성학교 교장, 천도교 도령을 역임하였으나, 전향하여 중추원 참의, 매일신보사 사장 등을 지냈다. 1950년 한국전쟁 중 납북되어 1958년 12월 사망한 것으로 전해진다. [민백]

기의 목적을 달성하고자 결의하여 조선독립의 목적 하에

(1) 1934년 1월경부터 1935년 9월경까지의 사이에 다솔사 부설 불교강원에서 수업시간을 이용하여 동원 생도 십 수 명에 대하여

(가) "조선인으로서 조선어를 모르는 것은 조선인으로서의 자각을 잃고 조선민족의 존재를 망각하게 되는 것에 이르는데 조선어의 발달은 조선민족의 발전에 지대한 관계를 가지고 있는 것으로서 조선어의 쇠퇴는 조선민족의 멸망을 의미하는 것이므로 여러분은 조선어를 연구하여 조선의 발달을 꾀하지 않으면 안 된다"는 취지

(나) "우리 조선은 4천년의 오랜 역사와 문화를 가지고 있는데 이 역사와 문화는 조선 고유의 것으로서 결코 타국에 손색이 없는 우수한 것이므로 여러분은 장래 조선 불교의 포교에 임할 때 이 점을 망각하지 말고 조선 불교의 진흥을 통해서 조선의 발전을 꾀해야 한다"는 취지

(다) "옛날의 조선 고승은 중국으로부터 전래된 불교에 조선의 민족적 문화 환경을 가미한 순조선민족적 불교로서 포교하였기 때문에 조선 불교의 흥륭을 초래하였는데 여러분은 이러한 고승의 마음을 자기 마음으로 해서 오늘날 쇠퇴에 직면한 조선 불교를 부흥시켜 조선의 향상을 꾀해야 한다"는 취지

(라) "현재 조선민족의 쇠미와 조선 불교의 쇠퇴는 진실로 비애의 극치라 할 수 있으나 우리는 우리 일신의 영달, 사욕을 버리고 쇠퇴한 조선의 갱생을 목표로 조선 불교의 진흥을 꾀해야 한다"는 취지

(마) "조선민족의 문화는 동양문화사상 찬연한 지위를 차지해 왔음에도 불구하고 이 문화는 현재 쇠퇴일로를 걷고 있는데 문화의 발달은 민족의 발전과 불가분의 관계에 있는 것이므로 우리는 이 조선문화를 최고도로 발달시켜 우리 조선의 갱생을 꾀해야 한다"는 취지로 설교하고,

(2) 1936년 4월경부터 12월경까지의 사이에 해인사 부설 불교강원에서 수업시간을 이용하여 동원 생도 20여 명에 대하여

(가) "해인사에 보존되어 있는 고려장경판은 각판문화의 최고봉으로서 우리 조선인의 기술적 능력의 우수성을 나타내는 세계에 비교할 수 없는 보

물인데 여러분은 이 장경판의 기술 속에 흐르는 우리 조선민족의 우수성을 이해하여 장래 조선 불교문화의 재건을 통해서 조선의 부흥에 힘써야 한다"는 취지

(나) "손기정[38]이 올림픽 경기의 왕좌 마라톤 경기에 제1위를 차지한 것은 조선민족이 정신적 방면뿐만 아니라 체력의 면에서도 우수하다는 것을 나타내는 것인 동시에 또 바로 손기정이 노력한 결과이므로 여러분은 우리 조선의 갱생에 손기정과 같은 노력을 하지 않으면 안 된다"는 취지로

설교한 외에도 위 (1)의 (가)와 같은 취지의 설교를 하고

(3) 1938년 5월경부터 1941년 10경까지의 사이에 범어사 불교전문 강원에서 수업시간 또는 기숙사의 훈화시간을 이용하여 동원 생도 10여 명 내지 30여 명에 대하여

(가) "경주에 남아 있는 불교미술은 그 정치 · 교묘한 점에 있어서 세계에 비교할 수 없는데 이 과거의 찬연한 예술문화를 회상할 때 이민족에게 지배되어 쇠퇴일로를 걷고 있는 조선 민족문화의 현상은 실로 비참한 지경이므로 여러분은 여러분에게 부여된 민족의 자립과 민족문화의 재건을 위해 노력해야 한다"는 취지

(나) "우리의 선조는 과거에 영광된 생활을 해왔음에도 불구하고 현대의 조선인은 인내력의 부족과 나태 때문에 치욕의 존재가 되었는데 우리는 이 치욕의 생활을 영광되고 자유로운 생활로 바꾸기 위해 조선민족이 가지고 있던 과거의 우수한 정신을 함양하지 않으면 안 된다"는 취지

(다) "우리는 임진왜란 때 조선의 명장 이순신이 거북선을 만들어 일본군을 격파한 것과 같이 옛날의 위인이 우리 조선을 지키고 충절을 다해 오랜 조선 역사를 보유해 온 것을 잊지 말고 옛날 위인의 마음을 우리 마음으로 하여 몸 바쳐서 조선을 지키고 그 발전을 위해 일하지 않으면 안

---

38) 孫基楨(1912~2002): 1936년 베를린 올림픽 마라톤에서 우승했으며, 조선중앙일보와 동아일보에서 손기정 선수의 사진을 게재하면서, 유니폼에 그려진 일장기를 없앤 사진을 게재하였다. 이 때문에 동아일보는 8월 29일자로 무기정간 처분을, 9월 5일자 조선중앙일보는 자진 휴간하였고, 사장과 주필은 사퇴하고 기자 등 8명이 구속되었다. [민백]

된다"는 취지

(라) "현대의 조선 청소년은 의지력이 결핍되어 모든 문화 방면에서 낙오상태에 있는데 우리는 이 낙오된 조선민족의 문화를 부흥하고 조선의 재건을 꾀하기 위해 조선민족 고유의 의지력을 배양하여 천부의 예능을 발휘해야 한다"는 취지로

설교한 외에 위 (1)의 (가) 및 (2)의 (가)와 (나)와 같은 취지의 설교를 하여 이로써 앞의 목적 사항의 실행을 선동하고,

제12. 피고인 정태진은 1926년 3월 연희전문학교를 졸업하고 약 2년간 함흥부 낙민정 소재의 사립영생여자고등보통학교 교원으로 근무한 후 도미하여 우스타 전문학교 및 콜럼비아대학에서 철학 및 교육학을 배우고 1933년 4월부터 1940년 5월까지 다시 영생여자고등보통학교(후에 영생고등여학교로 개칭) 교원으로 근무하고 있던 자로서 연희전문학교 재학 시부터 동교 교수 정인보[39], 이관용[40] 등의 감화, 미국인 목사 빌링스의 선동 등에 의해 조선독립을 희망하여

(1) 영생여자고등보통학교 재직 중 동교 생도에게 민족의식을 주입하여 조선독립을 위해 활동하게 하고 장래 어머니로서 그 자녀를 민족적으로 양성하게 하려고 결의하여 동교 교실에서 수업시간을 이용하여

(가) 1936년 8월경 당시 2학년 50여 명에 대해 임진왜란 당시 전라남도 남원에서 김홍도라는 여자가 그 남편과 함께 남장하고 종군하여 일본군과 싸운 것을 예시하고 "이와 같이 김홍도는 여자임에도 불구하고 남자와 함께 전장에 서서 조선을 위해 훌륭하게 일하였는데 여러분도 홍도와 같이 조선을 위해 일하는 여성이 되라"는 취지

(나) 1937년 10월경 당시 2학년 50여 명에 대해 "옛날 조선은 일본보다 훨

39) 鄭寅普(1893~?): 병합 후 중국에서 독립운동을 하였고 귀국 후 연희전문학교 교수와 동아일보 논설위원으로 민족정신을 일깨웠다. [민백]

40) 李灌鎔(1894~1933): 1919년 4월 김규식 등과 임시정부의 파리위원부를 조직하였고 부위원장으로 활동하였다. 1920년에는 국제적십자회에 참석하여 일본정부에 항의서를 제출하기도 하였다. 1927년 新幹會에 가담하였고, 1929년에는 일제 관헌을 규탄하려는 민중대회 사건으로 실형을 선고받았다. [인물]

씬 문화가 발전해 있어서 예를 들면 나라奈良 법륭사의 벽화도 솔거[41] 라는 조선인이 그린 것으로서 모든 점에 있어서 조선인이 일본인을 가르쳤음에도 불구하고 그 후 조선의 문화는 점차 쇠퇴하여 현재에는 반대로 우리 조선인이 모든 점에서 일본인에게 배우는 상태이므로 여러분은 열심히 공부하여 조선문화의 회복 및 조선민족의 장래를 위해 크게 노력하여 옛날과 같이 우세한 지위에 다시 설 수 있도록 노력하라"는 취지

(다) 1938년 1월경 생도 50여 명에 대해 "옛날 일본의 코니시小西行長가 평양을 함락하고 승전의 연회를 베풀고 있을 때 계월향이라는 기생이 그 잔치에서 시중을 들면서, 술에 취해 엎어졌을 때를 틈타 일본군 장군을 안고 같이 대동강에 뛰어들어 함께 익사하였기 때문에 일본군의 군기가 어지러워져 마침내 일본군은 참패하였다. 이와 같이 계월향은 천한 기생이었음에도 불구하고 조선의 위급을 구하기 위해 자신을 희생하였으니 여러분도 계월향과 같이 조선의 회복을 위해 힘쓰라"는 취지

(라) 1938년 10월경 당시 2학년 50여 명에 대해 "옛날 신라의 마의태자는 그 아버지인 신라 경순왕이 다른 민족에게 항복한 것을 부끄러워하여 그 생애를 조국 부흥에 바쳤다. 여러분은 현재 다른 나라의 식민지가 된 조선에는 유구한 역사가 있다는 것을 잊지 말고 마의태자와 같이 조국을 생각하는 정신을 가지라"는 취지

(마) 1939년 5월경 당시 2학년 50여 명에 대해 "조선인과 일본인은 원래 숙적 간으로 조선인은 일본인보다 우수한 두뇌를 가지고 있는데도 불구하고 내부 분쟁의 폐습 때문에 나라를 잃고 이민족의 지배를 받기에 이르렀다. 그러므로 우리 조선민족은 하루라도 빨리 파벌투쟁의 나쁜 습관을 고쳐서 자유를 얻도록 노력해야 한다"는 취지로

설교하여 조선독립의 목적을 가지고 그 목적 사항의 실행을 선동하고,

(2) 1941년 4월 「조선어학회」 사무원이 된 이래 1942년 9월경까지 「조선어학

41) 率居: 통일신라의 화가로 노송도, 분황사관음보살도, 단군초상 등을 그렸으며, 특히 老松圖 이 벽화는 노송을 실감나게 그려 새들이 착각하고 날아들다가 벽에 부딪혔다고 한다. [민백]

회」 사무소에서 동회가 조선독립을 목적으로 하는 결사라는 사정을 알면서 조선어사전편찬에 종사하여 위 결사의 목적 수행을 위한 행위를 하였다.

위와 같은 행위를 한 피고인 이극로, 같은 이우식, 같은 이인, 같은 김법린, 같은 정태진의 소행은 각각 범죄의식이 계속된 것이다.

이상의 사실은 공판에 회부하는 데 충분한 범죄의 혐의가 있어서, 피고인 이극로, 같은 최현배, 같은 이희승이 조선독립의 목적을 가지고 결사를 조직하여 그 목적수행을 위한 행위를 한 점은 각각 개정 치안유지법 제1조 전단에, 같은 정인승이 위 결사에 가입하여 그 목적수행을 위한 행위를 한 점, 같은 김법린이 위 결사에 가입한 점, 같은 이중화, 같은 이우식, 같은 김양수, 같은 장현식, 같은 김도연, 같은 이인 및 같은 정태진이 위 결사의 목적수행을 위한 행위를 한 점은 각각 개정 치안유지법 제1조 후단에, 같은 이극로, 같은 이우식 및 같은 이인이 같은 목적을 가지고 그 목적이 되는 사항의 실행에 관해 협의하고, 〈1행 중복으로 삭제: 같은 김법린 및 같은 정태진이 같은 목적을 가지고 그 목적이 되는 사항의 실행에 대해〉 같은 김법린 및 같은 정태진이 같은 목적을 가지고 그 목적이 되는 사항의 실행을 선동한 점은 각각 치안유지법 제5조에 해당하며, 피고인 이극로, 같은 이우식, 같은 이인, 같은 김법린, 같은 정태진의 각 행위는 어느 것이나 연속해서 범죄와 관련된 관계로 각각 형법 제55조를 적용하여 피고인 이극로에 대해서는 결사조직죄, 같은 이우식, 같은 이인 및 같은 정태진에 대해서는 각각 결사목적 수행행위죄, 같은 김법린에 대해서는 결사가입죄의 일죄로 하고, 피고인 김양수, 같은 장현식, 같은 김도연 및 이인의 결사목적 수행행위죄는 모두 개정 규정에 정한 형이 가중된 경우이므로 개정 치안유지법 부칙 및 형법 제10조에 의해 개정전의 치안유지법 제1조 제1항 후단의 각 형에 따라 각각 처단해야 할 범죄라고 사료되므로 형사소송법 제312조에 따라 공판에 회부할 것을 선고하고,

또 공소사실 중 (一) 피고인 이극로, 같은 최현배, 같은 장지영 및 같은 정열모가 이윤재, 신명균 및 권덕규와 함께 1929년 10월 31일 조선독립의 목적을 가지고 조선어사전편찬회를 조직하고 피고인 이희승, 같은 이우식 및 같은 김법린이 사정을 알면서도 위 결사에 가입하고,

(二) 제1의 (二) 기재와 같은 조선독립운동의 투사 및 독립 후의 인재를 양성할 결사조직에 대해 피고인 이극로 및 같은 이희승의 두 명이 1937년 5월 하순경 경성부 죽첨정의 피고인 이희승의 집에서 조선독립의 목적을 가지고 그 목적 사항의 실행에 관해 협의하고,

(三) 피고인 장지영 및 피고인 정열모의 두 명이 피고인 이극로 외 4명과 제1의 (一)과 같은 「조선어학회」라 부르는 조선독립을 목적으로 하는 결사를 조직하여 피고인 장지영이 동항 (가)(나)(마)(바)와 같이 결사의 목적수행을 위한 행위를 하고,

(四) 피고인 정열모가 1931년 4월경부터 1939년 10월경까지의 사이에 사립 김천중학교 교원 또는 교장으로서 조선독립의 목적을 가지고 수업시간 또는 훈화시에 생도에 대해 조선 한글의 우수성을 강조하고 또는 조선의 역사적 사실을 인용하는 등에 의해 민족의식을 주입하여 조선독립운동의 투사가 되도록 그 목적사항의 실행을 선동한 사실에 대해서는

공판에 회부하기에 충분한 범죄의 혐의가 없으므로 피고인 장지영 및 같은 정열모의 두 명에 대한 위와 같은 사실에 대해서는 형사소송법 제313조에 따라 면소의 선고를 내린다.

피고인 이극로 및 같은 최현배에 대한 위 (一)의 결사조직, 피고인 이희승, 같은 이우식 및 같은 김법린에 대한 위 결사가입의 각 사실, 피고인 이극로, 같은 이희승에 대한 (二)의 사실에 대해서는 판시 인정의 사실과 연속일죄로서 기소된 관계로 특히 주문에 있어서 면소의 선고를 하지 않는다.

위와 같이 예심을 결정한다.

1944년 9월 30일 함흥지방법원

예심 담당 조선총독부 판사 나가노 토라오中野虎雄　　이상은 등본임

같은 날 같은 동청에서

조선총독부 재판소 서기 마츠가와 교지松川堯治

2. 고등법원 판결문*

1945년형상제59호판결, 1945년 8월 13일 선고(기각)

본적　　　　경상남도 의녕군 지정면 홍곡리 827번
주소　　　　경성부 종로구 화동정 139번지
　　　　　　조선어학회 책임자, 저술업
　　　　　　　　　　李 고쳐서 義本 克魯(당 50세)

본적　　　　경상남도 울산군 하상면 동리 613번지
주소　　　　경성부 서대문구 행촌정 146번지의 1
　　　　　　사립연희전문학교 사무원(전 동교 교수)
　　　　　　　　　　崔 고쳐서 月城 鉉培(당 52세)

본적 및 주소　경성부 서대문구 죽첨정 2丁目 65번지의 27
　　　　　　사립이화여자전문학교 교수
　　　　　　　　　　李 고쳐서 木下 熙昇(당 49세)

본적　　　　전라북도 장수군 계북면 양악리 129번지
주소　　　　경성부 종로구 명륜정明倫町 1丁目 16번지의 34
　　　　　　조선어학회 사무원
　　　　　　　　　　鄭 고쳐서 華山 寅承(당 49세)

본적 및 주소　경성부 종로구 明倫町 1丁目 81번지
　　　　　　농업
　　　　　　　　　　張鉉植 고쳐서 松山 武雄(당 50세)

위 피고인 등에 대한 치안유지 위반 피고 사건에 대하여 1945년 1월 16일 함흥지방법원이 선고한 판결에 대하여 피고인 이극로, 같은 최현배, 같은 이희승, 같은 정인승으로부터 각기 상고신청이 있었고 또한 함흥지방법원 검사정[1] 대리 사카모토 이치로坂本一郎으로부터 피고인 등[2] 전부에 대한 상고신청이 있었으므로

*번역은 독립운동관련판결문에서 제공하는 번역문을 바탕으로 수정 · 보완하였으며 김백경(서울대학교 대학원 박사과정) 군이 검토하였다.

1) 檢事正: 식민지기 지방재판소 검사국의 최고책임자로, 지금의 검사장에 해당한다.

2) "또한 ~ 피고인 등": 중복되어 삭제하였다.

본원은 조선총독부검사 요다 카츠미依田克已의 의견을 청취하고 판결함이 다음과 같다.

주문

피고인 및 검사의 상고를 모두 기각한다.

이유

피고인 이극로, 같은 정인승[의][3] 변호인 마루야마 케이지로[4]의 상고취지는 다음과 같다.

본건 어문운동은 민족독립 운동의 한 형태가 아니다. 원심은 "민족 고유어문의 정리, 통일, 보급을 도모하는 소위 어문운동은 문화적 민족운동임과 동시에 가장 심모원려深謀遠慮를 함축하는 민족독립운동이다"라고 단정하였으나, 그렇지 아니하다. 소위 어문운동은 단순히 어떤 어문을 정리 통일하여 이것을 민중에 보급을 철저하게 하는 극히 좁은 의미의, 말하자면 순문학적 교화운동이거나 거기까지는 이르지 않은 언어학적 교화운동에 불과하다. 단지 그것이 어떤 한 민족 간에 보급이 철저하게 되는 경우에는 혹은 민족운동으로서의 성질을 인정할 수 있는 경우도 있을 수 있겠으나, 그러나 그것은 어디까지나 문학적 또는 언어학적 문화운동으로서 정치적 민족운동은 아니다. 널리 문화적 민족운동이라 하면 소위 정치, 경제, 사회, 과학, 종교적 민족운동도 포함하는 관념으로서 본건에서 소위 어문운동의 범주를 초월하는 것이 되어 어문운동의 진정한 성질을 나타내는 것이 아니다. 따라서 어문운동은 어디까지나 순문학적 언어학적 교화운동 내지 언어의 순화운동이라고도 말할 수 있는 성질의 것이다. 이것을 조선어에 대하여 보건대 현재 조선어문은 모든 문화면, 즉 정치, 경제, 사회, 종교, 과학 등의 전 문화면에서 거의 완전히 쫓겨난 편인데 이것은 결코 조선어문이 단순히 정리가 되어 있지 않다는 것이 아니고 조선에서 정치, 경제, 사회, 종교, 과학 등의 [판독 불가; 일본의] 모든 문화가 급속히 진전된 결과, 조선어가 훨씬 후방에 뒤처졌기 때문이다. 조선어문이 아무리 이 여러 문화면을 뒤따라가려고 해도 도저히 불가능한 것

3) 문맥상 누락으로 추정된 부분은 별도의 표시 없이 '[]'로 보충한다.

4) 丸山敬次郎(1898~?): 1919년 京都帝國大學 법과를 졸업한 후 경성법학전문학교 민법 교수가 되었다. 1928년 사직하고 서울에서 변호사를 개업하였다. [홍신록]

에 속한다. 이제 조선어문을 가지고 정치를 말하며, 경제를 논하며, 과학을 연구하며, 사회를 말하는 것은 불가능하다. 이 현상은 우리가 조선인과 말하든지 또는 조선인끼리 말하는 회화를 듣든지 혹은 그들이 쓴 문장, 논문 등을 보면 곧 알 수 있는 것으로 그들이 의논의 요점을 반드시 국어[일본어]로 표현하는 까닭은 다름 아니라 진보된 문화를 말할 때 적절한 조선어가 없기 때문이다. 이 현상은 이제 조선인 자신부터 조선에 있어서 각종 문화면에서 조선어가 [판독 불가; 후진상태인 것은] 어문의 불정리 · 불통일에 기인하는 것이 아니다. 아무리 조선어문의 정리 · 통일을 도모할지라도 그것은 단지 종래 존재하는 조선어문의 정리 · 통일을 도모하는 순문학적 연구 또는 과거의 고전문학적 연구를 의미할 뿐이며 나아가서 조선민족에 민족정신을 불어넣어 조선민족독립운동으로 진전시키는 것과 같은 기능은 없다. 조선어문운동에는 이제 와서는 이와 같은 능력은 없다. 만약 그래도 감히 이와 같은 것을 하려고 한다면 그것은 마치 연목구어緣木求魚와 같은 어리석은 행위라고 아니할 수 없을 것이다. 이것이 본 변호인이 원판결에는 중대한 사실오인이 있음을 의심하기에 충분한 현저한 사유가 있다고 하는 이유의 첫째이다.

제2점. [판독 불가] 원심은 "민족 고유어문의 성쇠盛衰는 그것에 말미암아 민족 자체의 흥망과 관계된다고 하여 본건 피고인 등이 조선독립을 위하여 방언의 표준어화, 문자의 통일보급을 기도하였다"고 단정하고 있으나 이것은 잘못이다. 민족 고유어문의 성쇠가 그 민족 자체의 흥망에 대하여 결정적 요인이라는 판단은 부당하다. 오히려 본말전도本末顚倒라고 생각된다. 본인이 보는 바에 의하면 그와 반대로 민족 자체의 흥망이 그 민족 고유어문의 성쇠와 관계된다고 생각한다. 즉 민족 자체의 흥망, 발전은 오직 그 민족의 정치, 경제, 과학, 사회, 종교 등 넓은 의미의 문화에 대한 노력에 기인한 것으로 단순한 어문의 정리, 통일, 보급 등은 민족의 흥망 · 발전의 원인이 아니라 오히려 그 결과에 불과하다. 예를 들면 고대세계 민족국가 역사상 찬란한 어문을 가진 나라는 중국[支那], 인도, 그리스 등인데 이 여러 나라들은 찬란한 어문을 가졌기 때문에 민족국가가 번영한 것이 아니고, 오히려 이 나라들의 정치, 과학, 사회, 종교 등 소위 넓은 의미의 문화가 그 민족의 노력에 의하여 번영했기 때문에 좁은 의미의 문화라고 말할 수 있는 어문의 발달을 초래했던 것이다. 따라서 이 나라들이 몰락 · 쇠퇴한 것은 그 국민의

타락·태만 때문에 정치적, 사회적, 경제적 국력을 잃고 민족의 쇠퇴를 초래했기 때문이지 결코 어문이 쇠퇴했기 때문에 국가가 쇠퇴·멸망하게 된 것은 아니다. [1행 판독 불가; 비록 국가는 쇠퇴하였지만] 그 어문의 완비라고 하는 점에서 여전히 다른 나라 다른 민족에 비해 두각을 나타내고 있다. 이에 반해 영국, 미국, 이탈리아, 스위스 등은 소위 어문은 지리멸렬이어서 예를 들면 영미 어문에는 라틴 민족의 어문이 착종되어 있으며 스위스 어문에는 독일과 프랑스 어문이 혼용되며 이탈리아 어문도 앵글로 민족의 어문이 혼입되어 있는 것과 같으며 오직 프랑스와 독일에서는 겨우 조금 완비된 어문의 체재를 구비한 상태이다. 그러면 우리 일본에서는 어떤가 하면 일본어처럼 그 어문에 있어서 복잡하고 극히 난해한 것은 아직 그 예가 드물다 할 것이고, 일본문법만큼 난해한 것은 아직 그 유례를 볼 수 없다 할 것이다. 메이지明治시대 이후 소위 국문이라고 부르는 것도 그 근원을 거슬러 올라가면 고유의 일본어문이 있고 한문, 인어문印語文도 있고 또는 널리 인도 혹은 서양으로부터 전래된 [판독 불가; 언어가 아니]라는 점에 있어서는 결코 우수하다고 말하기 어렵다. 그래서 일본어문 또는 일본문자의 정리 통일 문제는 메이지·다이쇼大正 때부터 현 대동아전쟁에 이르기 직전까지 일본 문부성의 두통거리였으며 또한 일본의 여론이 되었던 것은 실로 다툼이 없는 사실이다. 그런데 어찌 된 일인지 우리 일본 민족정신은 소위 일본정신으로서 투철하고, 어문의 성쇠 등에 아무런 관계도 없으며, 지금은 팽배하게 대동아전쟁 수행의 근저가 되어 있지 않는가? 소위 약소민족이 아무리 필사적으로 어문의 보존에 노력함과 더불어 발전을 가져오기 위해 방언의 표준어화, 문자의 통일보급을 희구하는 것은 단지 어문학적[원문 '統文學的'] 혹은 언어학적 문화운동에 불과하고 민족 자체의 발전 혹은 민족독립운동이 아님은 [판독 불가; 명백하다.] 이것이 본 변호인이 원판결에는 중대한 사실오인이 있음을 의심하기에 충분한 현저한 사유가 있다고 하는 이유의 둘째이다.

제3점. 어문운동은 당연히 정치적 독립달성의 실력을 양성할 수 있는 것은 아니다. 생각건대 어문운동이 가령 민족 고유문화의 쇠퇴를 방지하고 그 향상·발전을 가져오고 더욱이 민족 자체에 대한 반성적 의식을 가져오게 한다는 것은 이론적으로 수긍할 수 있으나 그것이 또한 당연히 이론적으로 민족의식을 배양하여 약소민족에게 독립의식을 생기게 하고 정치적 독립달성의 실력을 양성하는 것이라고 단정할 수는 없다. 대개 어문운동에 의하여 민족의 고유문화를 연구하여 그 쇠퇴를 방지하고, 향상·발전을 초래하며 더욱이 민족적 반성의식을 갖게 함에 이르러 그 민족적 반성의 결과 혹은 독립의욕이 생겨 정치적 독립달성의 실력을 양성하는 방책을 강구하게 된다고 하더라도 그것은 별도의 문제다. 즉 민족의 자기 [판독 불가] 반성의 결과 일민족 일국가 형성의 의욕이 생기게 되어 [판독 불가] 민족독립 달성의 실력을 양성하게 되는 것이고, 또 다민족 일국가 형성의 의욕이 생겼다면 이에 의해 다민족 일국가를 형성하게 된다고 해도 이것은 민족적 자기반성의 결과 각기 그것을 좋다고 할 경우의 결론일 것이며 결코 어문운동의 당연한 귀결은 아니다. 요컨대 어문운동은 단지 민족적·회고적 문학운동, 즉 협의의 순문화적 운동에 불과하며 단연코 민족적 정치독립운동은 아니다. 이것은 세계민족사가 가장 웅변적으로 증명하는 것으로 단순한 어문운동에 의하여 정치적 독립달성의 실력을 양성할 수 있게 되어 진실로 독립국가가 된 어떠한 민족도 존재하지 않았다. 단순한 어문운동 같은 것으로 정치적 독립달성의 실력을 양성하여 그 목적을 달성할 수 있다면 [판독 불가] 고대 중국문학을 연구하여 중국의 통일·독립을 이루게 되고 게르만 고전을 연구하여 게르만 국가가 성립되고 그리스·라틴어를 연구하여 그리스·로마 제국이 다시 이루어진다는 따위와 비슷한 이야기가 아닌가? 만약 어문운동에 의하여 정치적 독립의 목적을 달성할 수 있다면 민족독립 같은 것은 어찌 쉬운 일이 아니겠는가? 세계 약소민족이 되풀이한 어문운동과 같은 것이 그 독립달성에 대하여 관여·공헌한 바가 무릇 얼마나 되겠는가? 본인은 거의 그 말할 바를 알지 못하겠다. 이것이 본 변호인이 원판결에 중대한 사실오인이 있음을 의심하기에 충분한 현저한 사유가 있다고 하는 이유의 셋째이다.

제4점. 본건 조선어학회는 조선의 독립을 위한 실력양성을 목적으로 하는 결사가 아니다. 1931년 1월 10일 피고인 이극로, 같은 최현배, 같은 이희승 등이 종래 존재한 조선어연구회를 개명하여 조선어학회로 부르는 단체로 만든 일은 있으나 그 조선어학회의 목적은 조선어문의 정리·통일을 이루는 것이지 조선독립과 같은 위법한 목적단체가 아니라는 것은 위 피고인 등이 예심 및 원심 공판정에서 극력 진술했다. 다만 경찰 및 검사정檢事廷에서 진술은 본건 기록에 기재된 것과 다른 점도 있으나 그것은 각 피고인 등이 원심 공판정에서 이구동성으로 호소한 바와 같이 왜곡된 진술 또는 기재라고 할 수 있다. 조선어학회가 조선독립을 목적으로 하는 결사라고 인정하는 것에 대한 증거로서는 그밖에 물적 증거로서 존재하는 것은 아무것도 없다. 그리고 가장 중요한 직접적인 물적 증거로 사실인정의 자료로 채용되어야 할 조선어학회의 회칙에 대하여 예심판사가 이극로에게 "개조改組 후 조선어학회의 목적은 위 회칙에 의하면 단순한 조선어문의 연구 통일과 같이 되어 있으나 실은 조선 독립을 목적으로 한 것이 아닌가?"라는 질문에 대하여 이극로는 "우리들의 목적행동은 회칙에 있는 그대로며 아무런 비밀, 허구한 것이 아니며 그것은 과거 15년간 조선사회에 있어서 전반적으로 증명된 것으로서, 나 자신은 전적으로 학술적 연구로 일관하여, 뒤에서 운동을 획책한 일이 없었다"라고 진술하고 있으며 사실은 전적으로 이극로의 진술한바 그대로이다. 다만 예심조서에 같은 피고인 이중화, 같은 김법린, 같은 정태진의 진술로서 조선어학회가 조선독립을 목적으로 한다는 것과 같은 기재는 있으나 원심에서 위 같은 피고인 3명이 각기 이것을 부인할 뿐만 아니라 조선어학회 담당 단속 관헌이었던 증인 사이가 시치로齊賀七郎은 예심정에서의 증언으로 "수양동우회 검거 당시 조선어학회가 일단 수양동우회 활동의 일익을 담당한 단체가 아닌가 생각하여 조사해 보았습니다만, 그때 조선어학회에 대하여는 그중 일부 민족주의자도 있고 그 운동 자체는 조선독립과 아무런 모순도 없을 뿐만 아니라, 조선독립운동에도 이용될 수 있다고 생각했습니다. 하지만 회원 전원이 수양동우회처럼 조선독립을 인식하지 않고 또한 단체의 성격도 조선독립을 목적으로 한다고는 생각되지 않아 검거에 나서지 않았습니다"라고 진술하고 있으며, 또한 증인 쿠로누마 리키미야黑沼力彌의 증언도 대체로 같은 취지로 "아무런 불온한 점은 없다고 생각했다"는 진술을 하고 있다. 이상의 증인들은 당시 본건 어학회를 직접 단속하는 임무를 맡았던 관헌 당국자인 이상, 본건 어학회가 조선독립의 목적을 갖고 있는가 없는가의 점에 대하여는 가장 유력한 증인이라고 할 수 있는데 그 증인의 진술은 증거로서 그것을 신뢰하기가 충분하고 신빙력이 있다는 것이다. 과연 그렇다면 본건 조선어학회가 조선 독립을 목적으로 한 결사라는 점에 대해서는 그 유력한 반대증거는 있어도 이것을 긍정할 증거는 전혀 없는 것으로 귀착된다. 이것이 본 변호인이 원심 판결에 중대한 사실오인이 있다고 의심할 만한 현저한 사유가 있다고 하는 이유의 넷째이다.

제5점. 본건 조선어학회는 원심이 인정한 바와 같은 어문운동의 이념을 가지고 표면상 문화운동의 가면 아래 조선어문운동 즉 조선독립의 목적수행 행위를 한 것은 아니다. 원판결은 "조선어문운동 자체는 표면상 합법적 문화운동이나 그 이면에 있어서 조선독립의 목적을 가진 비합법운동이다"라고 하고 있으나 어문운동의 관념 내지 이념이 민족의 정치적 독립운동의 한 형태가 아니라는 것은 본 변호인이 상술한 바에 의하여 명백하므로 조선어문운동도 또한 표리일체의 합법운동이라고 말할 수 있다. 즉 그 실체는 난잡한 조선어문의 정리 · 통일을 계획하여 이것을 조선민중에게 보급시켜 이것에 의해 조선 고유의 바른 문학적 또는 언어학적 문화면을 소개하여 조선어문의 사용방법을 적정화시키는데 있다. 이것은 현재 조선에 있어 조선어의 사용이 허용되고 있는 한 당연히 허용되어야 할 것이며 조선민족의 정치적 독립을 목적으로 한다는 것과 같은 이념은 추호도 존재하지 않을 뿐만 아니라 더욱이 본건 조선어문운동의 각종 구체적 사업(조선[어]사전 편찬, 표음식 조선어철자법통일안, 조선어 표준어사정 발표, 외래어표기법 통일안, 한글강습회, 훈민정음 반포기념 축하식의 거행, 정당한 기관지의 발행, 조선 기념도서출판 등)을 보아도 명백한 바이다. 본 변호인은 그 중 가장 중요한 조선어사전 [판독 불가; 이전에] 편찬된 조선어사전으로는 다이쇼大正 연간 조선총독부 중추원 편찬 『조선어사전』[5] 그리고 영미 선교사 등이 편찬한 『한영사전』[6]이 있다. 본건 조선어사전처럼 신철자법에 의해서 편찬된 것으로는 1920년 조선총독부편찬의 조선어사전이 있는데, 본건 조선어사전은 대체로 위 조선총독부편찬의 조선어사전을 모범으로 편찬된 것임은 피고인 등의 진술과 같으며 그것이 민간편찬인 점에 있어서 문

---

5) 『조선어사전』: 1911년 조선총독부 取調局에서 시작하여 1920년에 간행되었으며, 총 58,000여 항목을 수록하였다. 초기에는 설명에 한글과 일본어를 설명을 병기하였으나 최종본은 한글설명은 삭제되었다. 현재 서울대학교 규장각한국학연구원에 두 종과 초고 등이 소장되어 있다(奎12694본 등).

6) 『韓英사전』: 1897년 게일(Gale, J. S.)이 한국어를 영어로 풀이한 사전. 1890년에 언더우드(Underwood, H. G.)가 한국어를 영어로, 영어를 한국어로 풀이한 사전. [민백]

학을 애호하는 민중의 이목을 집중시킨 데 불과하다. 조선어연구자이며 조선총독부 통역관인 다나카 도쿠타로田中德太郎[7]씨 및 검사관檢査官 니시무라 신타로西村眞太郎[8]씨 같은 인사들은 본건 사전의 완성을 열망하여 여러 가지로 견마의 노고를 다하였다고 한다. 현재 사전 원본의 일부는 이미 조선총독부 당국의 검열을 마쳤고 다른 일부는 본건 검거 때문에 절차상 검열을 받지 못한 것은 피고인 등의 진술과 같다. 다만 본건 사전에 수록된 어휘 약 15[만] 단어 중 일부가 다소 불온한 주석내용을 가진 것이 있다는 것은 피고인 등이 인정하는 바이나, 이 점은 아직 미완성물로서 다소 불온한 것이 있다 해도 본건 사전 전체를 일관해서 조선민족주의적 사상이 횡일橫溢된 것이 아닌 한 다소 편견이라는 비난을 면치 못할 것이나 이것으로 조선민족의 정치적 독립을 기도하는 것으로 단정하는 것은 속단이다. 본건 사전에 대한 증인 도쿠야마 이치德山一의 예심정에서 증언 중 "사전의 주석내용 일부가 불온하며 검열관으로서는 실수가 있었다"고 진술하였다 해도 이런 점이 있었다는 것은 피고인 등이 인정하는 바이다. 이것이 있기 때문에 사전의 편찬 전체가 조선독립의 목적수행 행위에서 나온 것이라고 단정할 수는 없다. 대개 단순한 자구의 주석은 사상의 표현이 아니며, 사상의 표현이 있어야 비로소 어떠한 주의主義가 인정되는 것이다. 본건 조선어사전의 편찬은 다른 많은 사전편찬과 같이 단순히 어휘를 수록하여 그것을 주석한 것일 뿐이다. 따라서 그 주석내용이 사상적으로 불온한가 아닌가는 본건 증인 도쿠야마德山와 본건 피고인 등에 물어볼 것이 아니다. 자구의 주석은 어디까지나 자구의 주석이지 이것을 사상적으로 비평할 것이 아니다. 원심에서 재판장의 심문으로 피고인 등이 다소 불온하다고 인정한 어휘, 예를 들면 '왜倭'자 같은 것은 일본을 경멸하는 표현이라고 생각하여 그와 같은 진술을 한 것 같은데 '倭'자는 일본의 ≪고사기≫[9] 이래 존재하는 문자로서 원래의 뜻은 결코 일본을 경멸한 것이 아니고 단

---

7) 田中德太郎: 1907년에 와서 조선총독부 통역생 이왕직찬시李王職贊侍를 거쳐, 1920년 조선총독부 통역관, 경무국 겸 총독관방비서과 등에 근무하였다. [홍신]

8) 西村眞太郎: 1912년 경성전수학교 교유, 1914년 조선총독부 사법부 속屬, 1918년 경성지방법원 서기 겸 통역생 등 역임. 1926년 경무국警務局 도서과, 1929년 5월 學務局 겸무를 명 받았다. [홍신]

9) ≪古事記≫: 일본에서 가장 오래된 문학작품이자 역사서이다. 현재 전하는 가장 오래된 사본은 1371년과 1372년에 필사된 진복사본(眞福寺本)으로, 위작 논란이 있는 그 서문에 따르면 672년

순히 일본이라는 의미이다. 황공하옵게도 게이코(景行)천황의 황자皇子가 되지 못한 분을 야마토타케루노미코토(日本武命)[10]로도 부른 사실을 보아도 지극히 명백하다고 생각한다. 또한 조선총독부 자체가 편찬한 조선어사전도 '태극기'란 어휘가 있는데 일장기日章旗란 어휘는 없고, 기타 '대신大臣, 내각內閣' 등의 어휘도 그 주석은 오로지 구한국 제도에서 취한 사례를 보아도 사전의 편찬이 얼마나 어려운가? 그리고 피고인 등에는 불온사상이 없었다는 증좌로 사료된다. 이것이 본 변호인이 원판결에 중대한 사실오인이 있었다고 의심할 만한 현저한 사유가 있다고 하는 이유의 다섯째이다.

제6점. 일찍이 피고인 등이 조선독립을 희망하고 있었다 해서 본건도 역시 조선독립을 목적으로 한 수행 행위라고 단정하는 것은 잘못이다. 피고인 등이 일찍이 내심內心으로 조선독립을 희망하고 있었다는 것은 피고인 등이 자인하는 바다. 그렇지만 가령 본건 피고인 등이 내심으로 조선의 독립을 희망하고 있었다고 해도, 본건 조선어학회가 당연히 조선독립을 목적으로 하여 조직된 결사라고 단정할 수는 없다. 독립의 목적은 직접적이어야 하며 단순히 원망願望한 것만으로는 불가하다. 본건은 혹시 어딘가 조선독립을 목적으로 하는 결사 같은 냄새가 있을지 모르나 그렇다고 해서 본질적으로 조선독립의 목적을 가진 결사는 아니다. 예를 들어 피고인 이극로는 그 경력으로 보아 일찍이 조선독립의 희망을 갖고 있었다는 것은 틀림없다. 그러나 그가 예심 법정에서 "나는 해외 방랑생활에서 귀국한 후 처를 얻어 심경에 변화가 와 가정생활, 학구적 생활을 희망하게 되어 지금까지 견지해온 조선독립 사상은 완전히 청산하고 오로지 학자로서 사전편찬사

임신난(壬申乱)을 일으켜 집권한 텐무 천황이 왕통을 바로잡기 위해서 구전되어 오던 구사(旧辞), 제기(帝紀)를 개편하여 암송하게 하였다. 이후 711년 9월 오호노 야스마로(太安万呂)가 겐메이 천황의 명으로 구송되어 오던 것을 기록하여 712년 정월에 상중하 3권을 완성하여 천황에게 바쳤다. [『일본신화 코지키(古事記)』, 박창기 역, 제이앤씨, 2006, 263쪽.]

10) 야마토타케루노미코토(日本武命): 일본의 제12대 게이코 천황의 아들로, 일본의 제14대 주아이 천황의 아버지이다. 게이코 천황이 소위 삼태자(三太子)자로 정한 이들 중 하나로 다른 두 태자에 비하여 출신이 낮아 자신은 천황이 되지 못하였으나 그 아들이 천황이 되었다. 초대 천황인 진무 천황 이후로 제13대 세이무 천황까지는 모두 부자 상속이던 것이 제14대 주아이 천황부터 숙부에서 조카로 이어지며 굴절이 발생했는데 이를 두고 야마토타케로노미코토의 공적을 무시할 수 없어서라고 보는 입장과 조작이라는 입장이 나뉜다. [『古史記 中卷』, 권오엽 역주, 충남대학교 출판부, 2000, 270-271쪽.]

업에 전념하기로 마음을 먹었습니다"라고 진술하여 그 심경을 피력한 바 있다. 이극로의 이 진술은 솔직히 그대로 믿어도 좋다고 사료된다. 왜냐하면 만약 그가 귀국 후 여전히 민족주의자로서 독립운동자로서 본건 결사를 조직하여 본건 사업을 했다고 하면 이와 같은 얼빠진 진술은 그 체면상 도저히 할 수 없을 것으로 믿는다. 피고인 등의 조선독립의 냄새를 일층 강하게 한 것은 소위 김두봉[11] 사건이겠으나 김두봉은 원래 조선어문의 권위자로서 그리고 이극로가 사사한 인물로서 이 사람을 초청하여 조선어문의 통일보급에 이용하고자 한 것뿐이고 민족독립운동의 목적으로 한 것은 아니다. 바다뱀장어[海鰻]는 그 형태, 색깔, 생활상태, 특히 냄새에서 뱀장어와 흡사하다고 하여도 뱀장어와는 무릇 다른 물고기이다. 어떤 사물이나 사실의 본질을 단지 그 외형적 사상事象 내지 냄새로 판단하는 것은 실로 위험한 일로 정당하지 않다. 본건은 치안유지법 위반의 외형 내지 냄새로 일단 혐의를 받게 되었다 해도 그것은 단순히 혐의일 뿐 치안유지법 위반행위 그 자체는 아니라고 확신한다. 전에 고등법원에서 소위 수양동우회 사건은 공정한 재판에 의하여 무죄가 확정되었는데 본 변호인은 수양동우회 사건과 본건을 비교하여 더욱더 그 확신을 깊이 하는 바이다. 현재 수양동우회 사건을 적발한 종로경찰서의 당시 단속[取締] 관헌이었던 증인 사이가 시치로는 본건 조선어학회에는 위법성이 없다고 증언하고 있는 것은 전술한 바와 같다. 이와 같이 직접 단속한 관헌 자신이 본건 어학회는 아무런 불온한 점이 없다고 하고 사회도 역시 이를 불온한 것이 아니라 함을 의심하지 않았다. 본건 당사자인 피고인 등도 역시 직접 단속한 관헌 하에서 평온 공연하게 게다가 10여 년의 오랫동안 본건 사전편찬에 종사해 왔고 더욱이 조선총독부 자체가 사전편찬에 협력하여 그 검열을 하고 의심한 바 없는데, 갑자기 본건 어학회와 직접 아무런 단속상의 관계가 없는 장소[홍원; 역자 보충]에서 검거하여 이것을 유죄라고 한다면 세상 사람들은 이것을 가지고 백성을 속여서 그물로 잡거나 백성에 어긋나는 일이라고 평할지 알 수 없다.

11) 金科奉(1889~?): 주시경의 제자로 국어사전 편찬에 참여하였고, 1916년에는 『조선말본』을 저술하였다. 3·1 운동 후 중국 上海로 망명하여 대한민국임시정부에 참여하였다. 1935년 김규식, 김원봉 등과 함께 민족혁명당을 창당 조직하였고, 1940년 이후 화북으로 가서 조선독립동맹의 주석으로 추대되었다. 이념보다는 항일통일노선을 견지하였다. 해방 후 북한에서 북조선인민위원회 의장 등으로 국가수반으로 선출되었으나 김일성이 집권하면서 연안파로 숙청되었다. [부산역사문화대전]

우리 일본제국의 재판상의 위신상으로도 인민에게 이와 같은 감정을 품지 않도록 하는 것이 긴요하다고 믿는다. 옛말에 말하기를 "무고한 한 사람을 벌하는 것보다 죄 있는 백 사람을 놓치는 것이 낫다"라고 했는데 재판의 권위는 아무개가 유죄였기 때문에 반드시 죄를 범했을 것이라고 세인이 믿음으로써 비로소 완전함을 얻는 것으로, 아무개는 유죄이기는 했어도 사실은 죄를 범하지 않았다는 느낌을 세인들이 가진다면 재판의 권위를 확보할 수 없다. 세인들이 벌주어야 한다고 인정할 때 비로소 단호히 벌주어야 진정으로 법의 권위를 지킬 수 있다. 의심되는 것은 벌하지 않는다는 형사법상의 대원칙도 실로 여기에 그 근원이 있다. 일찍이 민족주의 사상을 품고 있기 때문에 곧 본건 범죄가 있다고 단정하는 것은 개과천선이라는 형사법상의 근본이념을 무시하는 것으로 국민들이 결코 납득할 수 없게 된다. 이것이 본 변호인이 원판결에는 중대한 사실오인이 있다고 의심할 만한 현저한 이유의 여섯째이다.

제7점. "본건 조선어학회는 민족주의 진영에서 단연 불발不拔의 지위를 차지하고 조선 사상계를 풍미한 공산주의 운동 앞에서 위축되어 아무런 하는 일 없이 혹은 자연 소멸되거나 사교단체로서 겨우 목숨을 보유해 온 민족주의 단체 사이에서 혼자서 민족주의의 아성을 사수해 온 것으로 중시되어 왔는데, 그 사업 가운데 조선어사전편찬사업 같은 것은 광고曠古의 민족적 대사업으로 촉망되고 있다"는 인정은 전혀 사실에 반한다. 현재 조선어학회는 민족주의 단체 사이에서는 학자의 문학적 관계 사업단체로 여겨져 민족주의 단체로서의 존재는 인정되지 않고 또한 조선민중 사이에 있어서 조선어문운동 내지 조선어사전편찬사업 같은 것은 단지 조선어의 학문적 연구사업으로 인정된 점은 있다고 해도 이것을 민족운동 특히 민족독립운동으로 인식된 사실은 추호도 없다. 이것은 조선어사전편찬사업에 모인 자금액 내지 기부자의 인원 등 재정난 및 사업 중단의 사실로 충분히 증명될 수 있다. 겨우 수 명으로부터 그것도 10년이란 긴 기간에 겨우 2만여 원만을 모금했다는 이 사업이 광고의 민족적 대사업이라고는 도저히 수긍할 수 없는 것이다. 이것이 본 변호인이 원판결에 중대한 사실오인이 있다고 의심할 만한 현저한 사유가 있다고 하는 이유의 일곱째이다.

[장 바꿈, 뒷란 × 표시]

피고인 최현배, 같은 이희승의 변호인 야스다 미키타[12] 상고취지 제1점은 다음과 같다.

원판결은 피고인 최현배, 같은 이희승이 전술한 바와 같이 조선어사전편찬회 또는 조선어학회를 조직하여 조선어사전의 편찬 또는 조선어문운동을 행한 것은 이것으로 조선인의 실력을 배양하고 조선인의 민족의식의 앙양을 도모하여 조선독립의 실현을 기하려는 목적에서 나온 것이라는 취지를 인정하였다. 본건 운동의 중심인물인 이극로는 이미 조선독립운동가로 세계적으로 활약한 경력을 가진 저명한 인물로서, 조선독립운동가의 거두로 주목된 자이다. 만약 이와 같은 거두가 정말로 다시 한 번 조선독립운동의 목적으로 어떤 거사에 나간다고 하면 그것이 본건과 같은 독립운동으로서는 아무런 가치도 인정할 수 없는 문화운동으로 끝날 리가 없다. 가령 본인이 극력 이것을 합법적 문화운동의 범위 내에서 멈춘다고 해도 1929년부터 십수 년을 경과하는 동안 대세의 방향은 반드시 다수의 독립운동가들이 참가하여 표면상의 문화운동은 부지불식 간에 숨겨진 독립운동을 목적으로 하는 정치 결사로 떨어지는 것이 필연적이라고 생각된다. 그런데 본건 운동은 십수 년간 오직 순수한 문화운동으로 그 틀을 벗어난 바 없고 사법경찰관의 엄중한 조사에도 불구하고 결국 그 자체가 정치결사로 인정받을 만한 자료가 되기에 충분한 구체적 사실을 발견할 수가 없었다. 그렇다면 이 한 가지 일을 가지고도 본건은 다년간 조선독립운동에 투신한 피고인 이극로가–그 동기 여하를 캐내는 것은 별도로 하고–다년간 그의 주의·주장을 버리고 정치운동에서 몸을 빼고 학자로서 본분에 돌아가서 학식에 경주하여 조선어사전의 편찬과 조선어문의

12) 安田幹太(1900~1987): 1923년 동경제국대학 법학부 영법과 졸업 후, 동경지방재판소 판사로 재직하였다. 1927년 유럽에 학하여 민법을 연구하고 경성제국대학 교수로 부임하였다. 1939년 10월 교수직에서 사직하고 변호사로 활동하였다. 1947년에는 중의원의원에 당선되었고, 1950년 이후로는 야하타八幡대학[현: 九州국제대학] 교수로 퇴직하였다. 1938년 조선총독부는 자유주의자 경성제국대학 철학전공의 아베 요시시게(安倍能成) 교수의 글이 '反軍的'이라는 이유로 대학에 간섭하자 아베는 토쿄에 체류하면서 사직하였다. 아베 대신 총장 하야미 히로시(速水滉)는 조선총독부 시오바라 토키사부로(鹽原時三郎) 학무국장으로부터 고초를 당하였으며, 그는 교수들의 선거로 선출되어 연임이 확정된 상태에서 1940년 퇴직하였다. 이를 '성대정벌城大征伐'이라고 부른다. 이때 야스다는 조선총독부의 대학자치에 대한 침해에 저항하여 사퇴하였다. 정준영, 「경성제국대학과 식민지 헤게모니」(서울대학교 사회학박사 학위논문, 2009), 200쪽.

통일운동이란 순문화운동에 전신轉身했다고 보는 것이 타당하다고 말할 수 있을 것이다. 물론 피고인 이극로의 전력에서 간취看取되는 강렬한 민족의식에서 판단한다면 본건 운동 당시에 있어서도 오히려 그의 내심에는 어느 정도의 민족의식과 독립 희구의 염원을 청산하기 어려운 것이 잔존하여 그는 본건과 같은 어문운동이 나아가서 조선민중 간에 민족의식을 앙양하는 결과를 초래하여 이것이 후일 어떤 기회에 조선독립운동이 발발할 때 그 운동에 세력을 부여하는 효과를 초래할 것이라 하여 이것으로 자기가 종래의 주의·주장을 버린 것에 대해서 자기변명 내지 자위로 삼겠다는 뜻이 없었다고 말할 수는 없다. 피고인 이극로의 사법경찰관 및 검사의 신문에 대한 진술은 그가 공판정에서 "진실한 심경의 진술이 아니다"라고 부인하고 있지만 적어도 그 취지가 당시의 피고인의 심경이 전술한 바와 같다는 뜻으로 해석할 때 혹은 사실의 진상을 말하는 것이라고 할 수 있을 것이다. 그러나 가령 피고인 이극로의 심경이 이와 같다고 인정된다 하더라도 그 까닭으로 당장 피고인이 본건 운동을 조선독립을 기도하는 목적을 위하여 행한 것으로 인정하는 것은 타당치 않다고 믿는다. 대체로 공산주의자, 민족주의자의 사상전향은 일거에 180도의 전향을 할 수 있는 것이 아니다. 그 전향의 일단계로서 반드시 자기의 본분을 지켜 공산주의운동, 독립운동에 관여하는 것을 그만둔다는 소극적 단계를 거치게 된다. 그래서 이 단계에서의 전향자는 항상 자기의 종래의 주의·주장을 버리는 데 대한 자기변호로 자기 본분에 기초한 행동이 자연히 공산주의 또는 독립운동에 간접적으로 공헌할 수 있다고 생각하여 이렇게 생각하므로 스스로 위안을 얻는 것이 상정이다. 지금 만약 이와 같은 단계에 있는 준準전향자가 그와 같은 심경에서 했다고 인정한다면 다수의 전향 지향자는 대부분 그 전향 중도에서 탄압을 받고 반전을 아니할 수 없는 우려되는 결과를 초래하게 될 것이고 이래서야 조선민족의 지식계급의 태반을 자기 복중腹中에 포섭하지도 못하고 반일진영으로 내모는 결과를 초래하여 사법 본래의 목적에 반하게 된다고 아니 할 수 없다. 즉 조선독립의 목적을 가지고 어떤 행동을 했다고 인정하는 경우에는 그 행위자가 조선독립을 희구하고 이것에 기여하고자 하는 적극적 의도가 인정될 경우에 한하여야 하며 전술한 바와 같이 그 행위가 혹은 조선독립에 간접적으로 기여할 수도 있다는 정도의 소극적인 것일 경우에는 이를 가지고 조선독립의 목적을 가진 것으로 인정할 수 없는 것이 입법의 본지에 따른 해석이라 말할 수 있을 것이다. 그렇다면 본건에 있어서 피고인 이극로의 사법경찰관 및 검사에 대한 진술 기재만으로 곧 같은 피고인이 본건 운동을 조선독립의 목적의 의도 하에 행하였다고 인정하여, 여기에 따라서 그 경력 및 성격에 있어서 아무런 정치적 색채가 없고 오직 학구로서 그 본분을 지키고 있다고 스스로 믿는 피고인 최현배, 같은 이희승 양인까지도 이와 같은 목적을 가진 것으로 인정한 것은 정말 중대한 사실 오인이 있다고 의심할 만한 현저한 사유가 있다고 말할 수 있으며, 원판결은 이점에 있어서 파기되어야 한다고 믿는다.

[장 바꿈]

피고인 최현배의 변호인 박원삼(平川元三) 상고 취지 제1점의 요지는 다음과 같다.

원판결에는 중대한 사실오인이 있다고 의심할 만한 현저한 사유가 있다. 원판결은 피고인 등의 경찰 및 검사국에서의 자백을 증거로서 원용하고 원판시 제1의 2 기재 조선어사전편찬회를 중심으로 한 각 행위 및 같은 제1의2 기재 조선어학회의 조직 및 그 조직 하의 각 행위가 조선의 독립을 목적으로 하는 것을 인정하였다. 그러나 피고인 등은 경찰에서 엄중한 조사를 받았기 때문에 허위자백을 했고 또 검사국에서는 앞서 조사한 경찰관이 입회했기 때문에 부득이 종래의 자백을 유지한 것으로, 이와 같은 자백은 어느 것이나 진실에 반하는 것이다. 원판결에는 허위의 증거에 의하여 범죄사실을 인정하여 중대한 사실오인에 빠진 위법이 있다.

판결이유[13]

그러나 원 판시 피고인 등의 범죄 사실은 원판결 제시 증거에 의하여 이것을 인정하기에 충분하다. 논지 1은 피고인 등의 사법경찰관 및 검사에 대한 진술은 허위의 것이라고 말하고 있으나 이것을 시인할 만한 아무런 자료도 없기 때문에 이 진술 기재를 단죄斷罪의 자료로 해도 채증採證법칙에 위배된다고 할 수 없다. 논지는 요컨대 원심이 채용하지 않은 자료로 그 사실인정의 부당함을 주장하는

13) '판결이유': 원문에는 없으나 이해를 위해 필자가 추가하였으며, 1개 문단이지만 역시 필자가 문단을 나누었다. 아래도 같다.

것밖에 없다.

논지 2는 치안유지법에 소위 국체변혁의 목적이 있다고 할 때에는 적극적·직접적 방법에 의하여 국체의 변혁을 기도하는 경우를 말하며 소극적·간접적 방법에 의하여 그 변혁을 기도하는 것과 같은 경우에는 그 목적 실현의 가능성이 없는 까닭에 동 법적용의 대상이 될 수 없다고 말하고 있다. 그러나 동법에는 단지 국체변혁의 목적이라 말할 뿐 국체변혁의 수단이나 방법을 한정한 바 없으므로 적어도 국체의 변혁을 목적으로 하는 행위는 그 변혁의 수단 방법이 적극적·직접적이거나 소극적·간접적이거나 불문하고 동법에 소위 국체변혁의 목적을 가진 행위로 해석하는 것이 상당하다. 그래서 한 국가 내의 한 민족이 그 국가에서 분리하여 독립하는 방법은 정치투쟁 또는 무력투쟁과 같은 적극적·직접적 수단에 의하는 것이 많다고 하지만 반드시 이와 같은 수단에 한정하는 것은 아니다. 민족적 색채가 농후한 종교를 홍포弘布하며 혹은 민족 고유의 언어를 보급·통일하여 민족의식의 앙양을 도모하여 국가가 그 민족에 대하여 독립을 허용하지 아니할 수 없는 내외 정치정세를 순치馴致하여 그 목적을 달성하는 것도 역시 그 방법 중의 하나인 것은 이미 발표된 본원 판례[14]에 의하여 대략 미루어 알 수 있는 바다. 이것을 외국의 예에서 보면 에이레[愛蘭土]는 영국의 영유領有 이래 독립을 위한 각종 정치투쟁 또는 무력투쟁을 했으나 그 실효가 없는 것을 알자 산업 문화 등의 평화적 운동으로 전향했다가 1893년에는 고전 및 언어(게일어)의 부흥을 목적으로 하는 "신훼시당[신페인당]"[15]을 조직하여 목적달성을 위하여 활동해 오다가 드디어 1921년 12월 남방 에이레는 영국의 자치령이 되어 대략 독립국가로서의 지위를 획득한 바 있다. 또한 폴란드[波蘭土]를 분할 영유한 프로이센, 오스트리아, 러

14) 1942년 1월 26일 선고 1941년刑上제144호 판결: 증산교甑山敎의 일파인 보천교普天敎 교도들의 행위를 치안유지법 위반으로 처벌한 사건으로, 요지는 "포교 기타의 방법으로 민족의식의 앙양을 도모하고 서서히 독립의 기운을 양성하고 평화적 수단으로 목적달성을 기도하는 경우도 치안유지법의 이른바 국체변혁을 목적으로 하는 것"이다. 법원도서관 역, 『국역 조선고등법원 판결록 29(형사편)』(2018), 1쪽 참조.

15) 신페인당: 게일연맹의 철학이 영향을 준 정치집단으로 "우리들 스스로(Sinn Féin)"라는 뜻이다. 아서 그리피스(Arthur Griffith)에게 영감을 받은 단체로 분리주의적 성향을 띠었다. 수동적인 입장에서 이원군주제를 목표로 하는 저항정책을 펼쳤다는 평가를 받고 있다.[테오 W. 무디, 프랭크 X. 마틴, 『아일랜드의 역사: 도전과 투쟁, 부활과 희망의 대서사시』, 박일우 역, 도서출판 한울, 2009, 339-340쪽.]

시아 각국은 그 동화정책으로 각기 자국어의 사용을 장려 또는 강제하였으나 폴란드인은 폴란드어 사용운동으로 여기에 대항하여 그들의 소위 폴란드 정신의 유지에 힘쓴 것이 백 수십 년이며, 제1차 유럽대전 말기에 국제정치 정세의 변동(미국 대통령 윌슨은 1918년 1월 세계평화극복의 요건으로 이른바 14개조를 들고 그 제13조에서 폴란드를 독립시킬 것을 주장하였다)에 편승하여 드디어 독립국가를 형성, 그 숙망을 달성한 것은 역사상 현저한 사실이다. 그렇다면 고유언어의 보급통일과 같은 간접적·소극적 문화운동이라 할지라도 국체변혁의 위험이 없다고 단정할 수 없는 것은 물론이다. 만약 피고인 등이 편찬·출판하려고 한 조선어사전 중에 수록된 어휘의 종류 혹은 어휘에 대한 주해와 조선총독부 편찬 조선어사전의 그것들과 비교하여 그 적부適否를 논평하는 것은 피고인 등의 행위가 위법인 이유가 그 수록어휘의 종류 및 그에 대한 주해의 당부 여하에 있는 것이 아니고 국체변혁의 목적이 있고 그 목적 실현의 수단으로 사전의 편찬, 기타 문화운동을 한 점에 있다고 생각하지 못한 데서 나온 것으로서, 해당 사항과는 거리가 멀다고 아니 할 수 없다.

그리고 행위 자체가 원래 위법이 아닐지라도 어떤 위법적 목적과 결합되어 범죄를 구성하게 되는 것은 반드시 이상하다고 할 수 없다. 예를 들어 가옥을 빌리는 것 혹은 도검刀劍을 매입하는 행위 자체는 물론 아무런 위법이 아니지만, 만약 이들 행위가 국체변혁을 목적으로 하는 결사의 본거지를 마련하거나 사람을 살해할 의도에서 나온 때에는 각기 치안유지법 위반죄 또는 살인예비죄를 구성하는 것과 같다. 기타 기록을 자세히 조사해도 원심의 사실인정에 중대한 잘못이 있었다고 의심할만한 현저한 사유를 인정할 수 없다. 논지는 이유 없다.

피고인 최현배의 변호인 박원삼 상고 취지 제2점의 요지는 다음과 같다.

원판결에는 법률해석을 잘못한 위법이 있다. 설사 백보를 양보하여 피고인 등에게 조선독립의 목적이 있어서 일단 범죄구성요건을 갖추었다고 하여도 위법성이 없기 때문에 범죄를 구성하는 것이 아니다.

원판시 제1의2에 열거된 행위에 대하여 생각건대 (1)의 행위는 모두 순수한 문화운동으로 위법성이 없다. 게다가 조선어의 통일은 조선총독부도 『독본편찬취의서讀本編纂趣意書』에서 "사회에 행해지고 있는 한글철자법의 현상을 혁신하여 이것을 정리 · 통일하기 위하여 개정이 필요하다…"라고 말하여 그 필요를 인정하는 바이다. 피고인 등의 통일안도 그 내용 기타에 있어 조선총독부가 초중등학교용으로 편찬한 조선어 독본과 대략 일치하는 것이다. 즉, 동 안은 그 공표방법에 위법점이 없는 한 교학 당국의 방침에 준거한 순수한 합법적 문화의 소산이어서 위법성은 없다. (2) 표준적 조선어를 공표한 행위도 교학당국의 방침에 합치되는 것은 전술한 『독본편찬취지서』의 총설에 "용어는 현대 서울말[京城語]을 표준으로 한다"고 함에 비추어 명백하므로 위법성이 없다. (3) 외래어표기법 통일안의 작성공표도 위의 (1)의 행위와 같은 이유로 위법성이 없다. (4) 한글강습회도 순연한 문화운동이므로 위법성이 없다. (5) 훈민정음은 조선총독부 편찬교과서에서도 그 우수함을 말하고 세종대왕에게 감사해야 한다고 가르치는 정도이면 피고인 등이 중심이 되어 그 반포기념식을 거행하고 그 우수성을 강조하는 연설을 하였다 해도 아무런 위법성이 있다고 할 수 없다. 그리고 민족적 분위기의 조성도 반드시 나무랄 수는 없다. (6) 『한글』이라는 기관 잡지의 발행은 정규절차를 거쳤을 뿐만 아니라 그 내용도 순연한 한글의 학리적 연구 보고로 일관되기 때문에 위법성이 없다. (7) 조선어학회가 조선어편찬회로부터 인계받은 조선어사전편찬에 관한 행위도 위법성이 없다.

원판결은 "어휘의 채록 · 주해는 조선독립의 근본목적에 따라 민족정신의 고취로 일관한 취지하에 그 철저함을 기함과 함께 적어도 조선의 민족정신을 말살 또는 훼손하는 것과 같은 문구의 사용을 피하고 해당 주해를 당국의 검열이 허용하는 범위 내에서 암암리에 민족의식의 앙양을 도모하도록 연구할 것을 협의 결정하여 수록 어휘 약 15만(원문 '號')에 달하는 원고를 작성했다"고 판시하고 있으나, 이 사전 중에서 원심 같은 피고인 정태진, 같은 정인승이 발췌한 어휘와 조선총독부 편찬 『조선어사전』(기록 18,304쪽 내지 18,320쪽에 그 발췌 있음) 중의 해당 부분과 비교하면 후자에도 위 위 2명이 수록될 말이 아니라고 해석한 어휘가 수록된 것도 있고 혹은 위 2명 등이 잘못이라고 해석한 주해도 있고 또 조선총독부 편찬 교과서를 보면 고어, 고제도 등 조선 고유문화에 관한 것이 다수 수록되어 있다. 더욱이 본건 사전에는 신고新古[판독 불가] 없는 부문의 어휘를 수록함으로써 때로 주해에 대해 자세히 다룰 것과 대충 다룰 것을 적절히 구분하지 않은 것이 없지 않으나 민족의식은 이와 같은 사실에 의해 앙양된다고 생각할 수 없다. 위 2명의 예심에서의 진술 및 위 2명이 스스로 발췌한 어휘 등에 대하여 말한 의견은 위 2명 등의 비상식에 기인하는 잘못된 의견이 아니면 예심판사에게 잘 보이기 위하여 고의로 지어낸[作爲] 견해로 신뢰할 수 없는 것은 물론이다. 조선기념도서 출판관의 조직 및 원판시 두 저서의 출판도 아무런 위법성이 없다. 즉 출판관은 도서의 합법적 출판을 목적으로 한 것이고, 저서 중 한 권은 조선문자 및 어학의 단순한 역사적 과정을 논고한 것이고, 다른 한 권은 '우화집'[원문 意話集]이므로 이와 같은 행위에는 추호도 위법성이 없다. 요컨대 원판결에는 법률해석을 잘못한 위법이 있다.

피고인 최현배의 변호인 박원삼 상고 취지 제3점의 요지는 다음과 같다.

사전편찬행위가 위법성이 없는 점은 앞에서 서술한 것과 같은 이상, 원 판시 제1의1 기재의 조선어편찬회를 중심으로 한 협의도 역시 위법성이 없음은 특별히 이를 논할 필요가 없다. 즉 원 판결에는 법률의 해석을 잘못한 위법이 있다.

피고인 최현배의 변호인 박원삼 상고 취지 제4점의 요지는 다음과 같다.

조선어학회가 조선독립을 목적으로 조직되었다 하더라도 위 학회가 치안유지법 소정의 결사이기 위해서는 위 학회에 위법한 활동이 있을 것을 필요로 한다. 위 학회의 활동은 "조선민족의 문화를 향상시킴으로써 실력을 양성"하는 데 있다. 조선도 일본제국의 일부인 이상 이런 활동은 오히려 국가적 요청이라 할 것이고, 조선총독부 30여 년의 시정 역시 이에 다름이 아니다. 즉 위 학회에는 아무런 위법한 활동이 없고, 원판결이 이를 치안유지법 소정의 결사로 인정한 것은 법률의 해석을 그르친 것이라 할 것이다.

피고인 최현배의 변호인 박원삼 상고 취지 제5점의 요지는 다음과 같다.

원판시 제1의1 협의행위, 제1의2 결사조직 및 그 목적수행을 위한 행위 모두 조선독립의 목적을 실현할 수단으로서는 상당하지 아니하다. 바꾸어 말하자면 조선의 독립은 조선 고유의 문화 향상 및 민족의식의 앙양에 의해서는 실현되지 아니하며, 치안유지법 제1조 소정의 국체를 변혁함을 목적으로 한 결사란 결사가 국체를 변혁하는 행위를 하는 것이어야 한다. 그런데 피고인들이 조직한 결사라는 것은 아무런 국체변혁의 행위를 하는 것이 아님은 이미 진술한 바이므로, 결국 피고인들이 조직한 것은 치안유지법에 소위 결사가 아닌 것으로 귀착된다. 원판결에는 법률의 해석을 그르친 위법이 있다.

[장 바꿈, 뒷란 × 표시]

피고인 최현배, 같은 이희승의 변호인 야스다 미키타[16] 상고취지 제2점은 다음과 같다.

원판결은 피고인들이 조직한 조선어사전편찬회 및 조선어학회가 치안유지법 제1조의 소위 국체변혁을 목적으로 한 결사에 해당한다고 해석하였으나, 이와 같은 것은 같은 법조法條의 부당한 확장해석으로서 같은 법조의 해석적용을 그르친 위법이 있다고 본다. 즉 원판결은, 조선어사전의 편찬 또는 조선어표준화, 조선어 철자법의 보급에 따라 조선인의 민족의식이 앙양되고 이에 따라 조선인 간에 독립운동의 기운이 조성될 것이라 생각하여, 피고인들은 이를 목적으로 위 운동을 하고 위 운동을 목적으로 한 단체를 결성한 것이므로, 이와 같은 단체의 조직은 결국 국체의 변혁을 목적으로 한 결사에 해당한다고 판단하였다. 그러나 지금 만약 이와 같은 논법을 용인하면, 세간 일반에서 행해지는 만반의 사업, 예컨대 학교의 사회사업, 육영사업 등 문화사업의 경영은 물론, 광산 개발, 공업시설의 설치, 농지 개발 등 영리사업 기타 각종 사업을 행하는 단체의 거의 대부분이 그 주최자가 내심에서 조선독립의 경우를 대비하려는 목적을 위해 이루어진 것으로 인정되면 곧바로 국체변혁을 목적으로 한 결사라 하지 못할 것이 없게 되어 실로 한심한 사태를 야기하게 된다는 점에 주목해야 한다.

무릇 치안유지법의 전신인 (1922년; 역자 보충) 「과격사회운동단속법안」[17]은

---

16) '피고인 ~ 安田幹太': 수기로 추가하였다.

17) 원래 일본어 명칭은 '過激社會運動取締法案'이다. 이 법안은 1922년 2월 18일 제45회 제국의회에 제출되었다. 당시 본회의에서 정부측 위원은 '일본인이 외국의 소위 주의자들과 연락을 취하며 일본에 과격주의를 선전하기에 이르렀고, 그 운동이 여러 조직을 갖추어 참으로 가공할 만한 상태에 있음에도 현재 이런 종류의 운동을 단속할 법규가 없고 형법, 치안경찰법, 신문지법, 출판법 등에서 그에 해당하는 경우에는 가능하지만, 그들의 교묘함이 법망을 벗어나고 있어서 실제 위험행동을 단속하지 못하고 있거나, 혹은 형법 등에 의하여 단속하더라도 형벌이 가벼워 실질적인 단속이 어려'우므로 본 법안의 입법이 필요하다고 주장했다. 그 내용은 대체로 무정부주의, 공산주의 기타 조헌, 국헌을 문란하는 사항을 선전하는 것에 대하여 단속하고, 그러한 선전을 목적으로 하는 집회, 결사, 기타 다중운동에 대한 단속 등을 포함하였다(第45回帝国議会 貴族院 本会議 速記録 第二十号, 469－470쪽 정부위원 山内確三朗 발언.). 치안유지법의

제1조에서 "무정부주의 기타에 관해 조헌朝憲을 문란케 하는 사항을 선전하고자 한 자는 7년 이하의 징역 또는 금고에 처한다"고 규정하고, 제2조에서 "전조 제1항을 실행 또는 선전할 목적으로 결사·집회 또는 다중운동을 한 자는 10년 이하의 징역 또는 금고에 처한다"고 규정하고 있으므로, 위 법에서 금지하는 결사는 '무정부주의 기타에 관해 조헌을 문란케 하는 사항을 실행 또는 선전할 목적의 결사'임이 그 문언으로부터 명료하다. 그런데 위 법문의 형식은 1925년의 「치안유지법」 제정 당시 개정되어, 우선 제1조에서 "국체를 변혁하거나 사유재산제도를 부인할 목적으로 결사를 조직하거나 정情을 알고서 이에 가입한 자는 10년 이하의 징역 또는 금고에 처한다"고 규정하고, 제2조에서 "전조 제1항의 목적으로 그 목적 사항의 실행에 관해 협의한 자는 7년 이하의 징역 또는 금고에 처한다"고 규정하여, 이후의 치안유지법은 모두 이런 양식을 답습하게 되었다. 이에 따라 소위 불법결사의 목적이 반드시 국체변혁 또는 사유재산제도의 부인을 위한 직접 행위를 목적으로 하는 경우에 한하는 것은 아니게 되었고, 그 범위는 예전 「과격사회운동단속법안」의 경우보다 현저히 확장되기에 이르렀다. 그러나 위와 같은 변경이 가해진 이유는, 치안유지법 제정 당시 단속의 주된 대상이었던 공산주의가 '그 목적을 달성할 유일의 수단은 조직'이라고 하여 한편으로 일반 노동자의 광범한 조합적 조직을 형성하게 하고, 다른 한편으로는 그 전위가 되는 공산당을 조직하여, 당이 중앙집권적 권력 하에 질서 있고 통제된 활동을 함으로써 노동대중을 이끌어 변혁을 실행하려는 공산주의자의 운동은 실로 이 조직을 조직하는 활동에 다름 아니며, 공산주의자의 활동에 대한 유일한 대책은 그 조직화에 대한 박멸 수단의 강구라는 데 있다. 공산주의운동의 박멸을 위해서는 주의의 선전 또는 구체적인 실행행위를 목적으로 하지 않는 단순한 동지적 결합도 일찍부터 그 단계에서 금지함으로써 공산주의의 침윤을 미연에 방지할 필요가 있다는 것이다. 이와 같은 입법의 연혁에 비추어 볼 때 치안유지법 제1조의 소위 '국체를 변혁할 것을 목적으로 하는 결사' 가운데는 이들 불령不逞한 주의·사상의 선전 또는 그 실현을 목적으로 하는 직접행위의 실행을 기도하는 결사 외에, 이들 주의·사상을 품

직접적인 전조로 평가되는 법안이나, 사법성과 내무성 사이의 주도권 다툼, 법안의 미숙함, 치안대책에 대한 태도 차이 등을 이유로 결국 법률로써 성립되지는 못하였다(水野直樹, 「治安維持法の制定と植民地朝鮮」, 『人文學報』第83号, 京都大学人文科学研究所, 2000, 111쪽.).

고 있는 자의 동지적 결합도 포함된다고 해석해야 한다고 하더라도 이 이상으로 나가서는 안 된다고 할 것이다. 이른바 독서회 같은 것은 아무런 주의의 선전 등을 행함 없이 오로지 학문으로서 공산주의를 연구하는 것이므로 이른바 불법결사가 아니라고 항변한 데 대해 판례가 단호히 이를 유죄라고 한 이유는, 실로 그 공산주의자의 동지적 결합을 목적으로 하는 것으로서 그 결합에 의해 내부적으로는 각인의 공산의식의 정예화를 도모함과 동시에 외부적으로는 동지 획득의 방편으로 삼는다는 사실이 인정되었기 때문이다.

본건 조선어사전편찬회 및 조선어학회의 목적은 오로지 조선어사전의 편찬과 조선어문의 통일일・표준화 운동에 있고, 이 목적과 국체변혁이 무릇 아무런 연관을 가질 수 없음은 다언을 요하지 않는다. 조선어사전의 편찬과 조선어문의 정확・통일화에 의해 국체를 변혁하고자 했다는 것이 얼마나 심한 견강부회인지는 긴말할 필요 없이 명확한 바이다. 설사 이런 일이 가능하다고 가정하여, 피고인들이 조선어사전의 편찬 및 조선어문 운동의 결과 조선민중의 민족의식이 앙양되고 더 나아가 조선독립이 실현되기에 이를 것이라는 희망 하에 위 사업을 개시한 것이라고 가정하더라도 이는 단지 피고인들이 이 같은 사업을 개시하게 된 동기에 불과하고, 이로 인해 피고인들이 목적으로 하는 사업인 조선어사전의 편찬사업 및 조선어문 운동의 문화사업적 성질이 일변하여 국체변혁을 목적으로 하는 정치운동이 되는 것은 아니다. 이와 같이 조선어사전편찬회 또는 조선어학회를 억지로 국체변혁을 목적으로 하는 결사라고 하기 위해서는 위 학회가 이름을 조선어사전의 편찬사업 또는 조선어문 운동을 빙자하여 그 이면에서 조선독립을 소망하는 동지가 결합하여 안으로 동지의 민족의식 앙양을 도모함과 동시에 밖으로 그 사상의 선전 또는 동지 획득 활동을 목적으로 한 것이라는 사실을 필요로 한다. 그런데 그와 같은 사실은 원판결이 전혀 인정하지 않은 것으로서 일건 기록에 의하더라도 도저히 인정하기 어려운 바이다. 그렇다면 그와 같이 조선어사전편찬회 또는 조선어학회가 국체변혁을 목적으로 한 결사라고 한 것은 치안유지법 제1조의 해석을 그르쳐 부당히 이를 확장한 것으로서 파기되어야 한다고 본다.

피고인 최현배, 같은 이희승의 변호인 야스다 미키타 상고취지 제3점은 다음과 같다.

원판결은 피고인들이 한 (1) 표음식 조선어철자법 통일안의 작성 · 공표 및 그 보급 · 선전, (2) 표준조선어의 사정 및 그 공표, (3) 외래어 표기법 통일안 작성, (4) 한글강습회 개최, (5) 훈민정음반포 기념축하식의 거행, (6) 월간잡지 『한글』의 발행, (7) 조선어사전의 작성, (8) 조선 기념도서출판관의 조직 및 이에 의한 『조선문학 및 어학사』, 『날아다니는 사람』이라는 두 권의 저서 출판 · 배포 행위 등이 치안유지법 제5조의 이른바 국체변혁을 목적으로 한 행위에 해당한다고 하였다. 그러나 위와 같은 행위들은 그 자체의 성질상 국체변혁을 목적으로 하는 행위가 될 수 없다. 만약 이를 원판결처럼 억지로 국체변혁을 목적으로 하는 행위로 보기 위해서는 적어도 그 구체적 내용 예컨대 표음식 조선어철자법 통일안의 작성, 표준조선어의 사정, 외래어 표기법 통일안의 작성에 있어서는 안의 내용과 그 작성 방침이 어떤 것이고 그것이 어떻게 작용하여 국체변혁이라는 결과를 조성하게 되었다는 점을, 또 한글강습회의 개최, 훈민정음반포 기념축하식의 거행에 있어서는 그 강습회 또는 기념식으로 어떤 내용의 행위가 행해졌고 그것이 어떤 의미를 가지며 어떻게 작용하여 국체변혁이라는 결과를 조성하게 되었다는 점을, 특히 잡지 『한글』의 발행, 조선어사전의 원고작성 또는 『조선문학 및 어학사』, 『날아다니는 사람』이라는 두 권의 저술 출판 · 발행에 관해서는 각 그 저술의 내용 가운데 어떤 점이 불온하고 그것이 어떻게 작용하여 국체변혁이라는 결과를 조성하게 되는가 하는 점을 각 증거에 따라 판단하여 판시할 필요가 있다.

그런데 원판결이 이렇게 하지 않고 그대로 위와 같은 행위들을 곧바로 국체변혁 목적의 실행행위라 판단하여 치안유지법 제5조를 적용한 것은 실로 같은 조문의 해석을 그르친 것이거나 아니면 이유불비의 위법이 있는 것으로서 파기해야 한다고 본다.

판결이유

논지 1은 피고인 등이 편찬 · 출판하려고 한 조선어사전에 수록된 어휘의 종류 및 어휘에 대한 주석은 조선총독부에서 편찬한 조선어사전 또는 조선총독부가 편찬한 교과서에 나타난 고어 · 고제도 등의 취급태도와 비교하여 특히 부당하다고 인정되는 점이 없을 뿐만 아니라, 가령 다소 타당하지 않은 점이 있다고 하여도 피고인 등의 행동이 순수한 학술적 문화운동에 불과하므로 위법성이 없다고 한다.

그러나 원판결이 확정한 바는 피고인 등의 행위는 순수한 학술적 문화운동이 아니라 합법적 문화운동의 이름 아래에 숨어서 조선의 독립을 목적으로 하는 결사를 조직하여 그 목적수행을 위해 활동하거나 그 목적사항의 실행에 관하여 협의했다고 하므로 위법성이 없다고 할 수 없을 것이다. 주장하는 각 사전에 수록된 어휘 및 그 주해 또는 교과서에 나타난 고어, 고제도 등의 취급태도를 비교 논평하는 것과 같은 일은 객관적 사실에만 집착하여 피고인 등이 품고 있는 위법목적을 간과하는 것이라고 아니할 수 없다. 그리고 소극적·간접적 문화운동이라 해도 국체변혁의 수단이 될 수 있는 것, 원래 적법행위라 할지라도 위법목적과 결합됨에 따라 위법행위가 되는 것은 이미 설명한 바 있다.

논지 2는 국체의 변혁을 목적으로 하는 결사는 국체변혁의 실행으로 인정되는 행위가 있어야 하고 이와 같은 행위를 하지 않은 결사는 치안유지법 제1조 소정의 결사가 아니라고 주장한다. 하지만 같은 법 가운데 국체의 변혁에 관한 부분은 국체변혁의 실현 이전에 속하는 행위로서 국체변혁의 위험이 있는 것을 처벌하는 취지이므로 실제로 국체변혁의 실행이라고 보아야 할 행위를 하는 것은 동법 위반죄의 구성요건이 아니다. 따라서 피고인 등의 행위가 국체변혁의 실행으로 보이는 것이 없다 해도 국체변혁의 위험이 있는 이상 이것을 동법 위반죄로 문의問擬하는 것은 당연하며 원판결에는 소론과 같은 동법의 해석을 잘못한 위법은 없다.

논지 3은 원판결에는 피고인 등이 행한 사전편찬강습회의 개최 또는 도서출판 등의 행위가 어떠한 작용 및 과정에 의하여 국체변혁의 결과를 조성하게 되는가에 대하여 설명한 바가 없다 하나 원판결문과 원용된 증거의 내용을 종합하면 원판결은 이와 같은 행위가 민족의식을 앙양시켜 독립의 기운을 양성시키는 결과 독립의 위험을 생기게 한다는 것을 설명한 취지인 것이 자명하므로 원판결에는 주장과 같은 이유불비 또는 법률의 해석을 그르친 위법은 없다. 논지는 이유 없다.

[장 바꿈, 뒷란 × 표시]

함흥지방법원 검사정 대리 사카모토 이치로坂本一郎의 상고 취지 제1점의 요지[18]는 다음과 같다.

본원이 피고인 이극로, 같은 최현배, 같은 이희승, 같은 정인승에 대한 본건 공

18) 원문은 "피고인 최현배의 변호인 박원삼의 상고취지의 요지"인데, 수정하였다.

소사실 전부를 인정하였으나 범정犯情을 가엾게 여길 여지가 있다고 하여 각각 작량감형한 뒤 피고인 이극로를 징역 6년(미결구류일수 중 600일 통산), 피고인 최현배를 징역 4년(미결구류일수 중 700일 통산), 피고인 이희승을 징역 3년 6월(미결구류일수 중 700일 통산), 피고인 정인승을 징역 2년(미결구류일수 중 440일 통산)에 처한다는 취지의 판결을 선고했으나 이 원판결은 형의 양정이 심히 부당하다고 사료되는 현저한 사유가 있다고 믿는다. 이에 아래에 그 이유를 개진한다.

(1) 먼저 위 피고인 4명의 경력 및 사상 동향에 대하여 살피면

(가) 피고인 이극로는 어렸을 때 서당에서 한문을 배우고 사립 초등학교 고등과 1년을 수료한 후 17세경 만주로 건너가 통화성 항인현 및 무송현 [판독 불가] 등지에서 교육 [판독 불가] 을 받은 자로 만주에 있을 당시 만주의 조선인 간에 팽배한 농후한 민족적 반일적 분위기에 물들고 또 박은식, 윤기섭, 신채호 등과 같은 저명한 민족주의자와 접촉하여 그 교양감화를 받고 또한 민족적 종교인 대종교에 입교하여 동교의 간부 윤세복(현 동교 제3세 교주)의 교양을 받아 민족의식이 더욱더 치열해지고 조선의 독립을 열망하게 되어 조선독립운동에 일생을 바쳐 그 지도자가 될 것을 마음먹고 1915년경 상해로 건너가 독일인 경영 동제대학에 입학하고 1920년 동 학교 본과 공과 1년을 중도 퇴학하고 1921년 상해파 고려공산당의 영수인 이동휘가 이르쿠츠伊市파 고려공산당 하의 분쟁을 해결하려고 국제공산당의 지시를 받기 위하여 러시아 수도를 향하여 떠날 때 동인과 동행하여 이 기회에 독일로 들어가 1922년 베를린대학 철학부에 입학하여 공업경제를 전공하는 한편 인류학, 언어학을 연구하여 1927년 철학박사의 학위를 얻고 베를린대학을 졸업하고 1929년 1월경 귀국했는데 베를린대학 재학 중 1927년 벨기에의 수도 브뤼셀에서 개최된 제1회 세계약소민족대회에 조선대표로 출석하여 총독정치의 즉시 중지를 절규하고 조선독립을 위하여 분투한 바 있고 귀국 도중에 미국 하와이에서 조선독립운동의 거물 이승만, 서재필 등과 조선독립운동의 금후의 방침에 대하여 의견을 교환하고 조선으로 돌아온 후는 민족적 종교로서 대종교와 몰래 관계를 가져 그 제4세 교주로 촉망을 받은바 있는 자이다.

(나) 피고인 최현배는 히로시마고등사범학교를 거쳐 1925년 3월 교토제국대학 문학부 철학과를 졸업하고 다시 1년간 동 대학 대학원에서 교육학을 전공한 후 1926년 4월부터 1938년 7월까지 연희전문학교 교수로 철학, 교육, 조선어 등의 학과를 담당하다가 흥업구락부 사건에 관계하여 동교 교수를 사직하고 1941년 5월부터 동교 사무원직에 있던 자로서 한일합병 당시부터 이에 불만을 품고 조선의 독립을 희망하다가 그 후 혹은 김[두봉: 예심종결서 보완], 주시경 같은 민족주의자의 감화를 받고 혹은 대종교에 입교하여 그 민족주의적 분위기에 물들고 혹은 최남선의 저작을 열독하여 민족의식을 높이고 게다가 윌슨이 제창한 민족자결주의와 1919년 조선 독립만세 소요사건 등의 자극을 받아 더욱 조선의 독립을 열망하게 되었다가 1926년 "민족갱생의 길"이라는 민족주의적 논문을 1926년 10월부터 동아일보 지상에 연재하고 1930년 이것을 저서로 발간했는데 이 저서에서 "조선민족을 갱생시키려면 먼저 조선인으로서의 자각을 가지고 문화향상에 호소하여 일대 민족운동을 일으켜야 한다. 조선민족은 그 갱생에 대한 확고한 신념이 필요하다. 조선민족은 3·1운동에 의해 그 생기를 떨쳐 일으켰다"라고 하여 3·1운동을 격찬하고 또한 "우리말은 우리민족의 정신적 산물의 종합체이다. 우리말을 듣는 데에 조선심朝鮮心이 있고 우리말을 전하는 데에 조선혼朝鮮魂이 있다"라고 하여 어문운동의 필요성을 강조하며 1927년경부터 조선독립을 목적으로 하는 결사 흥업구락부에 가입하여 자주 그 집회에 참가한 까닭으로 1938년 9월 경성지방법원 검사국에서 치안유지법 위반으로 기소유예 처분을 받고 경성보호관찰소의 보호관찰 처분[19]에 처해졌는데도 불구하고 여전히 조선독립을 희망하고 있었던 자이다.

(다) 피고인 이희승은 보통학교 졸업 후 1925년 4월 29일 경성제국대학 예과

19) 조선사상범보호관찰령(1936. 12. 12. 제령 16): 치안유지법 집행의 특색의 하나는 사상전향정책이다. 치안유지법 위반자 중 집행유예 또는 형 집행의 종료, 가출옥된 자 중 보호관찰심사회의 결정에 따라 보호관찰 처분을 할 수 있으며 그 기간은 2년이지만 무제한으로 연장할 수 있었다. 이는 1941년 11월에 시행된 조선사상범예비구금령과 함께 사상통제의 핵심적 역할을 하였다. [역사넷]

에 입학하고 1930년 3월 동대학 법문학부 조선어학 및 조선문학과를 졸업 1930년 4월 관립경성사범학교 교유敎諭가 되었다가 1932년 3월 이를 사임하고 그 후 1935년 4월 이래 이화여자전문학교 교수가 되어 조선문학, 국어, 한문 등의 과목을 담당하고 있었는데 조선독립만세 소요사건 당시부터 자극을 받고 민족의식을 갖게 되어 조선역사에 관한 서적을 탐독하면서 조선통치에 대한 불만을 갖고 경성제국대학 재학 당시부터 조선의 독립을 열망해 온 자이다.

(라) 피고인 정인승은 보통학교 졸업 후 전문학교 입학자격시험에 합격하고 1925년 3월 연희전문학교를 졸업하고 약 10년간 전라북도 사립 고창고등보통학교 교원으로 있다가 목장을 경영하고 있던 자로 1919년경부터 조선독립만세 소요사건의 자극을 받아 조선의 독립을 희망해 온 자다.

이들 피고인 4명은 모두 오래전부터 조선의 독립을 열망하며 민족의식이 극히 농후한 자들로 특히 피고인 이극로, 같은 최현배 같은 자는 반도 내 쟁쟁한 민족주의자다.

(2) 위 피고인 4명의 본건 범행은 본원 판결에서 인정한 대로이므로 상술을 피하나,

(가) 피고인 이극로는 1919년 만세소요사건의 실패 및 앞에서 기술한 제1회 세계약소민족대회에 출석하여 시모노세키下關조약에 의하여 보증된 조선독립의 실행을 일본정부에 요구할 것, 조선에서 총독정치를 즉시 중지할 것, 상해 대한민국임시정부를 승인할 것 등 3항목에 걸치는 의안을 제출하고 조선독립을 위하여 원조해 줄 것을 요구하였으나 채택되지 않았다. 약소민족대표자 간에서도 조선의 존재를 무시당한 일 등에 의해 조선의 독립에는 외세 의존의 근본관념을 시정하여 조선민족의 문화와 경제력을 양성향상시킴과 동시에 민족의식을 환기 앙양하여 독립의 실력을 양성한 후에 정세에 따라 의거의 방법으로 독립을 실현시켜야 하는 것으로서 그 문화운동 중 가장 중요한 것이 어문운동이다. 언어는 사람의 지적·정신적인 것의 원천으로 민족에서 일반경제생활은 언어에 의해 표현되고 민족문화의 기층은 어문에 있다고 할 것이며, 어문운동은 강렬한 민족의식을 낳

는 결과를 가져오므로 귀국 후 지금까지 자기의 연구가 없음에 따라 조선어사전편찬 등 어문운동을 할 생각을 가지게 되었다. 더 나아가 귀선 도중 미국 하와이에서 이승만, 서재필, 백일[판독 불가] 기타 민족주의자로부터 위 계획에 관해 격려를 받고 한층 더 위 견해를 공고히 하기에 이르렀다. 1929년 1월 귀국하였으나 귀국 후 조선 각지를 시찰하고 혼돈 속에서 나아갈 바를 모르는 조선민족운동 특히 실력양성운동으로서의 문화운동의 부진한 상황을 개탄하였으며, 조선 고유문화의 쇠퇴와 민족정신의 불통일은 전적으로 조선어문의 난맥 · 불통일에 기인하는 것으로서 온 조선에 구구하게 흐트러져 있는 조선어문의 정리 · 통일을 기하고 고유문화의 향상 및 민족의식의 앙양을 도모함으로써 조선의 독립에 기여하고자 하였다. 그리하여 조선어사전편찬을 계획하여 1929년 7월경부터 피고인 최현배 등과 조선어사전편찬회의 설립을 계획하였고 그 해 10월 드디어 조선어사전편찬회를 설립하게 되었다. 피고인 이극로, 같은 최현배 등은 그 상무위원이 되어 1931년 1월까지 사전편찬방침, 사업계획 등에 관해 여러 협의를 하였고, 더 나아가 자금 획득에 관한 활동을 하면서 드디어 조선어사전 편찬에 착수하게 되었다.

(나) 피고인 이희승은 1930년 10월경부터 피고인 이극로의 권유로 조선어사전편찬에 상관하게 되었는데, 피고인 이극로는 위 조선어사전 편찬사업의 진척과 더불어 표준조선어사전 편찬을 위해서는 그 기초공사로서 우선 [판독 불가] 한다고 인정되는 조선어의 연구단체에 의해 혼란한 조선어 및 문자(한글철자)를 탐구한 뒤 이를 정리 · 통일할 필요가 있음을 통감하게 되었다. 아울러 더 나아가 위 정리 · 통일한 조선어문을 널리 조선민중에 선전 · 보급하는 것은 소망인 조선독립을 위한 실력양성 및 민족의식앙양 운동으로서 극히 효과적이라 생각하게 되었다. 그러나 1930년 1월 하순경 미국과 영국으로부터 상해를 경유하여 귀국한 김〈광〉양수를 통해 상해 대한민국임시정부의 요인이자 조선어의 대가인 김두봉으로부터 단순한 조선어문의 연구나 사전편찬은 민족운동으로서 아무런 의미가 없으며 연구 결과 정리 · 통일한 조선어문을 널리 조선민중에게 선전 · 보급하

는 따위의 소극적 운동에서 나오라는 취지의 지시를 받게 되었다. 결국 어문[판독 불가; 운동]에 투신할 것을 결의하고 그 방법으로서 같은 피고인처럼 조선어문에 대한 조예가 깊고 일찍부터 조선어문운동에 깊은 관심을 가지고 있던 피고인 최현배, 같은 이희승, 망 신명균, 망 이윤재[廣村 充]과 함께 경성부 내의 교원이 중심이 되어 조선어의 철자 및 그 교수법에 관한 연구기관이 된 조선어연구회를 1931년 1월 교묘히 개조하여 표면상 단순한 조선어문의 연구·보급을 도모하는 문화단체처럼 가장하고 이면에서는 조선어문을 정리·통일하고 이를 조선민중에게 선전·보급하여 조선 고유문화의 향상과 조선민중의 민족의식 환기·앙양에 의해 조선독립의 실력을 양성하고 독립을 실현할 것을 목적으로 하는 조선어학회라 칭하는 결사를 조직하였다. 이후 위 피고인들 5명이 중심이 되어 조선어학회를 운영하였고 동회의 회원은 많아져서 때로는 30명 이상에 이르기도 하였으나, 위 중심 세력에 밀려 다른 회원은 형식상 명의를 함께 하는 데 불과하였다. 그 가운데는 피고인들을 탐탁지 않게 생각하거나 그 활동에 위험을 느껴 탈퇴하는 자도 있다. 조선어학회는 개조 이래 흡사 위 피고인 등 중심인물 5명의 회처럼 보였고, 오로지 그들이 의도하는 바에 따라 활동이 이루어졌다.

(3) 피고인 이극로, 같은 최현배, 같은 이희승 등이 1931년 1월 조선어학회 조직 이래 1942년 10월 검거될 때까지의 활동상황을 보면 다음과 같다.

(ㄱ) 조선문자(한글)의 철자법 통일안을 작성하고 이를 일반에 선전·보급하여 각 신문·잡지에 그 새 철자법을 채용하도록 하고, 조선어의 방언을 정리하고 표준어 사정안을 작성하여 이를 일반에 보급·선전하였다.

(ㄴ) 외래어표기법 통일안을 작성하여 이를 선전·보급하는 데 노력하고, 철자법의 통일, 표준어 사정의 독회를 조선의 충신 이순신의 출생지 온양에서, 혹은 삼일운동에 유서 깊은 경성부 밖 우이동에서, 혹은 고려조의 고도 개성 등에서 개최하고 이것이 민족적 사업임을 신문 등에 의해 대대적으로 선전하여 그 통일안의 보급에 일조하였으며, 조선문자의 철자법 보급을 위해 한글강습회에 강사를 파견하여 한글의 역사성·우수성을 설파하고

한글이 조선민족과 불가분의 관계에 있으며 한글을 연구하는 것이 조선민족정신을 유지하는 까닭임을 강조한다는 방침 하에 강습시켰다.

(ㄷ) 지금부터 약 490년 전 이조 세종대왕이 조선한글을 창제 · 반포한 음력 9월 29일을 기념하는 훈민정음반포 기념식을 거행하여 각계의 명사 특히 민족주의적 색채가 많은 인물을 초대하고, 세종대왕의 훈민정음 반포 서문의 낭독 및 한글의 우수성을 강조하는 연설을 하였다.

(ㄹ) 조선한글의 보급 · 발달을 위해 기관지 『한글』을 발행하였다.

(ㅁ) 통일한 조선한글을 기초로 조선어사전을 편찬하였으나 그 편찬에 관해서는 인명, 지명, 고제도어도 어휘로서 집록함과 동시에 그 편찬방침으로서 조선독립의 근본목적에 따라 민족정신의 고취에 일관할 것을 기하고, 적어도 조선의 민족정신을 말살 또는 훼손하는 문구의 사용을 피하며, 또 주해에 당국의 검열이 허용하는 범위 내에서 민족의식의 앙양을 도모하도록 궁리하였다. 1938년 초등학교의 조선어 폐지, 국어[일본어] 상용이라는 당국의 방침에 대해 위 사전의 완성은 장래 조선어의 보호 · 육성을 위한 유일한 방법이라 하여 그 완성을 서두르고, 본건 검거 때까지 수록어휘 약 15만 6천 쪽에 이르는 원고를 작성하여 교묘히 그 4분의 3에 관해 당국의 검열을 통과시켰다.

(ㅂ) 조선어에 관한 고문헌 전람회를 개최하였다.

(ㅅ) 조선어문의 보급 · 발달과 조선 고유문화의 향상 · 발전을 위해 조선어 출판물 장려책으로서 조선인의 관혼상제 비용을 절약하게 하여 그 비용으로 그 출판을 한 것 등이다.

(4) 피고인 이극로, 같은 최현배, 같은 이희승 등은 1931년 1월 이래 본건 검거 때까지 10년여의 장기간에 걸쳐 극히 진지하고 열렬한 활동을 전개해 온 자이다.

더욱이 피고인 이극로는 피고인 정인승 외 2명을 각각 권유하여 조선어학회에 가입시키고, 더 나아가 조선독립의 목적 하에 표면상 학술연구기관임을 표방하고 이면에는 조선문화향상과 조선정신의 선양을 도모함과 동시에 독립운동의 투사 및 독립 후의 지도적 인재 양성을 할 결사를 조직하고자 기도하였으며, 1936년 1월경부터 1941년 10월경까지 그 자금획득 및 구체적 계획의 실행에 관해 온갖 암약을 계속해왔다.

다음으로 피고인 정인승은 1936년 4월 피고인 이극로의 권유로 조선어학회에 지정知情 가입한 후 1942년 10월 검거될 때까지 조선어학회 사무원으로서 조선어학회의 기관지『한글』의 편찬에 있어서 피고인 이극로, 같은 이희승과 함께 조선어학회가 사정한 조선어철자법통일안에 개정을 가하여 이를 공표하였다. 조선어사전편찬의 앞의 방침에 따라 주로 명사, 부사 등의 어휘를 담당하여 같은 사전의 편찬에 종사하는 등 6년여의 장기간에 걸쳐 조선어학회의 목적수행을 위해 여러 가지 적극적인 활동을 전개해 온 자이다.

본건 조선어학회는 1919년 만세소요사건의 실패를 거울삼아 조선의 독립을 장래에 기하는 데는 문화운동에 의한 민족정신의 함양 및 실력 양성이 급무로 대두되는 이른바 실력양성운동이 그 출발점이었음에도 불구하고 결국은 용두사미로 끝나 그 본령을 충분히 발휘할 수 없었던 역사를 바탕으로 1931년 이래 피고인 이극로를 중심으로 문화운동 가운데 그 기초적 운동인 한글운동에 집착해왔다. 그 이념을 지도이념으로 하고 교묘히 문화운동의 가면 아래 조선독립을 위한 실력양성단체로서 본건 검거 때까지 20여 년의 장기간에 걸쳐 조선민족에 대해 조선어문운동을 전개해왔으며, 시종일관 진지하고 부지런히 행한 그 활동은 이 분야의 다른 단체에 그 유례를 찾아 볼 수 없다. 능히 조선어문에 의지하는 조선민심의 낌새를 접하고 깊게 그 마음 깊은 곳까지 침투하여 조선어문에 대한 새로운 관심을 불러일으켜 다년에 걸쳐 조선민족에게 편협한 민족관념을 배양하고 민족문화의 향상, 민족의식의 앙양 등을 기도한 조선독립을 위한 실력 신장에 획기적 효과를 거두었다. 이는 흡사 메이지유신의 원동력이 된 도쿠가와(德川) 말기 국학[20]의 초기 발흥을 방불케 하는 것이다. 이와 같이 조선어학회는, 민족주의진영에서 단연 불후의 지위를 점하며 조선사상계를 풍미한 공산주의운동 앞에 굴복하여 아무런 하는 바 없거나 자연히 소멸되거나 사교단체로 추락하여 겨우 그 명맥을 유지해 온 민족주의 단체 사이에서 홀로 민족주의의 아성을 사수해 온 단체로서 중시되기에 이르렀다. 그 사업은 모두 민족주의분자의 물심양면에 걸친 열의

20) 國學: 에도 시대 중반에 발생한 학문으로, 모토오리 노리나가(모토오리 노리나가(本居宣長)에 의하여 완성된 일련의 사상계열을 의미한다. [마루야마마사오, 일본정치사상사연구, 김석근 옮김, 통나무, 2011, 269-270쪽.]

에 찬 지지 아래 조선인 사회에 이상한 반향을 불러일으켰고, 그 가운데 조선어사전편찬사업은 광고曠古의 민족적 대사업으로서 촉망을 받게 된 것이다. 같은 사전 원고를 조사해 보건대, 그 수록된 어휘 및 주해는 전기前記 편찬방침과 같이 현저히 민족적 색채를 구유하여 이를 사용하는 자로 하여금 부지불식간에 민족의식을 자극·배양케 하는 민족적·역사적 대사전이라는 느낌이 있고, 이를 검열한 검열관도 다시금 놀라워하는 상황이다. 조선어학회의 본건 어문활동이야말로 실로 조선민족운동 가운데 그 본도本道를 걸은 대표적·획기적인 확고한 지도이념을 가진 가장 심모원려가 풍부한 민족독립운동의 점진적 형태라 단정할 수 있으며, 오늘날까지 10여 년간 일반 사회인의 마음에 끼친 해독은 심대한 것이다. 본건을 그대로 방치하는 것은 장래 실로 우려할 만한 화근의 원인을 만드는 것이라 사료된다.

(5) 다음으로 피고인 이극로, 같은 최현배, 같은 이희승은 경찰 및 검사정에서 본건 범행을 하나하나 상세히 자백했음에도 불구하고 예심판사 및 공판정에서는 경찰 및 검사정에서의 자백을 번복하여 "조선어학회는 단지 조선어문의 연구를 목적으로 하는 순연한 문화단체로서 단연코 조선의 독립을 목적으로 한 것이 아니다"라고 진술하였고, 피고인 최현배, 같은 이희승은 모두 "경찰에서는 취조가 치열했기 때문에 부득이 허위자백을 한 것으로, 검사정에서는 검사가 경찰에서 경찰관 열석 하에 취조를 했기 때문에 경찰에서의 진술을 긍정하지 않을 수 없었다"고 변명하였다. 특히 피고인 이극로에 이르러서는 공판정에서 "자신은 학자로서 학술적으로 조선어문을 연구하기 위해 본건과 같은 일을 한 것이지 조선독립의 목적으로 한 것이 아니므로 양심상 부끄러울 것이 없다. 자신은 경찰 및 검사정에서도 조선독립의 목적으로 한 것이 아니라고 극력 부인하였는데, 어찌된 까닭인지 자신이 본건 범죄를 인정한 것처럼 조서가 작성되었다"고 변명하였다. 또 예심판사의 신문에 대해 진술한 자기에게 불리한 부분을 번복하면서 "자신은 예심정에서 그와 같은 진술을 한 적이 없다"고 진술하였다. 피고인 정인승은 경찰, 검사정 및 예심정에서 본건 범죄를 하나하나 자백하였음에도 불구하고 공판정에서는 전면적으로 본건 범죄를 부인하며 "자신은 결코 조선독립을 희망한 적이 없으며, 조선어학회는 단순한 학술단체로 생각되어 조선어학회에 가입한 것으로서,

조선의 독립을 목적으로 하는 단체라는 점은 전혀 알지 못했다. 경찰 및 검사정에서는 취조가 엄중했기 때문에 부득이 자백한 것이며, 예심정에서는 보석이 취소될 우려가 있었기 때문에 본의 아니게 범죄사실을 인정한 것이다"라고 변명하였다. 위 피고인 4명은 현재 본건 범행에 대해 아무런 두려운 마음을 표하지 않으며 추호도 개전의 정이 없다.

다음으로 제3회 및 제4회 공판정에서 재판장이 피고인 정인승, 같은 정태진이 예심 유죄판결 명령에 의해 작성·제출한 조선어사전 원고 가운데 민족적 색채가 현저한 점에 관한 발췌 서면을 낭독하게 하여 그 감상을 물었는데, 이에 대해 어휘로 채용되어서는 안 될 대종교 관계 어휘 및 민족적 감정에서 제국을 모욕했다고 인정되는 어휘(진란辰亂, 왜란倭亂, 진년원수辰年怨讐, 왜감倭柑, 일문日文, 일인日人, 일어日語, 일녀日女 등)를 다수 집록한 부분에 관해 피고인 이극로는 "조선어사전이므로 종래 있던 어휘·주해를 게재한 데 불과하며, 아무런 민족적 감정으로 만든 것이 아니다"라고 진술하였다. 피고인 최현배, 같은 이희승은 모두 "대종교라는 종교가 존재했기 때문에 이를 알리기 위해 게재해도 지장이 없다고 생각한다. 기타 어휘·주해를 게재한다면 당연하다"고 진술하였다. 다음으로 어휘의 주해가 일본정신을 현저히 결여하고 민족적 색채를 구유했다고 인정되는 부분(기원절紀元節, 개국開國기원절, 일장기, 태극기, 동경東京, 경성京城 등)의 주해에 관해 피고인 이극로는 "조선어사전은 조선에 관한 사항을 설명하는 것이 주이고, 일본[內地]에 관한 사항은 그다지 문제로 삼지 않았기 때문에 내지에 관한 사항의 설명을 간략하게 한 것으로, 이들 주해는 불온하지 않다고 생각한다"고 진술하였다. 피고인 최현배는 "조선을 본위本位로 한 사전이므로 그 정도는 당연하다고 생각한다"고 진술하였고, 피고인 이희승은 "자신으로서는 별로 민족적 색채를 띤 것이라고는 생각하지 않는다"고 진술하였다. 다음으로 재판장이 예심 증인 토쿠야마 이치德山一(조선총독부 경무국 보안과 근무 검열계)의 "지금 사전편찬 사무원의 수기를 보면 지금 새삼 본고 편찬원의 저의에 민족의식이 담겨있음을 놀라지 않을 수 없으며, 오직 자신들로서는 어휘를 하나하나 보고 이를 대조적으로 보는 일은 하지 않는다. 편찬자의 저의를 간파할 수 없었음은 실로 유감으로 생각하는 바이며, 본 원고는 역사적·민족적 혹은 반국가적 색채를 띤 사전이라고 인정하지 않을 수 없다. 검열관으로서 좀 더 종합적 견지에서 검토할 필요가 있었다고 생각한다"는 증언을 읽어 들려주고 이에 대한 감상을 물었는데, 피고인 이극로는 "토쿠야마 이치의 증언은 부당하다"고 진술하였고, 피고인 최현배, 같은 이희승은 "자신들은 토쿠야마 이치의 의견과 같이 생각하지는 않는다"고 진술하였다.

피고인 이극로, 같은 최현배, 같은 이희승은 각기 공판정에서 자기들은 지금에 와서는 완전히 민족의식을 청산하고 충량忠良한 황국신민이 되어 있다고 진술하고 있음에도 불구하고 위 피고인 3명의 공판정에서의 이상의 진술에 비추어 보아도 동 피고인 등은 지금도 가슴속 깊이 농후한 민족의식을 품고 있음을 알 수 있다.

이상 여러 사항을 종합하면 피고인 이극로, 같은 최현배, 같은 이희승, 같은 정인승의 본건 범행은 실로 중대악질이어서 조금도 동정할 만한 정상이 아닐 뿐만 아니라 본건은 10여 년의 장기간에 걸쳐서 일반사회에 극히 심대한 악영향을 끼친 것이기 때문에 악화의 경향이 엿보이는 반도 하의 사상 정세에 비추어 일반 타계[판독 불가; 인의 경계]의 의미에서도 위 피고인 등을 엄벌에 처하는 필요가 있음을 통감하는 바로 본원이 위 피고인 4명에 대하여 선고한 전기 판결은 모두 형의 양정이 너무 부당하다고 사료되는 현저한 사유가 있다하여 상고한다.

판결 이유

그러나 기록을 정밀히 심사하고 범정犯情 기타 제반사정을 짐작하여도 원심의 양형이 잘못 되었다고 인정할 만한 현저한 사유를 인정할 수 없고 따라서 논지는 이유 없다.[21]

[장 바꿈, 뒷란 × 표시]

검사의 피고인 장현식에 대한 상고 취지 요지 제2점은 다음과 같다.

본원이 피고인 장현식에 대하여 선고한 무죄의 판결은 중대한 사실오인이 있다고 의심할 만한 현저한 사유가 있다고 믿는다. 본원은 그 판결 중 "피고인 장현식에 대한 공소사실 내용은 동 피고인이 어릴 적 한문을 배운 외에는 학력이 없고 경성부 사립 중앙고등보통학교 교주 및 동아일보 감사역 등을 지낸 후 지주로서 농업에 종사한 자로서 1919년 조선독립만세 소요사건 당시부터 여기에 자극을 받고 조선의 독립을 희망하여 그 무렵 소위 전협과 한 패거리인 대동단에 조선

21) 판결이유 부분은 수기로 작성하였다.

독립운동자금을 제공한 까닭으로 1921년 4월 경성지방법원에서 보안법 위반으로 징역 1년 2년간 형의 집행유예의 판결을 받고 위 유예기간을 무사히 보냈으나 아직도 조선독립사상은 완전히 불식 못한 채 피고인 김양수의 권유로 1938년 4월경부터 1939년 말까지 조선어학회가 조선의 독립을 목적으로 하는 결사란 정을 알면서 조선흥업주식회사 내에 있어서 동 결사의 사업인 조선어사전편찬 자금으로 3천원을 피고인 김양수를 통하여 조선어학회에 제공하고 또한 그 무렵부터 1939년 11월경까지 기간 중 정을 모르는 친족 민영욱, 지인 임혁규 및 조병식[小松茂]을 권유하여 합계 1,400원을 같은 방법으로 피고인과 같은 김양수를 통하여 위 조선어학회에 제공시켜 동 결사의 목적수행을 위한 행위를 하였다고 하나, 이와 같은 금원의 제공 및 그 알선을 할 때 피고인 장현식이 조선어학회에 이면 단체가 존재하고 이것이 조선의 독립을 목적으로 조직된 결사라는 정을 알고 있었다고 인정할 만한 확증이 없어 결국 범죄의 증명이 없기 때문에 형사소송법 제362조에 의하여 무죄의 선고를 한다"고 판시하였다.

따라서 그 증거에 대하여 생각하건대 피고인 장현식이 조선어사전 편찬자금으로 조선어학회에 대하여 이와 같은 금원의 제공 및 그 알선을 한 외형적 사실은 같은 피고인이 경찰, 검사정, 예심정, 공판정을 통틀어 일관되게 인정하는 바이나 같은 피고인은 예심정 및 공판정에서 "조선어학회는 순전히 문화운동단체라고 생각해서 조선어사전 편찬에 대하여 재정적 원조를 한 것이고 동 어학회가 조선의 독립을 목적으로 조직된 결사라는 정은 전혀 몰랐다"라고 변명하고 있다. 이 점에 대하여 생각건대 (1) 피고인 장현식에 대한 사법경찰관의 제5회 신문조서 중 "나는 조선어학회가 전혀 누구에 의해서 조직되었는가는 확실히 모르나 최초에는 조선어연구회이었던 것을 1934년경 이극로, 최현배, 이희승, 이윤재, 이만규 등이 조선어학회로 개조했다고 들었다. 나는 원래 배운 것이 없어 자세한 이론은 모르겠으나 내가 아는 조선어학회의 목적을 간단히 말씀드리면 조선민족에게 조선 문화를 향상시키고, 조선어학회를 영구히 보존시켜 조선민족 고유의 문화를 앙양시키며 조선을 독립시키려고 하는 것이 조선어학회의 목적이다. 요컨대 조선민족에게 실력을 양성시켜 문화운동을 통하여 조선을 독립시키려고 하는 것이다. 나는 조선어학회의 이와 같은 목적을 잘 알고 난 후 재정원조를 한 목적은 어학회의 목적을 시키기 위함이었나"라는 진술 기재, (2) 피고인 장현식에 대한 검사의 신문조서 가운데 "1935년 4, 5월경 돌연 김양수와 이극로가 나에게 와서, 이극로가 '조선어사전의 편찬을 하고 있으니 그 비용 10,000원을 내어주지 않겠는가?'하고 말하였으나, 나는 그런 돈의 여유가 없어 내어줄 생각도 없었으므로 생각해보겠다고 하여 체면 깎이지 않게 거절하였다. 그런데 그 후 9월경까지 사이에 이극로가 5, 6회나 나에게 와서 부탁하기에 결국 같은 해 11월경 3,000원을 3년간 내어주기로 승낙했다. 이극로는 김양수와 처음 나에게 왔을 때는 세계적으로 유명한 조선어와 조선문자가 있는데 점점 그것이 쇠퇴해 가기 때문에 이를 보존하기 위해 조선어사전을 편찬하는 것이다. 민족의 역사는 문화의 향상에서 보존될 수 있으므로 조선어사전을 편찬하여 문화를 향상시켜 조선의 역사를 지키는 것이다'라고 하였다. 이극로는 이전부터 여러 번 신문 등에도 게재된 적이 있어 조선인 사이에서는 민족주의자로 통하고 있었고, 그가 재차 나에게 자금 출연을 부탁해와 당시 동인이 약소민족대회에 출석한 일도 있다고 해서 동인의 그와 같은 방문과 동인이 말하는 일로부터 추측하여 동인이 하는 조선어사전은 조선독립을 위한 문화향상이라고 생각했다. 또 나 자신 조선어사전을 만들면 조선어와 조선문자가 보존되어 문화가 향상되므로 조선독립이 가능하다고 생각했다. 당시 위 사전편찬은 조선어학회라는 단체가 하고 있었고 이극로는 그 주재자였다. 조선어학회가 언제 생긴 단체인지는 모르나 이극로, 이윤재, 최현배, 이희승 등이 중심이 되어 조선어의 연구 · 통일, 조선어사전의 편찬 등을 하고 있었다. 앞서 진술한 바와 같이 이극로가 조선어학회의 주재자로서 조선어사전의 편찬을 하고 있었으므로 조선어학회는 일면 공연한 합법 단체이나 이면에는 조선독립의 목적을 가지고 있다고 생각했다. 조선어학회에 그와 같은 이면의 목적이 있음은 이극로가 자금 출연을 부탁했을 당시에 알고 있었다. 나는 조선어학회가 그와 같은 단체로서 조선독립을 위한 문화향상운동을 하고 있음을 알면서도 3,000원이라는 돈을 내주어 그 사업을 원조한 것이다. 이는 내가 조선의 독립을 희망하고 있었기 때문이다"라는 취지의 진술 기재, (3) 피고인 이극로에 대한 사법경찰관의 제10회 신문조서 가운데 "1935년 9월 하순경 김양수가 와서 장현식에게 자금제공의 상담을 해보는 것은 어떤가라고 하였는데, 장현식은 전북 [판독불가; 재력]가로 언론계, 교육계에 상당한 자금을 출자하고 있는 부자라는 점은 나도 알고 있고, 이미 면식이 있는 사이였으므로 동행하여 명륜정의 장현식에게 갔다. 내가 사전편찬 문제에 관해 문화와 언어의 관계가 깊다는 점, 언어의 발달이 문화향상의 기초라는 점, 언어발달의 기초는 사전에 있다는 점 등을 설명하고, '현재 조선은 조선 고유문화가 쇠퇴하여 언어가 매우 흐뜨러져 있다. 문화의 쇠퇴는 민족멸망의 전제이다. 이런 의미에서 조선어사전을 편찬하는 것은 민족적 대사업이다. 조선민족 고유의 문화를 받아들인 대표적 대사전을 편찬해두면 조선문화는 영구히 보존되어 언젠가는 부흥하는 날이 올 것이다. 이 사업은 신문 경영이나 학교 경영 등과 비교해도 결코 손색없는 훌륭한 민족적 사업이다'라고 하였다. 그러면서 종래의 사전편찬회의 결과를 설명하며 현재 경제적으로 쪼들리고 있으므로 제발 10,000원 정도 출자해주었으면 한다고 하였고, 김양수도 여러 가지로 말을 거들면서 상담하였으나 결국 그 날은 일단 숙고하여 회답하겠다는 말만 듣고 헤어졌다. 그 후 나는 혼자서 여러 번 장현식을 찾아가 거듭 여러모로 사전편찬사업의 중대성을 설파하며 부디 출자해 달라고 의뢰하였다. (중략) 내가 이야기한 김양수, 장현식 두 사람은 물론 사전편찬회의 궁극적 목적(조선독립의 목적)을 잘 알고 찬성해주었다. 나는 사전편찬에 관한 한 열심히 장현식을 권유하였고 서로 조선민족의 장래를 생각함에 있어서는 의지가 서로 통했다"는 진술 기재, (4) 피고인 이극로에 대한 검사의 제2회 신문조서 가운데 "김양수는 표준어사정 제2독회를 할 즈음 내가 조선어학회의 사업은 민족적 사업임을 이야기했고, 또 장현식, 이인도 내가 위와 같은 일을 이야기했으며, 김도연, 서민호 두 명에게도 같은 이야기를 했으므로 필시 이 사람들은 조선어학회의 진정한 목적이 무엇이라는 것, 이른바 민족사업이 무엇이라는 것을 미루어 알고 있었다고 생각한다"는 취지의 진술 기재를 종합하면 피고인 장현식에 대한 본건 공소사실은 그 증명이 충분하다고 믿는다. 피고인 장현식은 예심정에서의 신문 당시 "자신은 검사, 경찰관의 신문에 대해 자백하였음은 틀림없으나, 그것은 취조가 엄중했기 때문이고 빨리 석방되기 위해 본의 아니게 사실에 반하는 진술을 한 것이다"라고 변명하며 그 범행을 부인하고 있으나, 일건 기록에 비추어 검사 및 경찰관의 취조가 엄중하였다고 인정할만한 아무런 증거가 없고, 같은 피고인의 변명은 자기의 범죄를 면하기 위한 단순한 변명에 불과하다고 사료된다. 그러나 본원은 이상의 증거를 배척하고 피고인 장현식에 대하여 무죄의 선고를 하였으나, 여기에는 중대한 사실오인이 있다고 의심할 만한 현저한 사유가 있으므로 원판결을 파기하고 유죄의 판결 선고가 있어야 한다고 사료되어 상고하게 되었다.

판결 이유

이상의 논지는 요컨대 원심이 채용하지 않은 자료를 기초로 하여 그 사실 인정에 잘못이 있다고 주장하는 것으로 원심의 자유심증에 의한 증거의 가치판단을 비난하는 것과 다름없다. 기록을 정밀하게 조사·검토했으나 원심의 사실 인정에 중대한 잘못이 있다고 인정할 만한 현저한 사유를 인정할 수 없다. 논지는 이유 없다.

이에 전시형사특별법 제29조[22]에 의하여 주문과 같이 판결한다.

소화 20년(1945) 8월 13일

고등법원 형사부

재판장 고등법원 판사 사이토 에이지齊藤榮治 [捺印] / 氏

고등법원 판사 후지모토 카토藤本香藤 [捺印] / 氏

고등법원 판사 사사키 히데오佐々木日出男 [捺印] / 氏

고등법원 판사 미타니 타케시三谷武司 [捺印] / 氏

고등법원 판사 테라카와 우상寺川右三 [捺印] / 氏

22) 戰時刑事特別法(1942[昭和 17]. 2. 24. 공포, 3. 21. 시행) 제29조 상고재판소는 상고취지 기타 서류에 의하여 상고이유가 없음이 명백하다고 인정한 때에는 검사의 의견을 듣고 변론 없이 판결로써 상고를 기각할 수 있다.

보론

국민의 벗, 법률가 애산 이인

Ⅰ. 서론

Ⅱ. 법률가로의 여정

Ⅲ. 항일 변호사 이인의 활동

Ⅳ. 사회운동가 이인의 활동

Ⅴ. 미군정기의 활동

Ⅵ. 정부수립 후의 활동

Ⅶ. 결어

부록: 애산 이인의 연보

보론

국민의 벗, 법률가 애산 이인

Ⅰ. 서론

우리는 법을 어떻게 인식할까? 일반국민은 법을 친밀하게 여겨 다가가는데 아무런 두려움이나 장애를 느끼지 않는 것일까? 아니면 두려워서 가급적이면 멀리하려고 할까? 약간 오래된 자료이기는 하지만, 1994년에 한국법제연구원에서 수행한 "국민법의식을 조사한 결과"를 보면 답은 부정적이다. '법'이란 말을 들었을 때 우리 국민은 권위적(30.3%)이거나 편파적(24.9%)이라고 대답하였으며, 그리고 법적인 문제가 발생하였을 때 변호사 못지않게 고위공무원이나 정치인과의 친분관계가 상당히 유용하다고 생각하며, 권력이나 재력이 재판에 미치는 영향력이 있다고 여기고 있다. 이처럼 법에 대해 긍정적인 인상을 가진 자보다 부정적으로 생각하는 사람이 상대적으로 많다.[1]

이러한 조사결과는 법이 제대로 작동하지 못한 우리 현대사를 토대로 일반국민들이 생활 속에서 경험한 것에서 나온 결과일 것이다. 1970년대, 1980년대 군부독재정권 하에는 불완전한, 아니 전혀 '불법'적인 법이 횡행하였음은 부정할 수 없다.[2] 그때에는 법의 내용만이 아니라 법집행도 그러하였다. 국민들에게는 지킬 수 없는 너무나 과도한 요구를 하여 법을 그대로 집행하는 것은 범법자를 양산할 수밖에 없었으며, 법은 있되 법을 준수하는 것은 물리적으로 불가능하였다.[3] 따라

1) 박상철 외, 『'94 국민법의식조사연구』(한국법제연구원, 1994), 74－5쪽.

2) 김민배, 「법체계를 통해 본 박정희 유신정권」, 『역사비평』 37(역사비평사, 1997) 참조.

3) 이의 대표적인 예로는 국민들의 일상생활인 冠婚喪祭까지 국가에서 간섭한 '家庭儀禮準則'(1975. 5. 대통령령 제6680호 제정; 1999. 8. 대통령령 제16544호 폐지) 및 유신독재 시절에 공포된 1974년 1월부터 1975년까지 공포된 '대통령긴급조치'를 들 수 있다.

서 사법당국에 적발된 사람들은 재수가 없어서 적발되었다고 여기고 정상적인 방법이 아닌 탈법적인 방법으로 해결을 시도하였고, 때로는 오히려 더 나은 효과를 거두기도 하였다.

이러한 현상의 원인을 더 소급해서 고찰하면 우리 자주적인 근대화를 이룩하지 못한 근대사에서 찾을 수 있다. 법을 두려워하고 멀리하려는 국민들의 의식의 저변에는 우리의 역사적 경험이 잠재되어 있다.[4] 근대법은 우리에게 번쩍이는 순사와 헌병의 제복과 칼과 함께 들어왔다. 식민지기, 근대의 이름으로, 질서유지의 이름으로, 그리고 위생의 이름으로 순사와 헌병이 우리의 일상생활을 압도하였다. 특히 식민지 말 국가총동원 체제 하의 통제경제에서는 도저히 준수할 수 없는 가격통제령이 남발되었고, 일반 민중들은 살아가기 위해 이를 위반할 수밖에 없었다. 식민지기에는 집에서 술을 담는 것,[5] 살기 위해 시장에 물건을 내다 팔고 사면서 지정된 가격을 벗어나서 거래하는 것 모두 위법이었고 처벌받았다. 멀리서 순사의 제복이 보이고 칼 소리가 들리면 잽싸게 숨는 것이 상책이었다.

하지만 그래도 여전히 가슴 속에는 허전함이 남는다. 이 모든 현상을 법만의 탓으로 돌리기에는 부족하다. 법은 제도일 뿐, 그 자체가 살아서 움직이는 주체는 아니기 때문이다. 따라서 제대로 법이 작동하지 않은 데는 법만이 아니라 그 법을 집행하는 인간도 도외시 할 수 없다. 다시 첫머리로 돌아가 국민들이 법을 두렵게 여기는 데는 법률가의 책임을 전혀 무시할 수는 없을 것이다. 즉, 무시무시한 법을 업고 국민 위에 군림하며 가까이 다가가려고 노력하지 않은 법률가의 책임도 부정할 수는 없다.

한국법제사의 일분야로 '법조사法曹史'를 들 수 있는데, 이는 사법제도와 그 운영주체에 대해 역사적인 연구를 수행하는 것으로 제도사이면서 동시에 인물사

4) 일반적으로 조선시대에도 백성들이 법을 두려워하고 멀리하였다고 인식하고 있다. 하지만 이는 전혀 근거 없는 낭설에 불과하다. 조선시대에는 소송천국으로 자기의 권익을 지키기 위해 거리낌 없이 법에 호소하였고, 나아가 적극적으로 법을 이용하기도 하였다. 자세한 것은 조윤선, 『조선후기 소송연구』(국학자료원, 2002) 참조.

5) 1990년대 이전의 대표적인 서민들의 술은 밀가루 막걸리와 소주만 있었을 뿐이었으며, 몇 종의 민속주가 있었다. 그 이후로 여러 지방의 민속주가 많이 등장하였다. 이것은 우리 전통주가 없어서가 아니라 식민지기에 세수 증대를 위하여 판매용이 아닌 자가 소비용으로도 사적으로 술을 빚는 것조차도 금지하였기 때문이다. 그래서 식민지기를 거치면서 각 가정에서 술 빚는 방법을 잊어버렸기 때문이다.

이기도 하다. 오늘날 법치주의를 강조하면서도 한편으로는 여전히 인적 자원을 강조한다. 일반적인 제도사의 연구에서는 제도 자체에만 주목할 뿐 주체인 '인간'에 대해서는 큰 초점을 두지 않았다. 이러한 역사는 살아있는 역사가 아니라 인간이 사라진 메마른 역사라고 할 수 있다. 법조사는 기존의 역사에 삶의 숨결을 불어넣어 움직이는 역사를 추구한다.[6] 즉 씨줄과 날줄로 베를 짜듯이 제도와 인물을 엮어 우리 법의 역사를 자아내야 할 것이다.

우리 학계에서 법조사는 법률가 개인과 사법기관의 역사를 중심으로 연구가 수행되었다. 그 덕분에 상당한 수의 법률가의 삶이 밝혀졌으며, 근대 이후에 태동한 우리 법원과 검찰을 포함한 사법기관의 역사가 규명되었다. 하지만 기존의 연구는 인물과 제도, 즉 주체와 객체를 유기적으로 결합시키지 못한 점에 한계가 있다고 할 수 있다.[7]

본고에서는 국민 위에 군림하는 법률가, 법의 위세를 이용해서 일신의 이익을 추구하는 법률가가 아니라, 국민에게 다가가고 자기의 것을 서로 나누며 국민과 함께 하려고 노력한 법률가로 애산愛山 이인(李仁: 1896~1979)을 소개한다.

이인은 법률가로서, 정치가로서 파란만장한 우리 현대사를 살다간 인물이다. 1896년 9월 20일 대구에서 출생하여, 대구실업고보를 졸업한 후 일본으로 건너가 세이소쿠正則중학과 니혼日本대학 및 메이지明治대학을 졸업하였다. 1918년 잠시 귀국하였다가 1919년 9월 다시 일본으로 건너가 1923년 변호사가 되었다.

변호사로 개업한 후, 의열단사건, 신의주민족투쟁사건, 광주학생사건, 고려혁명당사건, 수양동우회사건(안창호), 6 · 10만세운동사건, 사이토 마코토齋藤實 총독 암살미수사건, 이완용 암살미수사건, 만보산사건 등 약 1천 5백여 건이나 되는 크고 작은 민족운동사건을 변호하였다. 그는 김병로, 허헌 등과 함께 대표적인 3인의 항일변호사로 손꼽혔으며, 이러한 활동으로 인하여 그는 사상변호사 또는 혁명변호사라는 별칭이 붙어, 끊임없는 일제의 감시와 박해의 대상이 되었다. 그는 또 경제, 사회, 문화면에서의 민족의 실력을 강화하고 민족정신을 보급하기 위

6) 하지만 인물에 대해 초점을 맞추면 역사논문이 아닌 '個人傳記'로 흐를 위험도 있다. 양자 사이에서 균형을 잡는 것, 中庸의 관점을 유지하는 것이 관건이라고 할 수 있다.

7) 정긍식, 「검사의 한 표상으로서 崔大敎」, 『법사학연구』 34(한국법사학회, 2006), 222－4쪽 참조.

하여 정력적인 활동을 펼쳤다. 조선과학보급회와 조선발명학회, 그리고 조선물산장려회를 조직하여 회장을 맡았다. 1942년에는 조선어학회사건으로 치안유지법 위반 혐의로 구속되어 2년간의 옥고를 치렀다.

8·15광복과 더불어 대법관이 되어 대법원장 직무대리를 역임하고 1946년 5월 대법원 검사총장(현 검찰총장)이 되었다. 1948년 정부수립 때 초대 법무부 장관으로 발탁되었다. 1949년 6월 임영신 사건을 계기로 법무부장관직을 물러났다.

정치가로서 이인은 해방 직후 김성수, 김병로 등과 함께 한국민주당을 창당하였으며, 1949년에서 1954년까지 세 차례 의원에 당선되었다. 1962년 유엔인권옹호 한국연맹 이사에 선임되어 활동하고, 1972년 민족통일촉진회장 · 통일원 고문 등을 역임하였으며, 5. 16군사정변 후에는 야당원로로서 야당통합을 위하여 많은 노력을 기울였다.

이인은 그가 지닌 모든 것을 한글에 바친 후 1979년 영면하였다. 다방면에 걸친 이인의 민족문화창달의 정신을 기리고자, 1980년 그의 호를 딴 애산학회가 발족하였다. 애산학회에서는 이인의 인권옹호정신과 법률봉사활동을 기린다는 뜻에서 애산법률문화상을 제정 · 시행해오고 있다.[8]

II. 법률가로의 여정

1896년 10월 26일(음력 9월 20일) 대구에서 태어났다. 성리학의 전통이 강한 집안이었으나 그의 부친 이종영李宗榮은 수구적 입장에 머무르지 않고 풍전등화와 같은 시대에 대한자강회와 대한협회의 중심인물로 활약하였고, 이준과 손병희, 이상재, 오세창 등과 교류하였으며, 고려대학교의 전신인 보성학교를 경영하기도 하였다. 특히 이종영과 이준은 의형제를 맺을 정도로 가까웠다. 그리고 숙부 이시영李始榮은 독립운동으로 일제에 잡혀가기가 다반사이었다.[9] 그의 민족주의적 기질은 이러한 가문을 배경으로 배양되었다. 이인은 가학으로 서당에서 한문을 수학하였으며, 1903년에 대구 향교재산으로 설립된 달동심상소학교達洞尋常小

8) 부록: '애산 이인 연보' 참조.

9) 이인의 숙부 우재又齋 이시영은 초대부통령을 지낸 성재省齋 이시영과는 동명이인이다. 같은 집안으로 초대 부통령인 이시영은 서울에 살았기 때문에 '北始榮', 이인의 숙부는 '南始榮'이라고 불렀다.

學校에 진학하여 처음으로 신학문을 접하였다. 그때 일대의 사건이 발생하였다. 이인은 부모의 허락도 없이 당돌하게 단발을 하였고, 부친의 진노 때문에 이인은 사흘 동안 외가에 숨어 지냈다. 사립학교가 공립학교로 바뀌게 되자, 달동심상소학교는 이에 반대하여 폐지되었다. 이때 유명한 의병장인 신돌석의 아장亞將 김수농金睡濃이 설립한 달동의숙達洞義塾에 입학하여 학업을 계속하였다. 달동의숙에서 4년 동안 수학한 후 이인은 1910년 경북실업보습학교에 입학하여 2년 후에 졸업하였다. 더 넓은 세계로 향하기 위해 일본유학을 준비하였다.[10]

이인은 새로운 길로 법률을 공부하는 것을 택하였는데, 그 동기를 다음과 같이 구체적으로 밝혔다.

> 내가 법률을 공부하기로 마음먹기는 한 마디로 억울한 국민을 구해보자는 의분이 뭉쳐서였다. 그때만 해도 일부 식자층을 제외하고는 일반인이 몽매하여 일본 이사청에 망국의 한을 풀어달라고 탄원서를 넣을 정도였다. 이사청理事廳이란 것은 일본 거류민居留民의 권익을 보호하기 위하여 서울, 부산 등 큰 도시에 설치한 일본기관으로 우리나라를 먹어치우겠다는 그러한 기관에 탄원서를 내었으니, 우리 국민이 비분강개하고 나라를 잃은 설움을 안타까워할 줄만 알았지 반항할 절차를 전혀 몰랐던 것이다. 나는 어려서부터 어떻게 하면 일제의 압박을 벗어볼까 생각하는 가운데 법률을 공부함이 그 한 가지 길이라 생각했던 것이다.[11]

그가 법률을 공부하게 된 근본적인 동기는 민족주의적인 집안의 분위기이었다.[12] 실제 이인의 부친은 보성학원을 경제적으로 지원하기 위해 사업에 뛰어들었다가 실패하였다. 이런 와중에 가산을 탕진하여 대구의 집도 일본인에게 돈을 빌려서 전당을 잡히게 되었다. 일본인은 적법한 절차에 따라 집행을 하는 것이 아니라 불한당 같은 장정들을 시켜 가재도구를 그냥 가져가버리는 사적 집행을 하였

---

10) 최영희 · 김호일 편저, 『애산 이인』(애산학회, 1989), 3−9쪽.

11) 李仁, 『半世紀의 證言』(명지대학교출판부, 1974), 1−3쪽.

12) 이인은 1957. 7. 26. 주간 ≪希望≫지에 발표된 기자와의 대담에서 “그저 남들이 하니까 하였다”라고 하여 특별한 동기가 없는 듯이 술회하였다(金鳳基 외, 『愛山餘滴(1)』[세문사, 1961], 124쪽). 그러나 이 글은 기자와 대담한 글로 謙辭에 불과하며, 본문에서와 같은 뚜렷한 목적이 있었다고 보아야 할 것이다.

다. 이러한 것도 그가 법률을 공부하게 된 한 동기로 되었다. 가출하다시피 해서 일본으로 온 이인은 1913년 세이소쿠 중학에 입학하여 판화공으로 취직하였다. 급여를 제대로 주지 않자 이인은 강력하게 요구하여 절반만 받고 하쿠분博文서관의 교정원으로 취직하였다. 그리고 니혼 대학 법과 야간부에 입학하고 또 메이지대학 법과 2년에 편입하였다.[13]

방학을 이용하여 잠시 귀국하여 고국의 모습을 목도하였다. 그때 법률가가 되려는 목표는 잠시 뒷전으로 물러났다. 그는 일본으로 돌아가서 일제가 한국에서 자행하고 있는 일들, 재산을 탈취하는 것, 산림과 광산을 빼앗는 일, 이런저런 학정 때문에 만주로 떠난 국민이 1백만을 헤아린다는 사실을 고발하고, 이것이 한일합방의 본뜻인가를 묻고 즉각적인 시정을 요구하는 글을 당시 국수주의 잡지인 『일대제국一大帝國』 제1권 9호(1916. 9)에 기고하였다.[14] 이인의 글이 실린 잡지는 판매가 금지되고 토쿄東京 경시청警視廳에서는 수사를 한다는 핑계로 그를 호출하였다. 그러나 경찰은 이인의 학업에 지장을 줄 요량으로 조사는 하지 않은 채 자꾸 불렀으며, 밀정을 붙여 이인의 일거수일투족을 감시하였다. 대학을 졸업한 후 이인은 오늘날 대학원에 해당하는 니혼대학 고등전공과에 입학하였다.[15]

1918년 9월 귀국하여 우선 밥벌이를 하기 위해 조선상업은행에 취직하였다. 그러자 숙부인 이시영은 수입이 있는 이인으로부터 독립자금을 받아갔다. 이인이 평택지점에 근무할 때, 이시영은 이인에게 안성의 부호를 만나 군자금을 받아오라고 시켰는데, 일본경찰이 미리 기다리고 있어 실패하였고 이 때문에 이인은 고초를 겪었다. 그것을 계기로 다시 법률공부를 하려고 결심하여 1919년 2월에 사직하였고 곧 3·1 운동이 발발하였다. 이때 숙부 이시영은 도피 중이었기 때문에 다른 인사와 이시영과의 연락은 이인이 맡았으며 직접 격문을 쓰는 등 깊이 관여하고 자부심까지 느꼈다. 그러나 실제의 상황에서 만세만 부르다 일본 경찰들에게 그냥 끌려가는 학생들을 보면서 이인은 다시 실망하고, 실력을 양성해야 함을 더욱 강하게 깨달았다. 당시 우리가 독립하기 위해서는 일본이 다른 나라로부

---

13) 최영희 · 김호일 편저, 앞의 책, 9－16쪽.

14) 이인(1916)/ 문준영 역, 「朝鮮人의 苦情을 朝野에 호소한다」, 『애산학보』 44(애산학회, 2017), 53－68쪽에 원문과 번역문 수록. 이 글은 필화사건으로 다음 호에 게재되지 못한 미완의 글이다.

15) 최영희 · 김호일 편저, 앞의 책, 18－9쪽.

터 전쟁에서 져서 약화되어야 한다는 인식이 널리 퍼져 있었는데, 이인은 이에 동조하면서도 자력이 아닌 타력에 의지하는 것에 대해서는 못 마땅히 여겼다. 우선 실력을 양성하는 것이 급선무라고 여겨 친구들과 함께 법학원을 세워 강의를 하는 활동을 하였지만, 다시 일본으로 돌아가려고 하였다. 게다가 3·1 독립운동 발발 후 다시 만주로 돌아간 숙부 이시영의 죽음은 이를 더욱 굳게 하였다.[16] 9월 일본으로 돌아간 이인은 한 차례 쓴 맛을 본 후 1922년에 변호사시험에 합격하고 1923년 2월에 합격증을 받고 귀국하였다.[17]

III. 항일 변호사 이인의 활동

1. 민족독립운동의 변론

이인은 귀국 후에 최연소 변호사로 활동하였다. 그는 독립운동을 비롯하여 약 1,500여 건이나 되는 많은 사건을 변론하였다. 그리고 그의 활동은 법정에서만 그치는 것이 아니라 민족주의 활동에도 미쳤다. 특히 그가 최대의 노력을 기울인 것은 민족정신을 잃지 않고 나아가 고취하기 위한 한글운동이었다. 여기서는 변호사 활동 외에 다양한 민족주의자로서 이인의 모습을 함께 살펴보자.

이인이 최초로 변론한 사건은 의열단 조직원 재판이다. 의열단은 1919년 만주 길림성吉林省에서 조직된 단체로 조선총독부, 경찰서, 동양척식회사 등을 공격하였다. 이인이 변론을 맡은 사건은 1923년의 황옥黃鈺 경부警部 사건이다.[18] 물론 변론의 성과에도 불구하고 모두 유죄선고를 받았지만, 사건을 언론에서 대서특별하였기 때문에 변론 자체가 바로 독립운동의 일환이었다. 의열단 사건 가운데 이인이 특히 기억하고 있는 것은 백윤화白允和 판사 피습사건이었다. 1923년의 의열단 사건의 주모자 김시현金始顯의 동생 김정현金禎顯이 판사 백윤화를 협박하여 군자금을 받으려고 하였으나 실패하였다. 이 사건을 재판할 때에 피해자 백윤화가 재판장의 뒷자리에 앉아 있었고, 고문으로 악명이 높은 담당경찰인 미와와

16) 성재 이시영은 "屍身마저도 일제 치하의 조국으로는 돌아가지 않겠다"는 유언을 남겼다고 이인은 회고하였다. 최영희 · 김호일 편저, 앞의 책, 31－3쪽.

17) 최영희 · 김호일 편저, 앞의 책, 25－35쪽.

18) 이 사건은 2017년에 개봉한 영화 밀정의 모티브이다.

사부로三輪和三郞 경부는 피고인의 앞자리에 버티고 앉아 있었다. 이인은 피해자가 판사라도 재판장 뒷자리에 있을 수 있는가, 또 고문을 한 경찰이 있는 상태에서는 공정한 재판을 할 수 없다고 항변하였다. 그러자 법적 논리에 몰린 백윤화는 즉시 퇴정하였고, 미와 경부는 버티다가 이인의 거듭된 항의로 재판장이 그에게 퇴정을 명령하여 결국 법정에서 물러났다.[19] 이것은 이인의 기개와 함께 법적 논리로 이루어낸 것이다.

1924년에 대구 동화사를 거점으로 조선은행 대구지점의 금고를 털어 독립자금을 마련하려다 미수에 그친 사건이 발생하였다. 이인은 대구 변호사 4명과 함께 변론을 하였다. 날이 덥고 피고인의 가족 등 방청객이 많아 법정이 좁았다. 이인은 공판정에서 피고인과 가까이 있게 되었는데, 그들의 신체에서 고문의 흔적을 발견하여 조용히 물었다. 그들은 낮은 목소리로 경찰의 수사과정과 예심에서 고문을 실토하였다. 이인은 공판도중에 심문의 중지를 요구하고 예심조서의 진실성을 문제로 삼았다. 그러자 판사는 그 문제는 심리를 진행하는 과정에서 밝혀질 것이라고 일축하였다. 이인은 고문 여부를 조사하기 위해 피고인의 신체를 검진할 것을 요청하였다. 그때 피고인 중 한 명이 웃옷을 벗었고 나머지 피고인도 따라서 옷을 벗어버렸다. 일순간 공판정은 벌거벗은 사람들로 가득 찼다. 그와 동시에 눈을 뜨고는 볼 수 없는 광경이 연출되었다. 일본인 검사는 예심을 끌어 상처가 어느 정도 아문 후에 재판을 개시하였는데도 상흔이 그 정도로 남아 있었으니 고문의 정도는 상상하고도 남음이 있었다.[20] 다급해진 검사는 휴정을 요청하고 따로 이인을 불렀다. 그 결과 시국사건에 대한 당시의 일반적인 예와는 다르게 검사는 낮은 형을 구형하였다. 그 후 이 일로 골탕을 먹은 일본경찰은 애꿎은 가족들에게 분풀이를 하였다.[21]

이인은 법정에서만이 아니라 법정 밖에서도 활동을 하여 한국인의 권익을 옹

---

19) 최영희 · 김호일 편저, 앞의 책, 41－4쪽.

20) 고문의 실상과 유죄의 자백에 대해서는 전봉관, 「안동 가와카미순사 살해사건」『경성기담』(살림, 2006), 49－79쪽 및 조선어학회 수난 사건에서 고초를 당하였던 일석 이희승 선생은 고문을 생생하게 증언하고 있다. 일석이희승전집간행위원회 편, 『一石 李熙昇 全集 2』(서울대학교출판부, 2000), 385－8쪽.

21) 최영희 · 김호일 편저, 앞의 책, 47－50쪽.

호하였다. 1924년 진해에서는 동양척식회사[22]의 소작관리인인 일본인 마름[舍音]이 소작인 2명을 상대로 소가 14원圓의 소송을 제기하였다. 표면적으로는 사소한 것이지만 실질에서는 엄청난 것이었다. 창원, 진해, 마산 삼랑진 일대에는 위 회사의 소작인이 5만여 명이 되었기 때문에 이 소송의 결과는 두 사람만이 아니라 전체 소작인의 생명과 직결되는 것이었다. 그리고 고율의 소작료, 잦은 경작인의 변경 등으로 농민의 목숨은 동척과 그 마름에 달려 있었으며, 농민들은 살기 위해 그들을 상대로 쟁의를 벌렸다. 동척에서는 이를 미리 방지하기 위해 농민 가운데 200여 명을 경찰을 동원해서 잡아가두었다. 진해청년회의 연락을 받은 이인은 무료변론으로 자청해서 진해로 갔다. 마산에 도착한 이인은 법원으로 향하였는데, 법원으로 가는 길에는 농민들이 결과를 지켜보기 위해 모여 있었고 일본 경찰 역시 운집해 있었다. 이러한 기세 때문에 일본인 마름은 소를 취하하여 소송이 끝나버렸다. 저녁에 도지사와 군책임자가 이인에게 와서 농민의 대표로 중재를 부탁하였다. 이인은 구속된 농민들을 석방하고 아울러 추후 다시 형사소추를 하지 말며, 소작료를 청구하지 말 것을 조건으로 중재하였다. 이인에게서 일격을 당한 일본경찰은 4개월 후 진해청년회 회원 9명을 등사판 인쇄를 이유로 '출판법 위반'으로 구속하였다.[23]

1926년 순종 인산因山을 기해 일어난 6·10만세 사건에서도 이인은 법적 논리보다는 다분히 감정적이며 민족적인 변론을 하였다. 그는 "주권을 잃은 백성은 옛 주인마저 잃었다. 이 슬픈 상황에서 어찌 한 방물 눈물이 없겠는가? 일본은 비분한 눈물마저 처벌할 작정인가?"라는 내용으로 변론하여 성과를 거두었다. 그는 운동에 참여한 학생이 사무실로 도망쳐 오자 보호하였으며, 체포된 외국인 여교사를 국제관계를 들어 석방하기도 하였다. 학생들을 소요죄로 기소한 것에 대해서는 만세를 부른 것은 소요죄에 해당되지 않으며 사태를 그 지경으로 만든 과격하게 진압한 경찰 등을 처벌해야 한다고 주장하였다.

또 재판장이 제멋대로 재판을 진행하여 민족을 탄압한 예가 있었는데, 바로 1927년의 통영 민중대회 사건이다. 통영 출신의 경상남도 평의원 김기정金淇正

22) 동양척식회사는 통감부기에 조선의 산업개발을 위해 설립하였으며, 합방 후에는 토지조사사업의 결과로 창출된 국유지를 불하받아 최대의 지주가 되었다.

23) 최영희 · 김호일 편저, 앞의 책, 50－3쪽.

이 "한국인에게는 교육이 필요 없다. 배운 것이 많으면 사회운동에 앞장서고 불량자가 될 뿐이니 보통교육의 예산을 삭감하자"라고 발언하였다. 이를 들은 통영군민이 궐기를 하였는데, 김기정이 먼저 농민들을 고소하여 경찰이 통영유지들을 구속하였다. 그러자 농민들이 김기석의 집에 투석을 하는 항의를 하였다. 일본경찰은 박봉삼(朴奉杉; 1875~1936) 목사 등 23명을 소요죄로 기소하였다.[24] 이인은 변론 내용을 준비하고 법정에 들어갔으나 재판장은 개정하자마자 피고인들에게 인정신문을 한 후 곧장 서기에게 예심종결서를 낭독시키고 기록을 가리키며 결심임을 선언하였다. 이인은 피고인을 심문하지 않고 결심을 허용하는 것은 법에 없는 일이며, 또 예심종결서로 사실심리를 대신할 수 없는 것이라고 재판장에게 강력하게 항의하여 결국 오후에 재판을 재개시켰다.[25]

그 외에도 이인은 수많은 애국지사를 변론하였다. 그 과정에서 집요하게 수사의 허점을 파고들어 독립지사에게 유리한 판결을 얻었다. 독립투사에 대한 변론을 거듭하면 할수록 그의 민족의식은 더욱 투철해져갔다. 그 스스로도 변호인이 아닌 독립투사로 활동하였다. 그 과정에 일본의 심기를 거슬린 것이 한두 번이 아니어서 변호인에서 피의자로 피고인으로 전락할 위기를 몇 번이나 넘겼다. 그 역시 피고인으로 법정에 서기 직전까지 이르렀다. 바로 1928년에 발생하고 예심을 거친 후 1930년에 재판이 진행된 수원농업고등학교 계림흥농사鷄林興農社 사건이다.

1925년 수원농업고등학교 학생들은 계림흥농사를 조직하여 농촌계몽을 목적으로 하는 상록수 운동을 전개하였다. 민족의식이 투철한 주동자인 김성원金聲遠은 수원농고를 졸업한 후 김해농고에 부임하여 출석을 한국이름으로 부르는 등 학생들에게 민족정신과 항일의식을 고취시켰다. 1928년 학생들은 농산물품평회를 겸하여 학예회를 개최하였다. 여기에 출품된 작품 가운데, "민족民族, 자유自由, 독립獨立" 등의 문자를 경찰이 문제로 삼았다. 경찰은 집요한 수사 끝에 학생들과 김성원 등과의 서신을 찾아내었다. 이때 시찰을 온 조선총독부 학무국 시학관視學官은 주의 정도에 그쳤는데, 경찰은 학생을 무려 220명이나 연행하였다.

24) 박봉삼 목사는 1928년 5월 1일 대구복심법원에서 명예훼손 등 혐의로 징역형 6개월 집행유예 3년을 선고받았다. [인물]

25) 최영희 · 김호일 편저, 앞의 책, 75－80쪽.

이 사건은 이인, 김병로, 김용무 등이 맡았는데, 이인은 다음과 같은 요지의 변론을 하였다.

> 동양평화를 위해서는 한중일 3국이 정립하여 상호간의 발달을 도모하고 나아가서는 인류의 문화와 복지 증진에 공동으로 참여한다는 것이 한일합방 때 일본이 표방한 취지이다. 그런데 이제 와서 한민족을 노예시하고 차별하니, 일본에 대한 감정이 악화되는 것은 당연한 결과이다. 양부모의 학대에 견디지 못할 지경이면 양자는 친부모를 그리워 할 것이요, 그리하여 친가의 옛 일을 다시 생각하는 것은 인지상정이다. 일본의 식민정책은 이와 같은 잘못을 저지르고 있는 것이 아니고 무엇이냐? 인간이란 원래 굶주리면 먹을 것을 찾고 결박되었을 때에는 자유와 독립, 해방을 요구하는 것이다. 이것이 바로 인간의 본능이니 학생들이 자유를 갈망하는 것은 이 본능에 의한 양심적 발로이고 역사적 필연이라 할 것이다.[26]

이렇게 변론을 하고 있는데, 입회검사는 줄곧 이인의 변론을 받아 적었다. 변론이 끝나자 검사는 변론이 불온하기 때문에 검사실로 동행할 것을 요구하였다. 검사실에서는 검사는 방금 피고인의 변론을 마친 이인을 구속하겠다고 야단을 피웠다. 이 사건은 얼마 후 변호사회에서도 논란이 되었다. 한국인 변호사는 말할 것도 없고 일본인 변호사조차도 법정에서의 변론까지 간섭하는 것은 부당하다고 검사의 행동을 비난하였다. 1개월 후 사이토齋藤實 총독은 이인에게 변호사 정직 6개월의 처분을 내렸다.[27]

해방 후 이인의 활동을 보면 그가 반공주의자임이 분명하다. 하지만, 식민지기에 그는 민족독립운동과 관련된 사건을 변호할 때에 민족주의자인지 공산주의자인지를 가리지 않고 모두 변론을 하였다. 그는 1925년 고려공산당이 창당될 즈음에 처음으로 좌익사건의 변론을 맡았다. 그리고 '상춘원常春園' 사건, 1930년 'ML당(마르크스-레닌당)' 사건, 1931년 경성제대를 중심으로 한 '반제동맹' 사건 그리고 각종 독서회사건 등 좌익사건이 계속해서 발생하였다. 이인은 이들 사건을 변론할 때에 민족주의자들을 변론할 때와 같은 취지로 하였다. 그가 변론한 것은 일

26) 이인, 앞의 책, 82-5쪽.

27) 최영희 · 김호일 편저, 앞의 책, 112-5쪽.

제의 탄압에 시달리는 동포를 구하고 민족독립운동을 옹호하는 것이었을 뿐이다.[28] 그는 "민족주의자와 공산주의자를 같은 경부선 열차를 타고 한 명은 최종목적지가 부산이고, 다른 한 명은 대구이다. 같은 열차를 탔으니 동행임은 분명하지만, 목적지는 같을 수 없다. 그리고 공산주의자를 만나면 대구에 같이 내리자고 권하였으면 그들도 응했다"고 하였다.[29]

판결문 등을 전수조사하지 않은 한계가 있지만, 기존의 연구에 따르면 이인은 단독으로 또는 김병로 등과 함께 1923년부터 1941년까지 독립운동을 37건을 변론하였는데, 이를 정리하면 다음과 같다.[30]

연도	사건명	대표 피고인	변호인단
1923	의열단	김시현 황옥 유석현 등	김병로 이인 高橋武夫 등 8인
	신천지필화2	박제호 유병기	김용무 이인 김병로 등 7인
1924	경북중대	최윤동 정두규 노기용 등	이인 堀池 등 10인
1925	북율면 소작쟁의		김병로 김용무 이인
	흑기연맹	이복원 곽윤모 이창식 등	김병로 김용무 이인
1926	금호문	송학선	이인 한근조 松本正寬
	6.10만세	연전 이병립 외 10인	이인 이창휘 한국종 5인
1927	고려혁명당	이동구 등 14인	이인 김병로 이희적 최창조
	조선공산당	김재봉 강달영 권오설 박헌영 등 101인	허헌 장도 최진 이인 布施辰治 등 29인
1928	3차공산당(ML당)	김준연 김세연 등 11인	김병로 이인 허헌
	간도공산당 사건	271인	김병로 김태영 이인 등 6인
	중외일보 필화	최여봉 송운 조경서	이인 이용무 등 5인
	함남기자연맹	이정섭 이상협	이인 허헌 등 12인
	공산당 관계	강기덕 등 13 인	경성복심법원: 이인 등 8
	순영우차조합	김모씨 등 30인	허헌 이인 김병로 등 15인
	여운형	우일훈 이인흡	김병로 이인 유태설

28) 한 번은 법정에서 조선총독부의 시책을 정면으로 비판하였는데, 입회검사가 문제를 제기하여 중단하였으며, 휴정 후에 판사 앞에서 둘러대어 위기를 면한 적도 있었다. 이인, 앞의 책, 58-9쪽.

29) 최영희 · 김호일 편저, 앞의 책, 137-141쪽.

30) 한인섭, 『식민지법정에서 독립을 변론하다』(경인문화사, 2012), "<부록> 허헌 김병로 이인의 항일변론 연보", 655-9쪽.

	개성공산당	여운형	김병로 이인 등 12인
	김해청년동맹(상고심)		이인 김병로 등 6인
1929	대구학생		김병로 이인 한국종
	조선공산당 관련	좌공림 김용찬	이인 김병로
		권태석	이인 허헌 등 5인
	공명단	최양옥 등	이인 이창휘 허헌
	원산총파업	김경식 등	김병로 이인 허헌 赤尾虎吉
1930	수원고농(흑농회)	김찬도 권영선	이인
	이천 무정부주의자	이은송 등 4인	김태영 이인 김병로 한국종
	민중대회	허헌 홍명희 등 6인	이인 松本正意 등 20인
	경성여학생만세	허정숙 등 8인	김병로 이인 등 6인
1931	공산당 관련	구연흠	양윤식 이인 김용무
1932	만주무장투쟁	이응서	상고심: 이인
	정평농조		김병로 이인 원택연
	안창호	안창호	이인 신태악 등 5인
	만주무장투쟁	오동진	이인 등 10여 인
1933	간도공산당	배동건 외 275명	김병로 이인 寺田榮 등 14인
	조용하	조용하	이인 박재선 김병로
1934	형평청년전위동맹	이동안 등	이인
1935	십자가당	남궁억 유자훈 등	이인
1941	수양동우회	이광수 외	이인 김병로 鈴木義男 등 13인

1923년

① 의열단 사건: 의열단원 김시현, 유석현등이 국내에 항일폭동을 일으키기 위해 폭탄을 가지고 잠입하였으나, 밀고로 체포되었다. 관련자 가운데는 황옥은 현직 경부였다. 1923년 8월 21일에 김시현과 황옥은 10년, 그 외 유석현, 남영득 8년 등으로 선고되었다.

② 신천지 필화 사건(2): 발송 전 압수된 『신천지』 1923년 9월호에 유병기의 「약소민족에게 호소하여 단결을 재촉함」이라는 글을 빌미로 편집인 박제호와 유병기는 1919년 제령 7호[31] 위반으로 기소되어 선

31) 1919년 4월 3·1운동을 처벌하기 위해 만들어진 것으로 공식명칭은 '정치에 관한 범죄 처벌의

고 공판에서 모두 징역 1년을 선고받았다.

1924년

경북 중대重大사건: 1920년의 송두환과 1923년의 최윤동이 각각 벌인 독립운동 자금 모금 운동을 통합한 것으로 1924년 대구지방법원과 대구복심법원에서 취급한 형사재판 가운데 최대 중대 사건이었으며, 조사 과정에서 자행한 비인간적 고문 행위가 쟁점으로 떠올랐다. [본서, 186쪽 및 향토 → 대구역사문화대전]

1925년

① 북률면 소작쟁의 사건: 황해도 재령군 북률면의 동양척식회사 소작인 500여 명 공평한 소작료 책정을 요구하며 농성하자, 동척은 척식청년단拓殖靑年團과 향상회를 조직하여 농민을 폭행하였고, 대표 김계윤 외 4명이 검거되었다. 1925년 6월 평양복심법원에서 김계윤 등에게 징역형을 선고하였다. 1925년 3월 동척은 300여 명의 소작인에게 미납소작료를 연부로 하는 등 일정부분 양보하는 8개 조건을 승낙하면서 일단락되었다.

② 흑기연맹 사건: 흑기연맹은 신영우, 한병희, 이복원, 서천순, 이창식, 곽철, 이기영 등이 1924년 12월 조직한 무정부주의 단체이다. 그 조직원은 1925년 5월 초 검거되었고, 1925년 11월 10명에게 징역 1년형이 선고되었다.

1926년

① 금호문 사건(의거): 금호문은 창덕궁의 궁문이다. 송학선은 1926년 4월 마코토 조선 총독을 암살하려다 실패하여 사형을 선고받고, 이듬해 5월에 서대문형무소에서 순국했다. [민백]

② 6·10만세 사건: 1926년 6월 10일 순종의 인산일에 만세시위로, 이때 일본 경찰에게 체포된 학생은 서울에서는 210여 명이었고, 전국적으로는 1천여 명이었다. 그 중 조사받은 자가 106명, 수감된 자가 53

건'이다. 정치의 변혁을 목적으로 하여 다수 공동으로 안녕질서를 방해하거나 또는 방해하려고 한 자를 10년 이하의 징역 또는 금고에 처하여 형벌을 강화하였으며, 또 외국에서의 범죄도 처벌하여 해외독립운동가를 처벌할 법적 근거를 마련하였다.

명이었으나, 어느 정도 시위가 가라앉자 이들 대부분을 석방하였다. [민백]

1927년

① 고려혁명당 사건: 고려혁명당은 1926년 3월 만주 정의부의 양기탁, 현정경, 고할신, 오동진, 곽종대 등과 소련에서 돌아온 이규풍, 주진수, 천도교의 혁신파인 김봉국, 이동락, 형평사의 이동구, 송헌 등이 창당하였다. 1927년 12월 만주 장춘에서 이동락이 체포되어 발각되었고 이후 간부 14명이 체포되었다. 1심 판결은 1928년 4월 20일, 2심인 평양복심판결을 1928년 10월 18일이었다. 1심에서 2명이 무죄, 2심에서 2명이 더 무죄 판결을 받았다.

② 조선공산당 사건(1차, 2차): 김재봉, 박헌영 등이 공산당을 조직하고 활동하던 중 1925년 11월 평안북도 신의주에서 김재봉 등이 체포되면서 해체되었다. 이 사건은 1927년까지 일제의 보도 통제로 알려지지 않았다. 이후 강달영과 권오설 등이 서울에서 조선공산당이 극비리에 재조직하였다. 재조직된 공산당은 6·10만세운동을 준비하다 발각되어, 6월 7일 권오설이 체포되고, 이후 지도부가 모두 검거되었다. 예심 이후 공판에 회부된 인원이 101명으로 '101사건'이라 부르기도 한다. '조선의 3대 사건'의 국내외 언론의 집중 조명을 받았고, 48회의 공판 끝에 1928년 2월 13일 판결이 내려졌다. 재판 중 변호인단은 종로경찰서의 고문경찰관을 고소하기도 하였다. 치안유지법 위반으로 김재봉과 강달영은 징역 6년, 권오설은 징역 5년, 그 외 징역 1년이 33명, 무죄 12명 등이었다.

1928년

① 3차 조선공산당 사건(ML당 사건): 조선공산당은 1926년 12월 정우회 선언에 따라 재건되었다. 이를 ML당이라고 한다. 이들은 특히 단일 민족혁명전선의 운영을 밝히며 민족주의와 협력을 추진하였다. 그러나 일경은 1928년 2월 김준연, 하필원, 김철, 허일 등을 검거하였다. 1930년 8월에 경성지방법원에서 김준연 등은 징역 6년을 선고받았다.

② 간도공산당 사건: 조선공산당 만주총국이 1927년 10월 조선공산당

재판의 공개를 요구하는 시위를 계획하다 최원택 김지종 등 주요 간부가 검거되었다. 예심종결 8개월만인 1928년 11월에 공판이 시작되었다. 1928년 12월 경성지방법원에서 제령7호 위반과 구치안유지법을 적용하여, 구형 8년의 최원택은 6년, 구형 7년의 김지종은 5년 등 최고 6년에서 최저 6월의 징역이 선고되었다. 최원택은 1934년 9월 만기출소하였다.

③『중외일보』 필화 사건: 이정섭 기자가 1928년 2월 18일부터 23일까지 쓴 「조선에서 조선으로」라는 세계 기행문에, 에이레[愛蘭] 공산당 당수가 자치국 에이레는 이제 유산계급에 대한 무산계급의 계급투쟁 단계로 들어가 있다고 설명한 회견문이 실린 것이 빌미가 되었다. 경성지법 검사국은 발행인 이상협은 신문지법 위반으로, 이정섭은 보안법 위반으로 각각 기소하였고, 4월 1심은 이상협에게 금고 4월을, 이정섭에게 징역 6월을 구형대로 선고하였다. 2심 경성복심법원에서는 1심 형량 그대로 판결이 내려졌고, 3심 고등법원에서는 이상협에게는 벌금 200원, 이정섭에게는 징역 6개월에 집행유예 2년이 선고되었다.

④ 함남기자연맹 사건: 1927년 함남기자연맹이 기자대회를 주최하려다 금지되자, 경찰탄핵 연설을 개최하기 위해 시위하면서 경찰과 충돌하였다. 이에 강기덕, 함석희 등이 구속되었다. 1928년 12월 경성복심법원에서 강기덕 징역 1년, 함석희 징역 8개월 등이 선고되었다.

⑤ 순영우차조합 사건: 1927년 9월 영흥 흑연광산 노동자 파업은 일본인 기사들이 한국인 우차부牛車夫를 구타하여 중상을 입힌 사건이 발단이 되었다. 이후 영흥지역 여러 노동조합을 중심으로 동조 파업이 일어나 영흥지역 노동조합의 총파업으로 번졌다. 이후 1928년 3월 2일에는 양조 노동자들이 파업에 들어갔으며, 흑연 광산노동자들은 노동자들의 전부를 채용할 것과 조합원 이외의 광부채용을 조합에 맡길 것을 요구하면서 재파업에 들어갔고, 4월 3일에는 함일관이라는 음식점에 고용된 영흥점원조합 소속 점원들이 임금인상과 시간단축을 요구하면서 파업을 일으킨 데 이어서 5월 26일에는 순영우차조합이 파업을 일으켰다. 1928년 11월 26일 예심이 종결되어 14

명이 기소되었고, 김병로 등 변호사 3인은 무료로 변론하였다.

⑥ 여운형 사건: 여운형은 1914년 중국 유학을 떠난 이후 상하이에서 1918년 신한청년당 당수, 1919년 임시정부 의원 등을 지내고, 1923년 국민대표회의 때 안창호, 김동삼과 함께 개조파로 활동했으나 임정을 떠났다. 1929년 7월에 여운형은 중국 상하이에서 일제 경찰에게 체포되어 압송되었다. 1930년 6월 상고심에서도 제령 제7호 제1조 제1항을 적용받아 3년형을 선고받아 복역하였다.

⑦ 개성공산당 사건: 1927년 10월 모스크바 대학 출신의 김정환金貞煥이 조선농인사朝鮮農人社를 중심으로 조직한 공산당 단체로, 1928년에는 장삼득張三得의 발의로 제4적색대중당이라 개칭하였다. 1928년 11월 24일 인천에서 17명이 검거되고, 김정환, 장삼득 등은 도피하였다. 1929년 10월 30일 경성지방법원에서 김봉철, 서원표 징역 7년, 원점룡 징역 5년등을 선고받았다.

⑧ 김해청년동맹(상고심): 1928년 김해지역의 청년단체들을 통합하여 조직된 청년운동단체로, 소작쟁의, 백정차별 폐지 활동 등을 펼쳤다.[32]

1929년

① 대구학생 사건: 1926년 윤장혁, 상무상 등 대구지역 학생들이 맑스주의 학습을 위해 조직한 독서회에서 시작되었다. 조직이 확대되던 중 1928년 동맹휴학으로 일제에 비밀 결사가 발각되었다. 1929년 10월 21일 대구지방법원에서 구형 징역 5년의 윤장혁은 3년으로 선고를 받고, 상무상 등 28명이 징역형을 선고받았다.

② 조선공산당 관련 사건: 제4차 조선공산당 재건 사건으로 1929년 2월 20일 좌공림 등의 예심이 종결되고, 치안유지법 위반으로 3월 15일 재판을 받았다. 권태석은 제4차 조선공산당 재건 사건으로 좌공림 등과 함께 1929년 2월 20일 예심이 종결되고, 치안유지법 위반으로 3월 15일 오후에 재판을 받았다. 이날 오전에는 좌공림의 공판이 있었다.

---

32) 이준식, 「일제침략기 김해지방의 농민운동」, 『역사와 현실』 7(한국역사연구회, 1992) 참조.

③ 공명단 사건: 1928년 중국에서 신덕영, 최양옥 등이 결성한 독립운동단체로 1929년 춘천에서 서울로 오는 우편차량에 보관된 현금을 탈취하려고 하였으나 실패하였고, 징역 5~10년의 형을 받고 옥고를 치렀다. [민백]

④ 원산총파업 사건: 1929년 1월 14일 원산 부두 노동자들의 파업을 시작으로 원산노동연합회가 중심이 되어 열악한 노동 조건과 민족간의 차별 대우에 대항하여 총파업을 일으켰다. 원산노동연합회 집행위원장 김경식은 1929년 4월 30일 함흥지방법원에서 협박 및 폭행죄로 징역 6개월이 선고되고, 1929년 7월 20일 경성복심법원에서는 징역 6개월을 확정하였다.

1930년

① 수원고농(흑농회) 사건: 1925년 수원농업고등학교 학생들이 조직한 계림흥농사鷄林興農社에서 1928년 농촌계몽을 목적으로 하는 상록수常綠樹 운동을 전개하면서 학예회를 개최하였다. 여기에 출품된 작품 가운데, "民族, 自由, 獨立" 등의 문자를 경찰이 문제로 삼아 220명을 연행한 사건이다. 조선총독부는 이인의 변론을 문제로 삼아 정직 6개월의 변호사 정직처분을 내였다.[33]

② 이천 무정부주의자 사건: 1929년 강원도 이천에서 무정부주의자 이은송李殷松을 중심으로 100여 명의 청년이 비밀결사인 이천농민자유연맹을 조직하고, 대중의 조직적 실천운동을 전개하였다. 치안법위반으로 검거되어 1930년 4월 2일 징역 3년이 선고되었다.

③ 민중대회 사건: 광주학생항일운동이 일어나자 신간회는 진상 규명을 위한 조사단을 파견하고, 서울에서 1929년 12월 13일 광주실정보고 민중대회를 열고 그 부당성을 규탄하기로 하였다. 일본 경찰의 금지에도 대회를 강행하려고 하자, 허헌, 권동진, 한용운, 조병옥, 홍명희, 이관용 등 신간회 와 근우회 간부 등을 구속하였다. 1931년 4월 14일 보안법 위반으로 허헌, 홍명희, 이관용은 징역 1년 6개월, 조병옥, 이원혁, 김무삼은 징역 1년 4개월이 선고되었다.

33) 이인, 앞의 책, 82－5쪽, 본서 188쪽 참조.

④ 경성여학생 만세 사건: 광주학생운동의 영향으로 1930년 1월 15일 서울 지역 남녀 학생들이 제국주의타도 등을 외치며 행진하였다. 일경은 여학생들의 배후로 근우회를 지목하고 보안법 위반으로 허정숙 외 7인을 기소하였다. 1930년 3월 22일 허정숙 징역1년, 최복순 징역 8월을 선고받고, 나머지는 집행유예로 석방되었다.

1931년

공산당관련 사건: 제1차 조선공산당에 관련되어 구연흠이 1931년 12월 17일 경성지방법원에서 징역 6년, 김명회, 하종환은 징역 2년이 선고되었다.

1932년

① 만주무장투쟁 사건: 이웅서는 참의부의 소속으로 만주와 국내에서 일본의 영사관, 경찰서 등 100여개소를 파괴하는 등 무장활동을 전개하였다. 1928년 길림에서 체포되어 1932년 고등법원에서 무기징역이 확정되었다. [민백]

② 정평농조 사건: 1931년 2월 1일 정평농민조합의 농민운동으로 125명의 농민들이 일제에게 체포되어 심문조사를 받던 중, 일제의 가혹한 고문수사로 약 20명의 중병자가 발생하고 사망자도 나왔다. 신간회는 즉각 조사원을 특파하고, 함흥지회에도 진상조사를 의뢰하였다. 1932년 11월 30일 함흥지방법원에서 공판이 시작되었다. 12월 9일 원회극은 구형 10년에 8년을 선고받는 등 최하도 징역 2년의 중형이 내려졌다. 1933년 12월 15일 복심에서는 원회극이 징역 6년 등을 선고받았다. 정평농민조합은 이후 여러 번 조합을 재건하며 농민운동을 이어나갔다. [민백]

③ 안창호 사건: 1919년 5월 상해에 망명한 안창호는 임시정부와 대한인국민회 등에서 활동하며 독립운동의 중추적 인물로 추앙받았다. 1932년 4월 윤봉길 의거 이후 안창호는 상해에서 일제에 체포되어 경성으로 압송되었다. 한국독립당 조직에 관여하고, 대일전선통일동맹 조직(미수)을 이유로 치안유지법을 들어 1932년 12월 26일 징역4년이 선고되었다. 안창호는 항소하지 않고 복역하여 1935년 2월 11일 대전형무소에서 가출옥하였다. [민백]

④ 만주무장투쟁 사건: 1919년 3·1 운동 이후 만주로 이주하여 독립군으로 활동한 오동진은 1925년 정의부를 결성하고, 군사부위원장 겸 사령장으로 소속 독립군을 지휘하여 국경지방의 일본경찰관서를 습격, 파괴하기도 하였다. 1926년 고려혁명당을 조직하였으나, 1928년 일본경찰의 밀정에게 체포되었다. 국내로 압송되어 1932년 3월 신의주지방법원과 6월 24일 평양복심법원에서 무기징역을 선고받았다. [민백]

1933년

① 간도공산당 사건: 치안유지법에 따르면 재외조선인이라도 외국공산당에 가입한 경우 처벌될 수 있다. 1920년대 후반부터 일본은 조선공산당 만주총국에 대하여 탄압하였고 '간도공산당 사건'이라고 불리는 사건이 1930년까지 총 5회에 걸쳐 일어났다. 그런데, 제1회부터 제3회까지의 간도공산당 사건이 조선인의 조선공산당 만주총국에 가입한 행위를 처벌하였는데, 제4차와 제5차 사건은 조선인 공산당원이 중국공산당에 가입한 것을 처벌한 사건이었다.[34] 1933년 이인이 변호한 사건은 제4차 간도공산당 사건이다. 1930년 3월 3·1운동 11주년을 맞아 대대적 시위운동을 벌이고 무장봉기로 발전시키려고 하였으나, 일제 경찰에 발각되어 검거되었다. 1933년 9월 1일 간도공산당 사건 관계자로 배동건 외 275명이 치안유지법 위반 혐의로 재판을 받았다. 검사의 사형 구형에 대해 1934년 7월 27일 배동건은 징역 12년을 선고받았다.

② 조용하 사건: 조용하는 1905년 을사늑약이 체결되자 중국으로 망명한 뒤 1913년 이후 하와이에서 활동하였다. 그는 임시정부의 기관지 『한보韓報』를 하와이 재류 한국인에게 배부하고, 하와이의 한인협회를 조직하였다. 중국과의 동맹을 위해 상하이로 건너가다 1932년 10월 체포되었다. 경성지방법원은 1933년 3월 31일 검사의 구형대로 징역 2년 6개월이 선고하였다. 조용하는 항소를 포기하고 복역하

34) 水野直樹/ 이영록 역, 「朝鮮에 있어서 治安維持法 體制의 植民地的 性格」, 『法史學硏究』 26(한국법사학회, 2002), 65쪽. 金昌順, 「滿洲 抗日 聯軍 硏究」, 『國史館論叢』 11(국사편찬위원회, 1990), 85-9쪽 참조.

였다. [민백]

1934년

형평청년전위동맹 사건: 1933년 1월 일제는 청년형평운동을 탄압하기 위하여 전라남도 광주형평청년회를 비롯한 청년회원들을 공산주의운동가로 조작하였다. 전라남도 광주의 신선문, 문재귀 등 100여 명은 1933년 1월 경찰에 구금되었는데, 7개월 동안 알려지지 않은 상태로 고문을 받았다. 이 중 이동안, 박경식 등 14명은 치안유지법 위반으로 구속되었다. 또 51명은 불구속 상태로 검찰에 넘겨진 반면 나머지는 석방되어졌다. [향토→디지털진주문화대전]

1935년

십자가당 사건: 1933년 4월 강원도 홍천에서 기독교인들이 십자가당이란 비밀결사체를 조직하여 항일투쟁을 전개한 민족운동이다. 11월 일본 경찰은 남궁억과 그 주변 인사들을 체포하여 심문하여 홍천 지역 비밀결사 조직을 파악하였다. 유자훈 등 십자가당 당원 전원을 체포하여 12월에 남궁억, 남궁경순 등과 함께 서울로 송치하였고, 실형을 선고받았다. [민백]

1941년

수양동우회 사건: 중일전쟁 전후 일제는 민족적 단체에 탄압을 가하여, 1937년 6월부터 38년 3월에 걸쳐 수양동우회에 관련된 180여 명의 지식인들을 치안유지법 위반 혐의로 검거하였다. 수양동우회는 수양동맹회와 동우구락부가 통합한 것으로, 이광수, 주요한 등을 중심으로, 회관을 건립하고 기관지 『동광』을 발간하였다. 안창호도 1937년 6월 11일 구속되었다가 고문으로 병이 악화되어 1938년 3월 별세하였다. 1938년 11월 3일 수양동우회 사건으로 예심 중에 보석된 이광수 외 28명이 사상전향회의를 개최하여 조선신궁에 요배하고 사상전향진술서를 재판장에게 제출하였다. 1940년 8월 21일 경성복심법원에서 이광수는 징역 5년, 주요한은 징역 4년, 김성업 징역 3년, 조병옥 징역 2년 6월 등을 선고받았다. [민백]

법정에서 합법과 위법 사이에서 줄타기를 하던 이인은 결국 독립운동의 대열로 참여하게 되었다. 3·1 운동 후 문화정책의 일환으로 동아일보 등 한글신문의 창간을 허용한 일본은 다른 한편으로는 언론출판에 대한 통제를 강화하였다. 그래서 민족진영에서는 언론규탄탄압대회를 모의하였는데, 그만 탄로가 났다. 이때 이인을 포함하여 30여 명이 연행되었다. 법정에서의 투쟁을 고려하여 모두가 이인은 무관하다고 주장하여 풀려났다. 이인은 종로경찰서장에게 언론탄압을 따지고, 저명인사가 감금된 것이 외부로 알려지면 결코 좋을 것이 없을 것이라고 협박하였다. 결국 종로경찰서장은 전원을 석방하였다.[35]

그동안 용케 일제의 법망을 피한 이인은 1942년 9월에 발생한 조선어학회 수난 사건에서는 피고인의 몸으로 멀리 함흥까지 가서 구금되고 재판을 받았다. 조선어연구회는 1921년 12월 한글을 과학적으로 연구하기 위해 장지영, 이병기, 김윤경 등 국어학자를 중심으로 창립되었으며, 1931년 조선어학회로 명칭을 변경하였다. 조선어학회에서는 철자법통일안, 표준어 사정, 외래어 표기법 등 국어의 통일에 노력을 하였으며, 아울러 언문강습회와 한글날 기념회를 개최하여 한글을 보급하였다. 그리고 가장 중요한 사업으로 조선어사전편찬에 착수하였다. 이러한 업무는 주로 이극로, 최현배, 이희승, 정인승 등 국어학자가 담당하였다. 이인은 국어학자는 아니지만 1926년경부터 회원이 되었으며, 그는 이우식과 함께 주로 재정적인 지원을 하였다.

조선어학회 수난 사건은 1942년 8월에 함흥에서 발단이 되어 그해 9월부터 본격적으로 수사에 착수하여 관련자 33명을 검거하여 29명을 구속하였다. 1년이 지난 1943년 9월 이극로와 이인 등 16명을 예심에 회부하였다. 예심 기간 동안 이윤재와 한징은 옥사하였다. 그리고서도 1년이 지나 1944년 9월 예심에서는 12명을 정식재판으로 회부하였다. 1945년 1월의 제1심 법원은 이극로, 최현배, 이희승, 정인승, 정태진 등 5명에게는 실형을 선고하였으며, 이인 등 7명에게는 집행유예를 선고하였다. 피고 4명과 검찰이 상고하여 해방 이틀 전인 1945년 8월 13일에 (조선)고등법원에서 상고심 선고를 하였는데, 양쪽의 상고를 기각하여 제1심 판결이 확정되었다.

함흥지방법원의 예심결정서에 따르면 이인에게 적용된 죄목은 "조선어학회,

35) 최영희 · 김호일 편저, 앞의 책, 67–71쪽.

기념도서출판관, 양사관, 과학보급회, 물산장려운동회, 김법린에게 여비를 지원한 1928년 브뤼셀 세계약소민족대회" 등 일곱 가지로 회고하고 있다.[36] 일본은 이인 등 관련자를 치안유지법에 얽어매기 위하여 엄청난 고문을 하였다. 경찰에서는 주로 낮에는 그냥 내버려두다가 밤 11시부터 조사를 하였으며, 만약 진술이 헛갈리면 그냥 고문을 하였는데, 한 번 맞으면 보름 동안은 아무것도 할 수 없었다. 옥중생활은 그야말로 지옥 자체이었다. 음식은 먹을 수 없을 정도이었으며 사식차입私食差入조차 금지하였다. 또 1년 내내 같은 옷으로 버티었으며 감방은 사람이 사는 곳이라기보다는 오히려 이와 벼룩이 주인행세를 하였다. 한 번은 따듯한 난로를 쬐다가 가스에 중독되어 실신한 적도 있었다. 어쨌든 시간은 흘러 제1심 선고 후에는 집행유예를 선고 받은 이인은 석방되었다. 하지만 그는 자유의 몸은 아니었다. 일제가 그를 감시하고 있었다. 특히 패망에 다다른 일제가 주요인사를 암살할 것이라는 소문이 돌아서 이인은 어느 정도 건강이 회복된 후 경기도 양주의 농막으로 피신을 하고 있다가 해방을 맞았다.[37]

2. 인권옹호의 기수

이인은 독립운동의 변론만 한 것이 아니라 그를 필요로 하면 어디든지 가서 도움을 주었다. 이러한 활동은 직접적으로 사회적 약자를 법을 통해 도와 인권의식을 신장시키는 것이며, 신장된 인권의식은 곧 민족의 자주독립과 직결되는 것으로 인식하였다.

1925년에 해괴한 사건이 이인의 귀에 들려왔다. "벙어리 재판"이었다. 함경도 여인이 남편을 독살하였다는 사건인데, 사투리가 심하여 일본인 통역도 알아들을 수 없는 상태에서 재판이 진행되어 판결의 선고만 남긴 상태이었다. 이인은 재판장을 찾아가 사건의 기록을 검토하고 변론의 재개를 요청하였다. 언론에서는 이를 크게 다루어 이목이 집중되었다. 사건 자체는 중요하지 않지만 인권옹호사상을 계몽한 점에 의의가 있다.[38]

36) 이인, 앞의 책, 128쪽.

37) 최영희 · 김호일 편저, 앞의 책, 157－180쪽.

38) 최영희 · 김호일 편저, 앞의 책, 53－9쪽.

1930년대에 서울의 돈 많은 과부가 송사로 전 재산을 날렸다. 그녀는 강원도의 보洑를 사면 그 보의 물을 이용하는 농민들로부터 수세水稅를 1년에 1천석을 받을 수 있다고 하여 그 보를 샀다. 그런데 그 보를 이용하는 농민 400여 명은 수세를 내지 않았다. 그녀는 농민을 상대로 수세를 납부할 것을 제소하였다. 원산청년회의 요청을 받은 이인은 다음의 계책을 알려주었다.

> 첫째, 농민은 봇물을 쓴 적이 없다고 부인하고, 하늘에서 내려온 빗물을 받아 농사를 지었다고 주장하라. 그러면 상대방에서 봇물을 사용했다는 것을 입증해야 하니 입증이 어려울 것이다. 그 다음은 법원에서 호출장을 받으면 언제든지 법원에 출두해라. 소송비용은 진 쪽에서 부담하니 소송에서 이기기만 하면 여비와 숙박비를 받을 수 있다. 그러니 법원에 출두하는 것 자체가 돈을 버는 것이라고 생각하라. 셋째, 만약 법원에 출두하게 되면 여럿이 단체로 걸어서 갈 일이다. 경찰이 놀라서 제지하면 그 사연을 증서로 해서 받아두어야 한다.[39]

재판일이 다가오자 농민 400여 명은 함께 길을 떠났는데, 바로 그날이 원산 장날이었다. 그 많은 피고가 법정에 들어갈 수 없게 되어 심지어 길거리에 서있기도 하였다. 법원으로서는 이런 소송을 하기는 처음이었다. 워낙 많은 수의 피고인들이 출석만이라도 하였는지를 점검할 수 없는 지경이었다. 원고측은 농민의 기세에 눌려 아예 법정 안에서 꼼짝달싹도 못하게 되어 결국 소를 취하하고 소송비용까지 부담하게 되었다.[40]

한 마을 주민 38명이 5년 전의 살인사건으로 제1심에서 유죄를 받고 모두 항소한 사건이 있었다. 이인은 이 사건을 맡아서 경찰의 수사가 엉터리임을 밝혀내고 주모자급 서너 명에게만 살인죄가 아닌 상해죄로 처벌받게 하기도 하였다.[41]

이인은 변호사의 정신을 억강부약抑强扶弱, 즉 강한 자를 누르고 약한 자를 북돋아주는 것과 인권옹호임을 강조하였다. 그 다음으로는 '유열감愉悅感'을 곱았다. 그는 유열감을 "민사소송에서 승소판결을 받는 순간, 형사소송에서 피고인이

39) 이인, 앞의 책, 93－4쪽.

40) 최영희 · 김호일 편저, 앞의 책, 126－7쪽.

41) 최영희 · 김호일 편저, 앞의 책, 130－2쪽.

무죄선고를 받는 순간의 표현하기 어려운 희열이다. 이것은 결코 남에게 양도할 수 없는 기분이요, 변호사가 아니면 맛볼 수 없는 감정이니 어떠한 보수보다 더 중한 것이다"라고 하였다.[42]

이인은 생계를 위해서 나아가 간접적으로 독립운동을 위해서 일반사건도 변론하였다. 식민지기 이인의 변호사 활동 전모를 파악하는 방법으로는 그가 변론한 사건 전체를 밝히는 것이지만, 현재로서는 힘들기 때문에 잠정적으로 판결문이 공간된 최종심인 『(조선)고등법원 판결록』에서 찾을 수 있는 사건을 소개한다. 이는 1926년부터 1942년까지 민사 7건, 형사 4건 등 총 11건을 찾을 수 있다.[43]

① 이중으로 매매된 입도立稻에 대한 가압류의 유무효로 핵심 쟁점은 명인明認 여부이다. 이인은 원고대리인으로 상고하였는데, 그 이유는 압류 당시에 입도는 토지로부터 분리되어 볏단이 되었기 때문에 별도의 명인이 필요없다고 주장하였다. 고등법원은 이인의 주장을 수용하였다(1926. 10. 26 선고, 1926년민상제399호 판결, 동산가압류 이의사건; 원고[상고인] 대리인/ 파기환송, 승소: 13권 223면).

② 동산가압류 결정에 근거하여 집달리직무취급으로 하여금 가압류 집행을 한 본소 물건에 대해 가압류의 해제를 요구한 사건이다. 이인은 원고대리인으로 상고하였는데, 집달리직무취급이 작성하지 않았다고 항변하였으나 상고는 기각되었다(1927. 7. 5 선고, 1927년민상제269호 판결, 동산가압류 이의사건; 원고[상고인] 대리인/ 기각, 패소: 14권 132면).

③ 판결 송달 후에 당사자가 사망하여 그 승계인이 소송절차계속절차를 지체하여 그 판결이 확정된 후 승계인이 항소하였다. 이인은 종국판결의 송달 후 소송절차가 중단한 경우에 소송계속에 관한 서면은 조선민사령 제46조, 제47조, 제51조의 규정에 비추어 원심법원에 제출하여도 무방하다고 주장하였지만, 항고가 기각되었다(1928. 8. 3 선고, 1928년민항제11호 결정, 항소각

---

42) 최영희 · 김호일 편저, 앞의 책, 133–4쪽.

43) 조선고등법원에서는 1908년부터 1943년까지의 중요사건을 발췌하여 『(조선)고등법원 판결록』을 1913년부터 1944년까지 간행하였으며 법원도서관에서 번역본을 간행하였다. 법원도서관 → 법원간행물 → 국역자료 → 국역고등법원 판결록(https://library.scourt.go.kr/search/pub/major).

하명령에 대한 항고사건; 항고인 대리/ 항고기각, 패소: 15권 156면).

④ 속아서 첩이 된 사람에게 매수한 토지를 명의신탁 등기를 하였다가 부첩夫妾관계를 해소하면서 신탁계약을 해지하고 토지의 명의를 회복하려는 사건이다. 피고(첩이 된 자)가 상고하였고 이인은 원고대리인의 복대리인으로 상고하였다. 고등법원은 신탁의 내용을 확정하지 아니하고 신탁해제로 인한 피고의 원상회복의무를 인정한 것은 잘못이라고 하여 원심판결을 파기하였다(1932. 2. 12 선고, 1931년민상제576호 판결, 부동산 소유권이전등기절차 이행청구사건; 원고[피상고인] 복대리/ 파기환송, 패소: 19권 20면).

⑤ 고액의 채무를 남기고 소송 중에 사망한 부의 상속인들 중 일부만 소송수계의 효력을 다툰 사건이다. 고등법원은 상속인 전원이 수계를 해야 한다고 판시하였으며, 이인은 원고의 항소를 대리하여 승소하였다(1938. 4. 12 선고, 1937년민상제464호 판결, 강제집행 이의사건; 원고[피상고인] 대리/ 파기, 항소각하, 승소: 25권 171면).

⑥ 서자가 친권자인 친부, 적모가 모두 사망하였고, 그를 위하여 5명으로 친족회를 구성하였으나 회원 2명이 사망한 후 결원을 보충하지 않았다. 친모는 회원 3명의 동의를 받고 서자가 친부와 적모로부터 상속받은 토지를 매각하였다. 서자는 성년이 된 후 위 매매계약의 취소와 소유권이전등기를 요구한 사건이다. 이인은 피고를 대리하여 친족회원이 3명이지만 보충하여 5명으로 되어도 다수결 원칙에 따르면 유효하다고 상고하였다. 고등법원은 이인의 주장을 수용하였다(1938. 6. 10 선고, 1938년민상제30호 판결, 토지소유권 이전등기말소 청구사건; 피고[상고인] 대리/ 파기환송, 승소: 25권 293면).

⑦ 보존등기를 경료한 건물의 부지에 대해 저당권을 설정하였는데, 그 후 그 부지가 합병 또는 분할된 결과 그 지번이 다르게 된 경우 위 저당권의 효력을 다툰 사건이다. 이인은 김병로와 함께 피고를 대리하여 상고하였다. 이인은 등기부의 형식성을 강조하여 등기부 표시의 건물을 표준으로 해야 하고 따라서 변경된 등기부에 대해서는 저당권의 효력이 미치지 않는다고 주장하였다. 고등법원은 위 경우 변경등기를 하지 않았다고 해서 건물보존등기의 대항력은 부지 지번의 변경으로 당연히 소멸되는 것은 아니라고 하여

상고를 기각하였다(1940. 6. 14 선고, 1940년민상제119호 판결, 가옥명도 청구사건; 피고[상고인] 대리/ 기각, 패소: 27권 151면).

위에서 3건인 가압류, 강제집행 사건은 당시의 경제상황을 반영하고 있으며, 이인은 경제적 약자를 위해 변론하였다. 전반적으로 재산분쟁이며 전통적 관습보다는 근대적 법리가 중시되었다. 이는 일본 민법체제로 포섭되는 당시의 법상황을 잘 보여주고 있다.

⑧ 신발가게 동업자[도중원都中員]의 공유인 건물을 같은 동업자인 피고가 임차하여 점유하고 있었는데, 동업조합이 위 건물을 매각하자 매수인이 임차물의 명도를 청구하였는데, 피고가 거부하여 횡령혐의로 기소되었다. 이인은 증거조사에서 서류 등 증거물을 피고인에게 제시하거나 낭독하지 않았기 때문에 위법이라고 주장하였다. 그러나 고등법원은 당해 사건의 증거가 될 수 있는 모든 자료에 대해 피고인에게 제시하거나 낭독할 필요가 없으며, 법원이 사실인정에 필요하다고 인정하는 증거서류와 증거물에 대하여서만 위 절차를 거쳐야 하고, 그렇지 아니한 것은 피고인에게 불이익하게 원용할 수 없다고 하여 주장을 배척하였다(1927. 5. 5 선고, 1927년형상제9호 판결, 횡령 피고사건: 14권 1면).

⑨ 농민조합의 이사장이 사세의 확장을 위해 조선총독의 면허를 받지 않고 정기예금의 수취 등 영업을 하였다. 이사장 등은 은행령 위반으로 기소되었다. 이인은 은행령 소정의 영업은 이익을 얻으려고 항상 계속적으로 반복하여 예금을 수신할 목적의사 아래 이를 계속 반복하는 것인데, 피고인의 행위에는 반복성이 없다고 주장하였다. 고등법원은 영업은 영리의 목적으로 계속적으로 예금의 수신(收入)을 반복하는 것이라고 하여 주장을 배척하였다(1933. 7. 10 선고, 1933년형상제72호 판결, 은행령 위반 피고사건: 20권(형사) 98면).

⑩ 논 소작문제로 말다툼을 하다가 상해죄로 벌금 50원의 약식명령을 청구하였으나 피고인이 정식재판을 청구하였으나 형은 그대로였다. 이인은 제1심에서 감정인이 수사에서와 다른 결과가 나왔으므로 피고인에게 소송비용 전부를 부담하는 것은 위법이라고 주장하였다. 그러나 고등법원은 본안에

대한 상소가 이유가 없는 경우에는 소송비용만의 심리는 허용하지 않는다고 상고를 기각하였다(1936. 6. 18 선고, 1936년형상제65호 판결, 상해 피고사건: 23권(형사) 315면).

⑪ 가격등통제령을 위반하여 약을 수백 회 판매한 사업주와 종업원을 기소하였다. 이인은 사업주와 종업원의 행위는 연속범連續犯 또는 견련범牽聯犯에 해당한다고 주장하여 벌금을 청구한 약식명령의 기판력이 본안에 미쳐야 함을 주장하였다. 하지만 고등법원은 사업주와 종업원의 행위는 개별행위로 이에 해당하지 않는다고 배척하였다(1942. 3. 26 선고, 1942년형상제16호 판결, 국가총동원법(가격등통제령)위반 피고사건: 29권 39면).

이인은 형사 변론에서는 전부 패소하였다. 상고이유에서 당시 형사사법에 대한 이인의 인식을 엿볼 수 있다. 먼저 경찰과 그 신문조서에 과도한 권한을 부여한 조선형사령 하의 형사사법체제를 비판하고, 체제 내에서 돌파하기 위해 모든 서류의 열람과 낭독을 주장하여 피고인의 권익을 옹호하려고 하였다(⑧). 경제적 상황을 고려하여 은행업을 통한 민족자본의 형성을 법적으로 옹호하였으며(⑨), 논 소작 건으로 상해에까지 이른 식민지 농촌의 실상과 힘든 농민에게 조금이나마 도움이 되려고 소송비용까지 상고하였다(⑩). 피고인의 권익을 옹호하기 위해 학설을 확대하여 사용주와 종업원의 행위를 일련의 행위임을 주장하였다(⑪). 그러나 조선어학회 수난 사건에서 이인 자신과 동지들이 연속범에 해당되어 처벌받은 것은 아이러니이다.

IV. 사회운동가 이인의 활동

1. 과학보급 운동

(1) 변리사제도의 도입과 정착

변리사는 "특허청 또는 법원에 대하여 특허, 실용신안, 디자인 또는 상표에 관한 사항을 대리하고 그 사항에 관한 감정鑑定과 그 밖의 사무를 수행하는 것을 직무로 하는 전문직"이다(변리사법 제2조 업무). 위의 '특허, 실용신안, 디자인 또는 상표'는 유체적이지 않은 무형적인 것으로 경제적으로 도움이 되는 것을 일컬으며, 이는 인류생활의 향상에 큰 기여를 해왔다. 그래서 이의 고안·발명자에게 독점적으로 이용할 권리를 부여해야 발명 등이 활성화될 것이다. 이러한 권리는 "무체재산권·지적소유권·지식재산권·지식재산권" 등으로 불렀다.[44] 지식재산 기본법(2011. 7. 시행, 법률 10629)에서는 '지식재산'을 "인간의 창조적 활동 또는 경험 등에 의하여 창출되거나 발견된 지식·정보·기술, 사상이나 감정의 표현, 영업이나 물건의 표시, 생물의 품종이나 유전자원遺傳資源, 그 밖에 무형적인 것으로서 재산적 가치가 실현될 수 있는 것"으로, '지식재산권'은 "법령 또는 조약 등에 따라 인정되거나 보호되는 지식재산에 관한 권리"로 정의하였다(제3조 정의).

변리사는 발명자 등이 독점적 권리를 행사할 수 있도록 국가기관에 신청하는 전문직이다. 변호사와 달리 등록 등만 지원할 수 있을 뿐 특허권의 침해 등의 분쟁을 해결하는 법원에서는 활동할 수 없다. 무체재산권 등의 개념과 변리사 제도는 일본을 통하여 우리 땅에 수용되어 뿌리를 내렸다. 이인은 1923년 한국인 최초로 변리사로 등록하여 활동하였는데, 이 점에 대해서는 크게 주목하지 않았다. 여기서는 짧게 변리사제도의 수용과 이인이 변리사로 활동한 사회적 맥락을 소개한다.

1882년(고종 19) 8월 지석영(1855~1935)은 기계를 만든 자에게는 전매권을 인정하여 경제적 이익을 부여하고 서적의 복각覆刻을 금지할 것, 즉 저작권을 인정할 것을 상소하였고, 고종은 의정부에 논의할 것을 명하였다.[45] 하지만 실현되지 않았고, 제도로써 모습을 갖춘 때는 갑오개혁기이다. 1894년 6월 28일 의안 「각아문관제」 중 농상아문에 장려국獎勵局을 설치하여 "식산흥업과 전매 및 특허사무를 관장한다(掌獎勵殖産興業及專賣特許事務)"라고 규정하였다.

부국강병의 수단으로 기계가 중시되자 민간에서는 제도의 정비와 무관하게 새로운 발명품이 등장하였다. 1899년에 이태진 등이 "자동직조기", 유긍환이 "신도련기搗鍊機", 한욱이 "전보기", 고영일이 "양지기量地機", 민대식이 "유성기사진판留聲機寫眞版", 서상면이 "양잠법養蠶法"을 발명했다는 기록이 있다. 언론에

44) 박준석, 「무체재산권 · 지적소유권 · 지식재산권 · 지식재산권: 한국 지재법 총칭(總稱) 변화의 연혁적 · 실증적 비판」, 『서울대학교 법학』 53－4(서울대학교 법학연구소, 2012) 참조.

45) ≪고종실록≫ 고종 19년 8월 23일[병자] ④. 조선왕조실록(http://sillok.history.go.kr/main/main.do) → 지석영 검색(2020. 3. 19. 검색).

서도 주목하여 독립신문에서는 '농공육성책에 눈을 돌려라'는 기사(1887. 8. 7)와 황성신문은 기술발전을 위한 특허법의 제정을 촉구하였고(1899. 6. 3), 또 기술자 대회를 개최하여 개발자에게 특허권을 인정하였다(1903. 1. 15)고 한다.[46]

지식재산권은 1908년 8월 일본에 의해 도입되었다. 일본은 불평등조약의 개정을 추구하면서 한국 내에 있는 미국인의 권리를 보호하기 위해 미국과 1908년 5월 「한국에서 발명 의장 상표 및 저작권의 보호에 관한 조약」을 조인하고 8월 비준하였다.[47] 일본은 8월 12일 칙령으로 「한국특허령」, 「한국의장령」, 「한국상표령」, 「한국상호령」, 「한국저작권령」(제196~200호)을 공포하였고, 대한제국 정부는 8월 13일 내각고시 제3호로 위 일미조약을, 제4호로 위 5개 칙령과 관련 통감부령, 고시 등을 게시·공포하였다. 그 결과 지식재산 관련법령이 한국에 시행되었다. 8월 15일에는 통감부령 「한국특허령시행규칙」, 「한국의장령시행규칙」, 「한국상표령시행규칙」, 「한국저작권령시행규칙」, 「한국상호령시행규칙」(제25~29호)을 공포하였다. 1909년 10월 위 칙령을 개정하면서 「한국실용신안령」(칙령 307)과 「한국실용신안령시행규칙」(통감부령 59)을 제정하여 실체법이 완비되었다. 1908년 8월 12일 「통감부특허국관제」(칙령 202)를 공포하여 등록 등을 할 수 있는 기반을 마련하였으며, 8월 15일 「한국특허대리업자등록규칙」(통감부령 30)을 공포하여 일본인이 활동할 수 있는 기반을 마련하였다. 이 규칙은 1909년 11월 폐지되고(통감부령 61), 10월 「한국특허변리사령」(칙령 308)과 「한국특허변리사시험규칙」(통감부령 60)을 시행하였다.[48] 변리사의 자격은 일본과 동일하여 한국인이 즉시 취득할 수 없었다.

1910년 8월 등록변리사는 39명으로 모두 일본인이며, 공업소유권 등록건수는 총 845건이다. 이중 한국인이 출원한 것은 특허 2건, 의장 1건, 상표 26건 등 29건이다.[49] 이는 늦은 서구기술의 수용과 교육의 부족 등에 말미암은 부득이한 현상이었다. 하지만 소수이지만 한국인의 출원이 있은 것은 뒷날의 밑거름이 되었다.

---

46) 대한변리사회, 『변리사회사십년사』(1988), 9－10쪽.

47) 일본의 조약체결의 배경 등에 대해서는 淺野豊美, 『帝國日本の植民地法制: 法域統合と帝國秩序』(名古屋大學出版會, 2008), "第2編 保護下 韓國の條約改正と帝國法制: 破綻した日韓の地域主義的結合" 참조.

48) 관련 법령 목록은 졸저, 『통감부법령체계분석』(한국법제연구원, 1992), 175－7쪽 참조.

49) 대한변리사회, 앞의 책, 25－8쪽.

합방 후 일본은 잠정적으로 대한제국과 통감부 법령의 효력을 인정하였지만, 이 분야에서는 긴급칙령으로 일본의 그것으로 대체하고 통감부 법령의 효력을 인정하지 않았다. 합방 당일에 「특허법 등을 조선에 시행하는 건」(칙령 335)을 공포하여 일본의 "특허법, 의장법, 실용신안법, 상표법, 저작권법"을 식민지 조선에 적용하기로 하였다. 이어서 이를 시행하면서 발생하는 관련 문제를 해결하는 칙령 제336~338호를 공포하고, 「조선에서 특허변리사에 관한 건」(칙령 339)을 공포하여 일본 변리사제도를 전면적으로 도입하였고, 변호사는 당연히 변리사 자격을 갖게 되었다.[50]

경제적으로 일본으로부터 자립하는 것도 조선의 독립을 달성하는 방법 중의 하나로 인식하였다. 그래서 공학교육을 받지 않은 조선인 발명가들은 1925년부터 매년 일본 특허국에 등록된 조신인 특허와 실용신안의 수가 10건 이상으로 유지되었으며, 1933년 19건, 1934년 25건, 1935년 78건으로 증가하며 조선인 발명활동이 활발한 모습을 보였다. 발명품은 생활 속의 불편을 개량한 것이 수준이었지만, 간혹 획기적인 것도 있었다.[51] 1923년 당시 조선의 특허권은 총 49건이며 특허권자는 대부분 일본인으로 약 40명이었다. 식민지기 한국인 변리사는 모두 12명이다. 이인이 1923년 4월에 처음으로 등록한 후 10년 후인 1933년 12월에 이채호[52]가, 마지막으로 1940년 6월에 김경수와 홍경식이 등록하였다. 1910년~1934년 한국인의 총 발명과 실용신안 특허는 17건뿐이다.[53]

(2) 발명학회에서 활동

식민지 조선의 산업현황과 당시의 인식 등에 비추어보면 변리사의 활동이 그다지 활발하지 않은 듯하며, 그마나 일본 변리사들의 주무대였을 것이다. 이인 자

50) 대한변리사회, 앞의 책, 30쪽.

51) 황지나, 「"과학조선 건설"을 향하여: 1930년대 과학지식보급회의 과학데이를 중심으로」(전북대학교 대학원, 석사학위논문, 2019), 10쪽.

52) 李采鎬(1905~1999): 일본대판공업고등학교 및 중앙대학 법학부를 졸업하였으며, 1933년 일본특허변리사시험 합격하여 광화문에서 개업하였다. 기계공학 전공자이면서 공업과 기술행정 전문가이다. 1949년 상공부 특허국장에 취임하여 대한민국 특허제도의 기초를 구축하였다. 대한변리사회, 『변리사회60년사』(2008), 104쪽.

53) 대한변리사회, 앞의 책, 30쪽.

신도 변리사에 대해서는 회고를 많이 남기지 않았다.[54] 또 당시에 이인이 변리사이면서 법정에서 변론할 수 있는 변호사의 능력을 발휘할 수 있는 관련 사건도 거의 없었다.[55]

변리사는 특허 등의 등록을 보조하여 발명가의 권익을 보호하는 것이 주된 임무이다. 하지만 이는 변호사로도 할 수 있다. 변호사는 특허권 등이 침해받아 손해가 발생하였을 때 법정에서 발명가 등을 보호할 수 있다. 그러므로 변호사는 굳이 변리사로 등록을 하지 않아도 소기의 목적을 달성할 수 있었다. 또 당시 조선인 발명가는 가난하여 변리사들에게 경제적으로도 큰 도움이 되지 않았다.[56] 이인은 변호사에서 더 나아가 변리사로 사회활동의 영역을 넓히려고 하였다.

1920년대의 민족·문화운동의 연장선에서 1930년대에는 경제적 자립을 목표로 '과학조선 건설'을 모색한 과학운동이 일어났다. 1920년대 중반을 지나 조선인 과학기술자들이 등장하여 조선인과학기술단체를 결성하였으며, 1930년대부터는 조선인발명가 활동이 활발하여, 특허 출원 및 등록 수가 증가했다. 과학운동의 대상은 민중, 특히 여성과 아동, 중등학교 이상의 학생, 지식인 등을 포괄하여, 이들에게 과학지식을 보급하고 산업진흥을 도모하였다.[57]

이러한 사회 분위기 속에서 1924년 조선물산장려회에 참여한 김용관(1897~1967)과 박길룡(1898~1943)은 발명학회를 설립하고 '발명'으로 공업화를 이루어 "과학조선"을 세우려는 목표로 발명학회를 설립하였으나 활동은 미미하였다. 김용관은 발명이나 특허에 대한 이해의 부족을, 박길룡은 이를 대중과의 불소통을

54) 이인, 『반세기의 증언』, 86－92쪽; 여기에는 "25. 휴지도 쪼개 쓰는 물산장려, 26. 발명은 민족부강의 지름길"이 수록되어 있고, 이는 『애산여적(제4집)』(애산학회, 2016), 128－136쪽에 제목만 "25. 물산장려운동, 26. 과학보급회"로 바뀌었을 뿐 내용은 같다. 또 최영희·김호일 편저, 『애산 이인』, 119－125쪽도 거의 동일한 내용이다.

55) (조선)고등법원 판결록을 검색하면 특허, 의장, 상표 관련 판결은 없으며, 상호 관련 사건은 두 건이 있으나 이는 상법의 상호의 유사성에 대한 판단으로 변리사와는 무관하다(1938. 4. 19. 선고, 소화12년 민상제633호 판결, 1939. 4. 18. 선고, 소화13년 민상제705호 판결). 저작권 및 실용신안 관련 형사판결은 각각 1건이 있다(저작권 1926. 7. 15.선고, 대정15년 형상제59호 판결, 실용신안 1927. 11. 21. 선고, 소화2년 형상제85호 판결). 법원도서관(https://library.scourt.go.kr/main.jsp) → 귀중본자료실 → 조선고등법원 판결록(2020. 3. 19. 검색).

56) 이인은 아내의 치마를 저당을 잡아서 산 알콜로 실험을 하다가 불에 타죽은 가난한 발명가의 일화를 소개하였다. 최영희·김호일 편저, 앞의 책, 125쪽.

57) 황지나, 앞의 글, 2－3쪽.

그 이유로 인식하였으며, 재원의 부족도 한 원인이었다. 1932년 발명학회의 재건에 착수하면서 이를 타개하기 위해 김용관은 변리사 자격이 있는 애산 이인에게 참여를 권유하였다. 이인은 1933년 2월 『과학조선』의 고문으로, 4개월 뒤에 발명학회 이사장으로 추대되었다. 『과학조선』의 발행을 위해 창립한 과학조선사에 고문으로 활동하였다. 이인은 『과학조선』에 12편을 글을 기고하였으며, 조선의 발전 가능성, 발명과 발명가의 중요성 등을 홍보하였다. 또 이인이 가담한 후 발명학회는 비과학계인사들까지 포함하여 저변을 확대하고 과학의 대중화에 착수하였다. 1934년 4월 19일을 '과학데이'[58]로 정하고 나아가 과학지식보급회의 결성으로 발전하였으며 보급회는 지방단체와 협력하였다. 1936년에는 시가행진을 하는 등 적극적으로 활동하였다. 그러나 전시기에 접어들어서는 원고의 사전 검열 등 조선총독부의 간섭이 심해져 과학데이 등 대중행사를 제대로 할 수 없었고, 1938년에는 발명학회는 이미 친일단체로 변모한 과학지식보급회에 흡수되었다. 이인은 계몽적 글을 발표하는 등 발명학회에 적극적으로 참여하고 인적 네트워크를 동원하여 과학데이 행사 등을 직접·간접으로 지원하였다.[59]

이인은 변리사 자격을 직접 이용한 활동은 거의 없지만, 간접적으로 과학의 진흥과 자주경제의 수립을 바랐다. 이인은 변호사에 머무르지 않고 변리사로 기여하였다. 우리는 이인의 활동에서 법률가의 활동영역을 확대하고 실천한 사례를 찾을 수 있다. 현재 협소한 송무에만 매달리는 법률가들의 귀감이 될 것이다.[60]

2. 교육자

이인은 변호사 활동뿐만 아니라 다양한 사회활동을 하였다. 초기에 그 중 가장 중시한 것은 '갈돕회' 활동이었다. '갈돕회'는 고등학생의 상조기관으로 "가로, 가로 돕는다"는 뜻을 가졌다. 1920년 조선교육회를 창립하여 '조선인 본위의 교육'

58) 1957년 상공부가 측우기 반포일인 1441년(세종 23) 5월 19일(음 4. 29)을 발명의 날로 정하였다. 이인은 식민지 상황을 고려하여 과학데이를 찰스 다윈의 忌日로 정하였다. 측우기 반포일은 ≪세종실록≫에는 세종 24년 5월 8일[정묘]이며 그레고리력으로는 1442년 6월 24일이다.

59) 황지나, 「애산 이인과 1930년대 과학운동」, 『애산학보』 47(애산학회, 2020) 참조.

60) "1. 과학보급 운동" 부분은 「변리사 애산 이인 선생」, 『애산학보』 47(애산학회, 2020), 295–302쪽을 전재하였다.

을 요구하였다. 이러한 분위기에서 각지에서 서울로 학생들이 모였는데, 대부분은 고학생이었다. 이들을 돕기 위해 갈돕회를 만들었다. 이인은 이완용을 올러서 집 한 채를 얻어 기숙사로 이용하였다. 이인은 1925년에 회장에 취임하였는데, 그때 마침 이완용이 죽었다. 아들 이항구는 집의 반환을 요구하였는데, 이인은 버티다가 경찰의 중재로 상당한 액수의 돈을 받고 자기의 돈을 털어 동숭동에 새로운 집을 마련하였다. 또 자매단체로 '여자고학생상조회'를 만들어 조태진의 도움으로 회관을 건립하여 낮에는 부인강습소를 설치하였고, 야간에는 노동자를 위한 야학을 열었다. 일제의 등쌀에 못 이겨 갈돕회 대신에 상조회로 명맥을 이어갔다. 이 일은 해방 때까지 이인이 맡았다.[61] 갈돕회는 1963년 7월 사단법인으로 설립허가를 받았으며, 1979년 10월 갈돕산학회로 명칭을 변경하여 존속하다가 2018년 6월 해산하였다.[62]

1922년 국산품을 애용하여 자립과 자존을 도모한 운동이 모태가 되어 1924년에 조선물산장려회가 창립되었다. 이인은 1930년 4월에 회장에 취임하였으나 변호사 업무 때문에 제대로 활동하지 못하였다. 정직처분으로 시간적 여유를 얻은 이인은 회지 『장려奬勵』를 복간하고 물산품평회와 강연회를 열었으며, 정월대보름에는 가장행렬도 하였다. 일반대중을 호응을 얻기 위해 회지를 『신흥조선新興朝鮮』으로 변경하였다. 조선어학회 수난 사건으로 검거되었을 때, 경찰은 7개의 죄목으로 신문하면서 제호 '신흥조선'을 가장 크게 트집을 잡았다.[63] 5년 후에 이종린(1883~1950)이 회장이 된지 1년만에 조선총독부의 강압으로 해산되었다.[64] 이인은 교육, 특히 여성교육의 중요성을 인식하여 직간접으로 학교설립에 적극적으로 관여하였다. 1924년 동덕여학교의 학감 이상수와 함께 경성실업여학교를 설립하였다. 궁중 상궁 최설송당崔雪松堂의 지원으로 1928년 김천고보를 설립하였으며, 조선어학회 수난 사건으로 함께 고초를 겪은 정열모가 교장이 되었는데, 조

61) 최영희 · 김호일 편저, 앞의 책, 60-3쪽; 애산학회 편, 『애산여적4』(애산학회, 2016), 71-4쪽; 한규무, 「고학생갈돕회의 설립과 활동」, 『한국민족독립운동사연구』 73(한국독립운동사연구소, 2012) 참조.

62) 김동건, 「애산 선생과 갈돕회 뒷얘기」, 『애산학보』 47(애산학회, 2020) 참조.

63) 예심종결서에는 이와 관련된 내용은 보이지 않는다. 경찰은 이것도 조사하였지만, 아마도 사건의 확산을 꺼린 조선총독부에서 제외한 듯하다.

64) 애산학회 편, 『애산여적4』(애산학회, 2016), 128-130쪽.

선총독부는 이를 빌미로 학교를 공립으로 전환하였다. 경성여자상업학교[65](서울여상, 문영여중의 전신), 대동상업학교, 근화여학교(덕성여중고의 전신)의 설립과 운영에 기여하였다. 1953년에는 대구 원화여자중고등학교 설립에도 관여하였다.[66]

이인은 식민지기에 변호사로서 지극히 제한적이지만 합법적인 공간에서 한편으로는 민족독립운동을 전개하였고, 다른 한편에서는 다양한 사회활동을 하였다. 이러한 활동이 가능한 것은 바로 법률을 적극적으로 이용하였기 때문이다. 그는 법률지식을 토대로 법정을 넘어서서 학교운동, 과학운동 등 각종 사회활동을 전개하여 민족자존의 밑바탕을 굳건히 닦으려고 하였다.

V. 미군정기의 활동

1. 해방과 전범처리

1945년 1월 조선어학회 수난 사건에서 제1심에서 집행유예를 선고받은 이인은 요양 겸 피신으로 경기도 양주에서 거주하고 있었다. 해방을 맞아 변호사 겸 사회운동가로 활동한 이인은 새로운 국가의 건설을 위해 동분서주하였다. 먼저 8월 17일에는 연합군 환영준비회와 임시정부 환영준비회를 조직하여 위원장을 맡았다. 그리고 조선총독부를 대체할 행정조직의 정비에 착수하였는데, 이인은 여운형이 주도하는 건국준비위원회와는 일정한 거리를 두고, 9월 민족진영의 총집결이라고 할 수 있는 한국민주당의 창건에 관여하였다.

10월 소장 변호사들이 "미군정에서 특별범죄심사위원회를 만들어 한국 내에 있는 전범戰犯을 처리할 계획을 수립하여, 일본인 전범을 처단할 수 있는 항일법조인을 물색한다는 말"을 전하였다. 거절은 하였지만, "독립을 위해 사법부를 먼저 재건해야 한다"며 설득하는 미군정의 강권으로 이인은 연합군 환영회를 마친 후에 수석대법관을 맡으면서 한국민주당을 떠났다. 이인이 가장 먼저 착수한 것은 사법부를 재건하는 일이었다. 이인은 개별적으로 법률가들을 만나 설득을 해

---

65) 이인은 이른바 을사보호조약에 반대한 江石 韓圭卨(1848~1930)이 별세하기 전에 그의 가사정리를 도우면서 교육사업에 기여할 것을 권유하였다. 사후 그의 아들 한양호는 상당한 유산을 경성여자상업학교에 희사하였다.

66) 애산학회 편, 『애산여적4』(애산학회, 2016), 164−8쪽.

가면서 대법원과 이어서 각종 법원을 정비하였다.[67] 그리고서는 처음 맡았던 특별범죄심사위원회의 업무에 착수하여, 10여 차례 특별재판을 주재하였다. 미군정은 심사위원회를 두어 전범을 처리한다고 하였으나, 이미 처벌받아야 할 자는 모두 도망을 시켰고, 설사 유죄판결을 받은 자도 집행유예로 석방시켜 버렸다. 게다가 특별검찰부를 재판장이 지휘하게 하는 등 법리상의 문제도 있었다. 그래서 심사위원회를 폐지하는 것이 낫다는 것이 이인의 솔직한 심정이었다.

법원이 어느 정도 정비된 1946년 5월 미군정장관 러취는 이인에게 검찰의 정비를 부탁하여 이를 수락하면서 특별범죄심사위원회의 폐지를 건의하였고, 미군정은 이를 받아들였다.[68]

2. 검찰조직의 재건과 활동

미군정기 사법·경찰기구는 이인이 창당에 관여하였던 한국민주당의 지도적 인물들에 의해 장악되어 있었다. 그들은 사법부장 김병로, 대법원장 김용무, 경무국장 조병옥이다. 미군정당국은 김병로, 김용무, 이인 등 3인을 사법부문의 빅쓰리(Big Three)로 부르고 있었다. 군정 사법부의 미국인 고문들은, 이들이 남한 내의 보수파로서 점령당국의 적절한 협력자라는 점에서 중용하였지만, 또한 한국민주당이라는 이들의 정치적 배경을 부담스러워 하기도 하였다. 김용무가 처음 대법원장에 취임하였을 때 그가 한국민주당 간부이며 대법원장직에 어울리지 않는 정치적 행태 때문에, 판검사와 재야법조에서 퇴진운동을 벌였을 정도이다. 당시 군정 사법부의 미국인 고문이었던 길리엄(Richard Gilliam)은 1947년 초 김병로, 김용무, 이인이 건전한 사법운영에 해를 끼치는 행위를 한 점을 발견하고 장기간 내사하였다는 기록도 있다. 그에 따르면 빅쓰리가 퇴진하게 될 수 있는 큰 스캔들이 발견되기도 하였다고 한다.[69]

67) 당시의 사법계의 실상에 대해서는 문준영, 「한국 검찰제도의 역사적 형성에 관한 연구」(서울대 법학박사학위논문, 2004), 164－5쪽 참조.

68) 최영희 · 김호일 편저, 앞의 책, 183－202쪽.

69) Gilliam, Assistant Advisor of Dept. Justice, to Scott, Denny F., Advisor of Dept. of Justice, 1948.5.29, Inter－Office Memorandum : “Appointment of Additional Justices”, AG 014. Memorandum and Correspondence, Mar－Aug 1948, Box no. 16, Adjutant General

김병로와 이인은 식민지기부터 동지적 관계에 있었다. 그들은 긍인 허헌과 함께 독립운동·민족운동의 변론을 도맡아 하여 사상변호사로 통하였다. 그들은 돌아가면서 조선변호사협회의 회장을 맡아 법을 통한, 법정투쟁으로 민족의 권익을 드높였다.[70] 해방 직후 이인은 김병로와 함께 한국민주당을 창당하였고, 이인이 대법원 검사총장이 된 후에는 김병로를 군정 사법부장으로 추천하였으며, 정부수립 후에는 김병로를 대법원장으로 천거하였다. 식민지기에 이어 미군정기에 이인과 김병로는 검찰총장과 사법부장의 자리에서 서로 호흡을 맞추면서 남한의 검찰과 법무행정을 이끌었다. 또한 미군정기 형사소송법의 개정(군정법령 제176호, 1948.3)[71]이나 법원조직법(군정법령 제192호, 1948.5)과 같은 법령을 기초하면서, 검찰의 이해관계를 대변하기도 하였다.

이인은 1946년 5월 16일 검찰부장에 취임하였다. 검찰의 총수로서 검찰조직을 정비하고 지휘하는 모습을 중심으로 이 시기 이인의 활동상을 살펴보겠다.

1946년 5월 16일 대법원 검사총장에 취임하면서 이인은 다음과 같이 소신을 피력하였다.[72]

> 1) 검찰의 분리화를 강조하여 민중을 지도·유액誘掖하는 동시에 민중생활을 명랑 윤택케 할 것
> 1) 검찰이 국가기구인 이상 홀로 초연 자립치 못할 것이므로 오직 국시·국책에 순응 충실할 것
> 1) 불편부당의 태도로 엄정공명을 기하여 오직 신국가 건설과 민중의 권익을 다할 것
> 1) 검찰과 사법경찰은 비록 직분이 다르나 건국정신에 비추어 확립 일치하여 긴밀한 연락 지휘를 하여 마찰 상극을 피할 것
> 1) 사상·언론·출판·집회의 자유를 존중한다. 그러나 자유란 일정한

Records, General Correspondence(Decimal File), Entry no. 1376(A1), RG 554, U.S. National Archives and Records Administration. 이에 대한 소개는 문준영, 「미군정기 법원조직법의 입법과정」, 『법사학연구』 32(한국법사학회, 2005) 참조.

70) 최영희·김호일 편저, 앞의 책, 102－5쪽.

71) 이에 대해서는 심희기, 「미군정법령 제176호 형사소송법의 개정」, 『법사학연구』 16(한국법사학회, 1995) 참조.

72) 『조선일보』, 1946. 5. 19.

한계의 상당한 책임이 있어야 된다. 만일 이것을 벗어나 건국을 방해 하거나 안녕질서를 교란하는 행위는 단호 배제할 것

1) 현단계에서 아직 잔재법들이 일부 불온不穩함은 유감이나 우리 법전의 편성까지는 건국정신에 합치되도록 널리 해석 활용할 것

1) 일반 관공리와 공공단체 등 직원의 강기가 대단히 해이되어 있음에 비추어 이것을 단호 숙청할 것을 통감하는 바인데 만일 이에 저촉되는 때에는 조금도 용서 없이 단연 규탄할 것으로 건국에 이바지할까 한다.

이 취임소감 안에 그가 검찰총장으로서 하였던 거의 모든 것이 담겨 있다고 할 수 있다. 혼란한 해방정국에서 법과 치안을 유지하고 검찰조직을 정비하는 것이 그가 맡은 사명이었다. 이하에서 그의 취임소감이 나중에 구체적으로 어떻게 구현되었는지를 살펴보면서 이인이 검찰총장으로 재직하면서 중점을 두었던 성과를 검토하겠다.

(1) 검찰조직개편과 강화

앞의 취임소감에서 말한 '검찰의 분리화를 강조'한다는 것은, 법원으로부터의 검찰청의 분리·독립을 강조하는 말이다. 식민지기에는 사법부는 조선총독부 재판소로 조선총독부 아래에 있었으며, 조선총독부 재판소는 법원과 검찰로 병치되어 있었다. 1945년 11월 한국인재판소가 출범하였을 때, 법원의 명칭이 종래 '고등법원'에서 '대법원', '복심법원'에서 '공소원'으로 변경되었다. 이에 맞추어 검찰기구의 명칭이 '대법원 검사국', '공소원 검사국', '지방법원 검사국'으로 변경되고, 대법원 검사국의 장에게 검사총장의 명칭이 부여되었다. 식민지기의 체제를 답습한 '○○법원 검사국,' '대법원 검사총장', '○○법원 검사'라는 식의 명칭이 결코 검사국이 법원에 예속된 기관이라는 뜻은 아니었다. 법원과 검찰이 명칭과 조직상 서로 분리된 대등한 기관임을 분명히 하도록 기구와 명칭을 개편하자는 논의는 일본에서 1920년대부터 있어 왔으며, 대체로 동의하는 분위기가 조성되어 있었다. 해방 후 한국에서도 비슷한 논의가 있었다. 이인이 말하는 '검찰의 분리화'는 이 점을 지적한 것으로 보인다.[73]

---

73) 문준영, 「한국 검찰제도의 역사적 형성에 관한 연구」, 165쪽.

실제 1946년 8월 사법부장 김병로는 "3심제를 부활시키고 검찰진을 강화하여 건국 도상에 있는 조선사법권의 확립을 도모하기 위하여" 공소원을 고등법원으로 바꾸고, 검찰조직을 재편하여 대검찰청, 고등검찰청, 지방검찰청을 신설하는 내용의 사법기구개편안의 허가신청을 미군정청에 제출하였다. 3심제 부활은 미루어졌으나 기구개편안은 군정당국의 승인을 받아, 1946년 12월 16일 사법부부령으로 '대법원–고등심리원–지방심리원', '대검찰청–고등검찰청–지방검찰청'으로 명칭을 변경하고, 1947년 1월 1일부터 신제도를 시행하였다. 1947년 6월경에는 법원과 검찰조직에 대한 별도의 법률을 제정하는 방침이 이미 확립되어, 대검찰청에서 '검찰청조직법안'을 작성하기도 하였다.

(2) 검찰 지휘계통의 확립

두 번째로 이인이 말하는 '검찰이 국가기구인 이상 홀로 초연 자립치 못할 것이므로 오직 국시 국책에 순응 충실할 것'이란, 점령당국과 과도정부(1947. 2. 이후)의 시책에 대해 검찰이 적극적으로 순응하고 충실히 할 것을 뜻한다. 당시 미국인 사법부장 우들(E. Woodall)이 사법기관의 강화를 이야기하면서 특히 검사 가운데 유약한 사람이 있음을 지적한 바도 있는데, 당시는 좌우익 대립, 친탁 대 반탁, 기타 정치적으로 첨예한 사건이 많았고 법원과 검찰이 때로는 군정의 방침에 어긋난 처리를 하는 경우도 있었다. 이러한 배경 하에 이인은 확고한 지휘계통의 확립과 정부시책의 충실한 이행을 검찰에게 요구하고 있는 것이다.

1946년 8월, 이인 검사총장은 다음과 같은 통첩 "검찰사무 명령계통에 관한 건"을 시달하였다.[74]

> 검사동일체의 원칙에 의하여 동일상관 하에 재在한 검사 또는 검사국은 일체의 행동을 취할 것이므로 하위에 재한 각 검사는 상위에 재한 검사에 포섭되며 각 기장관에 통솔되야 그 지휘명령에 복종함은 부언附言을 불요하는 바이오, 해방 후 미군정하에 아 한인으로 조직한 검찰진영의 기구도 역시 이[此] 검사동일체의 원칙에 하등 변동됨이 무無함은 극히 명백한 바, 왜곡된 민주주의 사조에 감염된 자[가] 있어 차 검사동일체의 원칙을 무시하는 혐嫌이 불무함은 심히 유감되는 바이니, 형사사건의 수사방침,

74) 1946. 8. 8, 대검 제122호, 대법원검사총장 통첩

> 기소 여부, 양형, 상고 여부, 공소취소 등 검사 소속의 사무 전반에 관하여 각기 상관의 지휘명령에 복종하여 검사일체화의 완벽을 기期할지며, 특히 상고신청[申立], 상고 취의서는 소속 상관인 지방법원 검사장 또는 지방법원 지청 상석上席검사의 명의로 제출하고 구인, 구류 및 구류취소, 수사지휘 등은 소속상관의 결재를 앙仰한 후에 발부하는 등 검사사무의 명령계통을 확수確守하여 소호小毫의 유루가 無하도록 일층 면려함을 무망하옵기 자이玆以 통첩함(밑줄은 필자).

즉 이인은 검사동일체의 원칙을 강조하고 이에 따른 검찰사무의 일원화와 통일화를 기도하였으며, 이를 바탕으로 해방정국의 무질서한 사회를 바로잡으려고 하였다.[75]

(3) 검찰의 수사지휘권 확보

미군정기에는 수사지휘권을 둘러싼 검찰과 경찰 사이의 갈등, 좌익사건이나 관리의 부패사건에 대한 처리 방향, 미국인 군정관리의 간섭 등 때문에, 법원–검찰–경찰 사이에 크고 작은 마찰이 있었다. 이는 검사가 공소의 제기와 유지는 물론 경찰의 수사를 지휘하는 등 식민지기 검찰제도의 영향과 미국식 검사제도가 착종되면서 벌어진 일이었다.

이인은 검찰과 경찰의 상호관계를 중시하였다. 이인이 검사총장에 취임하면서 밝힌 포부 가운데 '검찰과 사법경찰은 비록 직분이 다르나 건국 정신에 비추어 확립 일치하여 긴밀한 연락 지휘를 하여 마찰 상극을 피할 것'이란, 검찰과 경찰의 관계 정립을 과제로 내세운 것이다. 1945년 12월 미군정당국은 경찰과 검찰에 훈령 제3호를 내려, 이제부터는 "검사는 직접 사건을 수사하지 않고 공소의 제기와 유지에 전념할 것이며, 필요한 조사사항은 경찰에 의뢰하되, 다만 실제로 법적 검토를 요하는 조사에 관하여 필요하다면 관여"하도록 하였다.[76] 대신 경찰은 검사가 의뢰한 사항을 수사하고, 통상 수사에 있어서도 검사와 긴밀히 협조하고 보충수사를 요구할 경우 응해야 한다고 하였다. 즉 미국식으로 경찰은 수사, 검찰은 공소의 제기와 유지를 맡도록 하였다. 또한 1946년 4월에는 경무국 지령을 통하

75) 문준영, 앞의 글, 166–8쪽.

76) 법무국 검사에 대한 훈령 제3호

여, 형사가 수사책무를 이행하기 위하여 항상 검사의 지휘를 받아 범죄수사를 담당하는 인원을 검찰과 협조하여 결정하고 당번제로 운영할 것을 지시하였다. 이러한 사항들은 군정청의 사법부, 경찰, 검찰 당국자들이 합의한 결과였다.

그러나 당시 경찰은 훈령 제3호를 "이제부터는 검찰관의 지휘명령에 복종할 필요가 없고 의뢰라고 규정되었으나 의뢰라는 것은 요청하는 것이니 의뢰를 받고 안 받는 것도 자유요 의뢰를 받고도 그 취지대로 하고 아니함도 임의"라고 이해하면서, 검사의 수사지휘를 배제하고자 하여 여러 갈등을 빚었다.

선우종원은 당시 경찰이 군정포고布告 위반범죄는 한국 검찰에 송치하지 않고 미군정 재판소에 회부해 버리고, 검찰의 수사지원 요청을 외면하기 일쑤였으며 미군정 또한 경찰을 두둔하였다고 한다. 검찰 측에서는 이러한 상황을 역전시키기 위하여 갖은 트집을 잡아 경찰보고서를 반려하거나, 경찰 독직瀆職사건의 경우 가차 없이 구속·기소한다는 내부방침을 세웠다.[77] 당시의 상황을 잘 보여주는 사건이 1946년 4월 발생한 광주지검장 구속사건과 그에 이은 고문·독직 경찰관 기소사건이다. 사건의 경위는 다음과 같다.[78]

1946년 4월 경찰이 전남 건국준비위원회 위원장과 부위원장을 군정법령위반(폭리행위) 혐의로 검거하여 광주지검에 송치하였는데, 광주지검은 죄질이 가볍고 민족운동 경력을 고려하여 불구속기소하기로 방침을 정하고, 피의자를 석방하였다. 이에 전남지역 군지휘관인 미군대령은, 군정법령위반행위자를 본인의 사전 승인을 받지 않고서 석방하였다고 하여, 명령불복종을 이유로 광주지검장 여철현을 구속하고 군정재판에 회부하였다. 다음날 미군법회의에서 광주지검장에게 징역2년, 벌금 2만5천원을 선고하였다. 광주지법과 지검의 판검사의 항의로 2주후에 재심이 열려 무죄판결이 내려졌다. 같은 해 4월 광주지검에서 경찰관 2명을 고문과 독직혐의로 구속·기소하자, 전남 미군정측에서 압력을 가하여 불구속기소하게 하였고, 경찰측은 담당 검사를 적산敵產불법소지 혐의로 연행하여 폭언과 협박을 가하였다. 재판에서 징역형이 선고되자 구금되어야 할 경찰관이 도주하고 경찰측이 이를 비호하는 등 검사의 형집행지휘를 적극적으로 방해하기도

77) 선우종원, 『사상검사』(계명사, 1992), 28－31쪽.

78) 임갑인, 「미군정하의 사법파동(좌익음모사건)」, 『검찰동우』 창간호(검찰동우회, 1994), 24－7쪽.

하였다.

이 문제로 경찰과 검찰의 마찰이 심해지자, 1946년 6월경, 전주에서 조병옥 경무국장, 김병로 사법부장, 이인 검찰총장이 회동하여 사태 수습에 나섰다. 그런데 그 결과 전남 지검장이 사임하고 담당 검사는 면직을 당한 반면, 전남 경찰청의 책임자들은 오히려 영전하는 등, 당시 미군정을 등에 업은 경찰의 위세를 보여 주었다.[79]

이인도 광주지검장 사건의 일화를 소개하고 있다. 여철현 지검장이 구속되어 4년형을 선고받았다는 소식을 듣고, 즉시 형무소장에게 연락하여 여 검사장을 당장 석방하고 평소대로 집무시키도록 명령하였다고 한다. 이에 전남지역 군지휘관인 미군 대령이 서울로 올라가서 따지겠다고 펄펄 뛰다가 전남지사 서민호가 "이인 검사총장은 한국의 호랑이요. 섣불리 서울 갔다가는 코를 뗄 것이요"라고 하자, 슬그머니 주저앉았다고 회고하였다.[80]

1948년 3월에는 서대문경찰서에서 발생한 고문치사 사건을 조사하기 위하여 서울지검에서 유치장 검증을 위한 임검臨檢 실시와 고문혐의 경찰관의 출두를 지시하자, 경찰서장은 상부의 명령이 있기 전에는 검사가 경찰서유치장에 임검할 수 없으며, 또한 경찰이 검찰청에 출두하여 조사받을 수도 없다고 하였다.[81] 이 때문에 검찰과 경찰의 대립이 심화되던 가운데, 경무부장 조병옥은 범죄수사에 있어서 주종관계는 인정하지만, 이번 사태는 "검찰이 국립경찰의 특수성을 망각하고 형사소송법에서 규정한 검찰과 사법경찰의 관계를 문자 그대로 적용하려고 하여 무용無用한 오해가 생겼다"는 요지의 성명을 발표하였다.[82]

이와 같이 험난한 시기에 이인은 검찰총장으로서 수사지휘권 확보를 위한 노력을 기울였다. 1947년 10월 경무국, 사법부, 검찰청의 수뇌회의를 거쳐, 1947년 10월 22일 각 경찰청과 경찰서에서 검찰관의 지휘 사건을 담당할 사법경찰관 상당수를 지명배치하는 것을 경무부장(조병옥)과 사법부장(김병로)이 협정하였다. 이인 검찰총장은 일정 수의 사법경찰관을 지방검찰청에 배치하고 배치경찰관의

79) 문준영, 앞의 글, 171－3쪽.

80) 이인, 앞의 책, 174쪽.

81) 대검찰청, 『한국검찰사』(대검찰청, 1976), 249쪽.

82) 『동아일보』, 1948. 3. 25자.

인사와 상벌에 관하여 지방검찰청장의 승인을 얻을 것을 요하는 내용의 안을 제출하였다. 그러나 이에 대해 경찰 측의 반대로 보류되었다.[83]

이인은 검찰총장으로 재임하면서 검찰은 사법경찰관을 검찰청에 배속하거나, 궁극적으로는 사법경찰기구를 행정경찰에서 분리하여 별도로 검찰청 산하에 두는 것을 추구하였다. 1947년 8월의 검찰청조직법안은 후자를 내세웠다. 이 안에 대한 경찰의 반발이 심하자 검찰은 검찰 내의 자체 수사기구를 조직하는 방침으로 선회하였다. 미군정기 검찰청법 제정과정에서도, 검사의 수사지휘권과 현재의 검찰수사관제의 원형이라고 할 수 있는 검찰 내 수사기구조직을 명문화하는 것이 주된 목표였다.

1948년 8월 14일 검찰청감독관회동 석상에서 이인 검찰총장은 다음과 같이 훈시하였다.

> 원래 범죄수사에는 검찰관이 그 중추이고 사법경찰관은 그 지휘를 받아 이를 보좌하며 서로 긴밀한 연락 하에 상하 혼연일체로써 사무를 처리하여야 함은 법률상 사실상 당연한 일입니다. 그러나 미군이 진주하야 군정을 실시하고 법무국 검사에 대한 훈령 제3호를 발령하여 이 점이 모호케 되여 마치 사법경찰관이 검사와 동등대립한 입장에서 협조하여 주는 것 같이 일부의 오해가 있어 검찰사무에 막대한 지장을 초래한 감이 있읍니다. 이러하여서는 범죄수사의 통일을 확보하야 그 원활한 운영을 기할 수 없게 됨은 명약관화한 일이었습니다. 그러므로 금반 발포실시된 검찰청법 제6조[84]에 있어서 이 점을 명백히 하야 검찰관의 범죄수사에 관한 지휘명령권

83) "수사사무 담당 경찰관에 관한 건"(1947.11.10, 司檢 제82호, 사법부장 통첩), 검찰예규에 관한 기록(1947년), 229쪽.

84) 이는 1948년 8월 2일에 공포된 (미군정)법령 제213호 검찰청법이다. 제6조는 다음과 같다(한국법제연구회 편, 『美軍政法令總攬: 國文版』[한국법제연구회편, 1971], 575쪽).
제6조 檢察官은 公益의 代表者로써 左[다음]의 職務와 權限이 있음
一, 刑事에 관하여
가, 犯罪를 搜査하고, 公訴를 提起하며, 그 維持에 필요한 行爲를 한다
나, 犯罪搜査에 관하여 司法警察을 指揮監督함
다, 法院에 대하여 法令의 正當한 適用을 請求함
라, 裁判의 執行을 指揮監督함
二, 다른 法令에 의하여 檢察官의 權限에 속하는 事務를 行함

을 재확인케 하고 수사의 일원화를 기하였읍니다. 각위는 범죄수사의 주도권이 검찰관에 있다는 것을 깊이 명념하야 사건의 대소경중을 막론하고 수시 적당히 지휘명령할 것은 물론 특히 현하 건국 도상 치안에 영향을 미치는 중요한 범죄 기타 주의를 요할 사범이 발생하였을 때는 관하 사법경찰관으로 하여금 조속히 보고케 하야 지휘명령을 받게 하며 혹은 직접 나아가 그 수사에 종사하야 치안의 완벽을 기함에 노력하여 주시기 바랍니다.

이인은 법무부장관에 취임한 뒤에도 검찰의 수사지휘권강화, 검찰중심의 수사기관 사이 지휘계통의 일원화, 중앙수사국의 설치를 추구하였다. 1948년 10월 5일, 이인 법무부장관은 국회본회의 시정방침연설에서 다음과 같이 말하였다.

대검찰청에 있어 중앙수사국을 두어서 우방 미국의 연방수사국과 같은 그 기능을 발휘케 해서 종래의 제도를 일체 쇄신을 단행하려고 생각하고 있읍니다. 이 점은 특히 다시 한 번 말씀드립니다마는, 만일 지방검찰이라든지 경찰에서 어떤 알력이라든지 외부의 강제를 받아서나 혹은 자기 자신의 심리적 이지理智라든지 여러 가지 조건으로 말미암아서 항상 배를 불리는 고기는 가끔 이탈시키는 그런 경향이 많이 있읍니다. 송사리만 붓[붙잡]도록 하는 까닭에 만일 정치적이라든지 사회적이라든지 큰 압력이라든지 전제專制를 받아서 중대한 범죄가 있음에도 불구하고 이것을 그대로 놓친다고 할 것 같으면 일반치안을 유지하기가 곤란합니다. 그런 고로 이번에 대검찰청에서 특별히 중앙수사국이라는 것을 만들어서 전국적으로 범죄수사를 지도감독하고 동시에 그와 같은 중대한 사건을 골라서 적발조

이는 1949년 12월 20일 법률 제81호로 공포된 검찰청법 제5조에 반영되었으며, 참고로 내용은 다음과 같다.

第5條 檢事는 다른 法令에 依하여 그 權限에 屬하는 事項 以外에 刑事에 關하여 公益의 代表者로서 左의 職務와 權限이 있다.

1. 犯罪搜查, 公訴提起와 그 維持에 必要한 行爲
2. 犯罪搜查에 關한 司法警察官吏의 指揮監督
3. 法院에 對한 法令의 正當한 適用의 請求
4. 裁判執行의 指揮監督

이 규정은 현행 검찰청법(전문개정 1986.12.31 법률 3882호, 일부개정 1997.1.13 법률 5263호) 제4조(檢事의 職務)로 연결된다.

사하는 것입니다. 이것은 종래의 실적에 비추어 아니하면 안 될 여러 가지 관계는 여러분에게 누누이 말씀 안 드려도 잘 아실 줄 알고 이상만으로 설명을 생략합니다.[85]

미군정기는 새로운 형사사법의 틀을 짜가는 시기였다. 이 와중에 미군정은 미군정대로, 경찰은 경찰대로, 또 헌병은 헌병대로 각자의 권한을 확장하기에 혈안이 되어 있었다. 특히 1949년 6월의 김구선생 암살 사건 등과 같이 정치적 성격이 짙은 사건에서는 더욱 그러하였다. 이인은 이러한 혼란을 검찰의 수사지휘권의 확보, 나아가서는 독립적인 수사기구를 만들어 극복하려고 노력하였다.[86] 이는 한편에서는 사회질서를 유지하는 방편이지만, 다른 한편으로는 인권을 옹호하는 길이기도 하였다.

(4) 건국기 치안의 확보

미군정기 검사의 인원은 100여 명도 안 되는 소수였다. 예산상의 문제 때문에 인력 충원도 쉽지 않은 상황이었다. 그럼에도 불구하고 이 시기 검찰이 존재감을 보일 수 있었던 것은, 아마도 검찰이 적극적으로 치안유지의 최전선에 뛰어들어 일정한 성과를 거두었기 때문이라고 할 것이다.

이인은 검찰총장 취임 시에, 사상 · 언론 · 출판 · 집회의 자유를 존중하지만 그 한계를 벗어나 건국을 방해하거나 안녕질서를 교란하는 행위는 단호 배제할 것이라고 천명하였다. 1946년 5월 조선정판사 위조지폐사건에서 좌익세력으로부터 신변의 위협을 받으면서도 기소와 재판을 성공적으로 마무리하였다.[87]

1947년 7월 검찰은 군정당국의 승인을 얻어 독자적으로 좌익계열 대검거에 나선다. 이 시기는 1946년부터 시작된 미소공동위원회와 좌우합작운동이 불안한 가운데 유지되다가, 1947년 7월 미소공동위원회가 결렬되고 여운형이 암살됨으로써, 정세가 격변하고 있던 때였다. 조선정판사 위폐사건이나 대구폭동(1946. 10)과 같은 사건이 있었지만, 아직까지는 좌익의 합법적 활동이 보장되고 있던 때였고, 미군정 당국도 좌익단속의 필요성은 절감하고 있었지만 적절한 방안을 찾

85) 1948.10.5. “제1회 국회속기록 제82호”, 『제헌국회속기록 2』, 486쪽.

86) 문준영, 앞의 글, 179－186쪽.

87) 법률신문사 편, 『법조50년야사(상권)』(법률신문사, 2002), 31－46쪽.

고 있지 못하던 때였다.

이때 이인은 남한의 치안혼란이 좌익의 준동에서 비롯되므로, 이들을 단속하기 위해서는 하지 주한미군사령관도 적극적으로 간섭하지 못하는 검찰이 나서야 한다고 판단하였다. 1947년 7월 이인 검찰총장은 검찰 서기국장을 불러 좌익의 일제 내사를 지시하고, 해방 이후의 좌익계열의 범법사항(주로 출판관계)에 관한 증거를 수집한 후, 이를 근거로 러치 군정장관에게 관련자의 일제검거와 신문・잡지의 일제 폐간을 요구하였다고 한다. 그 후 하지 장군을 비롯한 각군 사령관, 군정보국인 G2 책임자, 법무관, 헌병사령관 등과 이 문제를 토의하였는데, 이인은 자신의 책임 하에 검찰이 단독으로 결행한다는 의사를 밝히고 승인을 받아내었다. 검찰은 미군헌병대의 호위를 받으며 좌익거점을 일제 압수・수색하여 증거물을 확보하고, 그에 근거하여 용의자 80여 명의 명단을 작성하였다. 이인은 하지 중장을 만나 80명의 검거와 좌익언론기관의 폐쇄를 요구하였다. 이후 검찰은 검거에 나서 이강국, 이주하, 김광수 등 남로당 거물인사를 체포하는 성과를 거두었다고 한다. 훗날 하지 중장이 이인에게 이 일에 감사를 표하였다고 한다.[88]

철저한 반공주의자로서의 이인의 모습이 나타나는 대목이기도 한데, 이인은 반대로 우익계열의 범죄자에 대해서는 관대함을 보이기도 하였다. 예를 들어 1947년 봄 좌익의 밀회장소인 건물을 폭파한 범죄로 검거된 자가 당시 구하기 힘든 전기기술자임이 밝혀지자, 애국자이자 고도의 기술자를 살리기 위하여 정신감정을 의뢰하게 하는 방안을 짜내어 석방시킨 일이 있었다.[89] 국가에 필요한 인재를 사장시키지 않기 위해, 범죄자에게 아량을 베푸는 이와 같은 태도는, 1946년 9월 검사국 실무가 회동 석상의 훈시에서도 발견할 수 있다.

> 비록 범과犯科가 있다 하더라도 개전改悛의 정이 현저하고 재범의 우려가 전연 없어 보이고, 건국 정신에 비추어 불온사상을 가진 자가 아니고 누범 난치자가 아님에 한하여, 종전에 극히 경미한 범죄에 한하였든 범주를 벗어나서 그 범위를 확장하여 기소유예의 처분으로 그 장래를 경계・감

88) 이인, 『반세기의 증언』, 160－4쪽.

89) 위의 책, 176쪽.

> 시함은 인재 활용 등 방면으로 보아 가장 적절한 조치일 것이고, 이것은 반드시 형여자刑餘者를 만들어 유위지재有爲之材를 매몰함은 다대한 손실일 것임에 감鑑하야 제위는 인물과 사안 급 기타 다각적으로 감고勘考하여 종래의 범위를 일층 확장하도록 노력하기를 바라는 바이며…….[90]

법무부장관이 되어 정부수립을 기념하는 특사를 준비할 때, 이인은 대한청년단을 조직하여 테러활동을 펼치던 김두한에 대한 특사를 이승만에게 건의하기도 하였다. 김두한은 1947년 4월 테러활동혐의로 체포되어 미군법회의에서 사형을 선고받았으나, 연합국 총사령관 맥아더의 지시로 무기징역으로 감형되어 형무소에 수감되어 있었다. 김두한을 재판할 때에 한국인 법원이 너무 가볍게 조처한다고 하여 군정장관이 사건을 미군법회의로 이송시켜 논란이 되기도 하였다. 이인은 김두한이 김좌진의 하나밖에 없는 아들이며 김두한의 중죄는 모두 독립운동을 하다가 그리된 것이라고 하여 이승만으로부터 김두한을 비롯한 18명 전원에 대한 특사안을 결재받았다고 한다. 이 사실이 공개되면 사회적 물의가 일까 봐, 김두한 등의 석방은 극비리에 이루어졌다고 한다.[91]

이인과 그를 중심으로 하는 검찰당국이 추구하였던 것이 그 후 역사의 전개에서 전부 실현되지는 않았다. 하지만, 적어도 제도의 수준에서는 미군정기에 있었던 검찰과 경찰 사이의 관계의 모호함을 제거하여 수사지휘권을 법률에 명문으로 규정하였으며, 검찰 내에 독자적인 수사기구를 설치한 성과를 거두었다. 그의 이러한 노력에 기반하여 검찰수사권의 확립과 강화가 가능하였던 것이다. 비단 검찰만이 홀로 추구한 것은 아니었지만, 그 이면에는 화려한 독립운동경력과 꼿꼿한 성품에 강력한 추진력으로 건국기 검찰을 이끈 이인의 공로가 적지 않았음은 부정할 수 없다.

90) "於裁判所檢事局實務官會同席上 이인 검사총장 훈시"(1946.9.19), 검찰예규에 관한 기록(1945, 46년), 221쪽.

91) 이인, 『반세기의 증언』, 196쪽.

VI. 정부수립 후의 활동

이인은 초대 법무부장관으로서 이승만을 보좌하며 국정방침을 제안하고 국무회의 의장으로 회의를 주재하는 등 활발하게 활동하였다. 검찰총장으로 있을 때 이인은 이승만과 하지 장군과의 반목을 해소하기 위하여 노력하기도 하였다. 초대내각 인선 이후 이승만과 한국민주당이 서서히 갈라서기 시작하였지만, 이인은 한국민주당이 아니라 이승만의 편에 섰다. 장관 시절 이인은 국정활동 외에도, 위원장인 김병로 대법원장과 함께 법전편찬위원회의 부위원장으로 활동하였다. 그러나 이 시기 법전편찬위원회는 이제 막 위원이 임명되고 분과위원회에서 법전기초의 방향을 잡아가는 수준에 머물러 있었다.

1949년 5월 검찰은 임영신 상공부장관을 독직 혐의로 전격적으로 기소하였다. 이 사건에 대해서는 이인은 최대교 검사를 비롯한 검찰이 무리하게 기소하였다고 인식하였다. 국무위원이 관련되고, 미국의 대외원조가 상공부를 통해 들어오는 만큼 미국과의 신용관계를 생각해야 한다면, 기소에 신중할 것을 요구하였고, 대통령과 검찰 사이에서 정치적 해결을 모색하기도 하였다. 권승렬 검찰총장과 최대교 서울지검장이 기소의 뜻을 굽히지 않자, 현직 국무위원을 기소할 때에는 법무부장관의 사전승인을 받아야 한다는 통첩과 함께 임영신 장관에 대한 불기소처분을 직접 지시하였다. 전격 기소가 이루어지자, 이인은 검찰을 제대로 지휘하지 못한 책임을 지고 네 차례 사표를 제출한 끝에 사임하게 되었다.[92]

검찰청법상 법무부장관이 구체적 사건에 관하여 검찰총장을 지휘할 권한이 있음은 분명하였다. 다만 이인의 경우 부언이 필요한 부분이 있다. 그가 검찰총장으로 있었던 1947년 8월 대검찰청안으로 제출된 '검찰청조직법안'은 군정 사법부장에게 구체적 사건에 관하여 검찰을 지휘감독할 권한을 부여하고 있지 않았다는 점이다. 1947년 8월 시점에서 이인 법무부장관과 검찰의 관계에 대하여 어떠한 소신을 가지고 있었는지는 확인할 수 없다. 그러나 '정부로부터의 검찰독립'이 당시 검사들이 대체적으로 가지고 있던 생각이었다고 보인다. 과도 검찰청법안은 1948년에 들어오면서 사법부장의 구체적 사건에 관한 지휘감독권을 인정하는 쪽

92) 임영신 사건의 전개과정과 이의 처리를 둘러싼 당시 최대교 서울지검장 사이의 갈등에 대해서는 이미 다른 글에서 다루었기 때문에 여기서는 핵심만 언급하기로 한다. 졸고, 「검사의 한 표상으로서 崔大敎」, 235－250쪽 참조.

으로 바뀌었다.[93] 그것도 일본의 새로운 검찰청법의 내용을 대폭 받아들이는 방향으로. 그리고 그 체제는 1949년 검찰청법으로 이어졌다.[94]

최고권력자인 대통령의 뜻을 어기면서까지 현직장관을 기소한 임영신 사건의 여파는 일파만파로 번져 나갔다. 우선 관련 검사들인 최대교 지검장을 비롯하여 법무부, 대검찰청, 서울고검, 서울지검의 간부급 검사 10여 명이 사직을 하였으며, 권승렬 검찰총장도 함께 사직하였다. 1948년 12월 현직 공무원의 구속수사와 관련하여 "공무원을 구속할 때에는 그 직급에 따라 검찰총장을 경유하여 법무부장관의 지시를 받거나, 관할 검찰청 검사장을 경유하여 검찰총장의 지시를 받도록 하였으며, 서기관 이상의 경우에는 당해 공무원의 소할 장관에게 보고"하도록 한 법무부장관의 통첩이 있었지만, 준수되지 않았다. 임영신 장관 사건을 계기로 1949년 5월 27일에 현직 공무원의 기소와 관련된 거의 같은 내용의 법무부장관의 통첩이 다시 내려졌고, 이는 그 후로도 유효하였다.[95]

물론 이 사건에서 이인은 나름대로 파국을 피하고자 하였다. 명령 거부에 대해 다시 지휘권을 발동할 수 있었음에도 불구하고 그대로 둔 것이다. 그 이유에 대해 이인은 회고록에서 다음과 같이 말하고 있다.

> 나는 당시 검찰총장에게 지휘권을 발동해서 그의 잘못된 처리를 시정할 수가 있었다. 그렇지만 비록 명령을 어긴 것이긴 해도 기소가 된 이상 공판에 가서 흑백이 가려지리라는 심정이었다. 장관이 공소를 취소한다는 것은 일반적 또는 객관적으로 검찰공소의 위신을 추락시키는 결과를 초래하기 때문에 지휘권 발동을 삼갔던 것이다.[96]

1949년 6월 1일 이인은 법무부장관 사임의 이유에 대해 다음과 같은 담화를 발표하였다.

---

93) 1948년 8월 2일에 공포된 檢察廳法(1949. [美軍政]法令 제213호) 제14조 部長은 檢察事務의 最高監督機關으로서 일반적으로 檢察官을 指揮監督함 個別的 事件에 대하여는 檢察總長에게 그 調査와 處分을 指揮한다(여기서 부장은 司法部長임).

94) 檢察廳法(1949. 법률 제81호) 第14條 法務部長官은 檢察事務의 最高監督者로서 一般的으로 檢事를 指揮監督한다. 具體的事件에 對하여는 檢察總長만을 指揮監督한다.

95) 원문은 졸고, 「검사의 한 표상으로서 崔大敎」, 247쪽 참조.

96) 이인, 『반세기의 증언』, 211쪽.

임영신 상공장관 사건에 대해서는 검찰청 측에서 국무위원을 원칙대로 기소하는 것을 극력 회피하여 왔으나 임장관의 의사가 도저히 사의를 표명할 것 같지 않으므로 세勢 부득이한 조처로 기소하게 된 것이라고 추측된다. 본관으로서는 이에 대해서 최선을 다하였고 하등 과오가 없었음을 자인할 뿐 아니라 세인도 이것을 인정할 것이다. 본관이 사의를 표명한 것은 이미 입후보 당시 국무위원으로서보다 국회의원으로서 입법에 관여하고자 하였으나 그 기회를 얻지 못하고 있다가 차제에 사의를 표명한 것이다.[97]

즉 일단 기소가 된 상태에서는 본인의 의견을 관철시키지 않고 검찰 전체를 위하여 법원의 판단을 기다리기로 한 것이다. 그리고 정치인이 아닌 법률가로서 입법에 매진할 뜻을 밝혔다.

법무부장관에서 물러나고 이인은 제헌국회에서 의정활동을 펼쳤다. 법무부장관으로 있었을 때 이인은 반민족행위자처벌법 제정에 반대하였는데, 국회에 들어와서는 1기 반민특위가 와해된 후 새로 구성된 반민특위 위원장을 몇 차례의 거절 끝에 국회의장인 신익희의 간청에 못 이겨 수락하였다. 반민특위는 제1기 때와는 달리 비교적 관대한 활동을 하였다. 즉 소수의 악질반민족주의자를 제외하고는 엄격히 다루지 않았다. 군인은 창군創軍을, 경찰은 사회질서유지를, 교사는 교육을 이유로 관대히 처분하였다. 그는 반민족행위자처벌법 법안을 국회에 제출하는 등 반민특위 활동을 최종 마무리하는 일을 하였다.[98]

제헌국회에서 이인은 무소속으로 출발하였는데, 이승만 정부의 안정적인 국정운영을 위한 친여적인 활동을 펼쳤다. 이후 이승만을 지지하는 정파와 의원들이 합당하여 대한국민당을 창당하는 데 관여하였고, 당고문으로 추대되었다. 대한국민당 고문 중에서 초대내각의 일원이었다가 비위혐의로 물러난 임영신(전 상공부장관)[99]과 조봉암(전 농림부장관)이 포함되어 있었다. 초대 체신부장관 윤석구

97) 『조선중앙일보』, 1949. 6. 2자.

98) 최영희 · 김호일 편저, 앞의 책, 266－271쪽.

99) 임영신은 6월에 스스로 장관직에서 물러났다. 이 독직 사건의 관련자 중 임영신 장관 등 9명은 무죄판결을 받았고 나머지 9명은 집행유예판결을 받았다. 유죄로 인정된 사건은 사건의 실체와는 큰 관련이 없는 사소한 부분이었다. 하지만 최대교는 임영신 등의 유죄를 확신하였다.

와 초대 내무부장관 윤치영도 각각 고문과 최고위원으로 활동하였다. 이인은 회고록에서 차츰 이승만이 독재로 기울고 인의 장막에 둘러싸여 있음을 보았으며, 1950년 5·30 총선을 앞두고는 재입각 제의를 거부하고 선거에 출마하였다가 선거운동을 탄압받으면서 낙선하였다. 6·25가 발발하자, 이인은 그가 부위원장으로 있던 법전편찬위원회의 자료를 부산으로 보내고 피난을 하였다. 전쟁 중인 1950년 7월에는 제헌동지회를 만드는 등 각종 사회활동을 하였다.

이인은 재입각을 거절하면서, 법무부장관 후임으로 당시 대구고검장 이우익과 서울고검장 서상환을 추천하였다. 그 후 이우익은 법무부장관에, 서상환은 검찰총장에 오른다.[100] 이 인사는 이승만정권의 뜻에 따르지 않는 권승렬 장관과 김익진[101] 총장을 교체하기 위한 것이었다. 검찰권의 독립, 정치적 중립이라는 면에서는 이 인사를 기점으로 후퇴의 기미가 역력해진다. 그 만큼 검찰에 대한 정치적 간섭의 여지가 커진 것도 사실이다.

이인은 1954년 제3대 민의원으로 당선되어 정치활동을 재개하였다. 4·19 혁명 때에 이인은 그의 집으로 도망한 학생을 숨겨주고 추적해 온 경찰들에게 호통을 쳤다. 그는 다시 30여 년 전으로 되돌아갔다. 4·19 이후 혼란한 선거운동이 펼쳐지자 이인은 김병로, 한격만 등과 '자유법조단'을 설립하여 법치주의를 실천하고 법을 통하여 다수당의 횡포를 견제할 것을 천명하였다. 이인은 1960년 참의원 선거에서 당선되었지만, 5·16 쿠데타로 의정활동을 제대로 할 수 없었다. 이인은 시종일관 군정에 반대하고 민정으로의 빠른 복귀를 주장하였다. 정치활동정화법에 따라 정치활동을 할 수 없게 된 이인은 1962년 8월 8일 조선일보에 헌법개정에 대해 사법권의 독립을 강조하는 글을 발표하기도 하였다.[102] 1963년 군정은 민간인의 정치활동을 허용하였다. 이인은 국민의 자유와 민권을 회복시키기 위해 군정에 반대하고 민정당을 창당하고 야당통합에 착수하였다. 그러나 대통령 선거를 앞두고서는 야당의 대통령후보 단일화를 이루지 못하자 이인은 정계은퇴를 선

---

100) 최영희 · 김호일 편저, 앞의 책, 271－3쪽.

101) 김익진에 대해서는 문준영, 「헌정 초기의 정치와 사법 －제2대 검찰총장 김익진의 삶과 "검찰독립" 문제」, 『법사학연구』 34(한국법사학회, 2006) 참조.

102) 내용은 법원에 위헌법률심사권을 주며, 사법행정의 독립을 위해 사회인사로 구성되는 사법최고회의를 만들며, 재판의 독립을 위해 법관의 신분을 철저히 보장할 것을 주문하였다. 최영희 · 김호일 편저, 앞의 책, 286쪽에서 재인용.

언하였다. 이후 이인은 야인으로 있으면서도 민주화 운동을 계속하였고, 다양한 매체로 민주화에 대한 그의 열망을 토로하였다.

이인이 마지막으로 정열을 쏟은 것은 한글운동이다. 1926년에 창립한 조선어학회의 회원이면서 1943년에는 조선어학회 수난 사건에 연루되어 옥고를 치렀다. 1976년 30여 년 동안 산 집을 처분하여 한글학회 회관 건립기금으로 출연하였으며, 1979년에는 남은 재산 전부를 한글학회에 유증하였다. 그는 가장 보람 있는 일로 "우리의 '말 · 글 · 얼(3ㄹ)'이 발전되고 보급되는 일"이라고 회고하였다.[103]

VII. 결어

이인은 1895년에 태어나 그야말로 질풍노도의 시대를 보내었다. 그는 식민지기에는 민족독립운동을 변호하는 사상변호사로서, 또 인권옹호와 민족의 자립을 위한 각종 사회활동을 하였다. 변호사인 그 역시 1942년 치안유지법 위반으로 옥고를 치렀다. 해방 후 그는 변호사보다는 검사로서, 또 정치인으로서 현장에서 활동하였으며, 정계를 은퇴한 후에는 야인으로 그의 모든 것을 민족의 얼이 깃들여 있는 한글에 바치고 영면하였다.

우리의 초점은 검사로서, 전체 검사를 지휘하는 검찰총장으로서 이인을 평가하는 것이다. 우리는 그를 혼란스러운 해방 정국에서 검찰조직을 재건하고 지휘하여 건국에 공로를 세운 자라고 부를 수 있지 않을까 한다. 이인은 개혁가(Reformer)라기보다는 재건가(Rebuilder)로서 건국기의 검찰을 이끌었다고 할 것이다. 당시 법률가는 대개는 민족의 이름 앞에 떳떳할 수 없었다. 그러나 그는 식민지기의 활동경력으로 민족주의의 열풍 속에서 그 자신의 법률적 · 정치적 논리를 관철할 수 있었다. 좌우 대립과 남북 분열, 그리고 미군정의 간섭 등 여러 악조건 속에서도 그는 정치로부터 검찰의 독립 그리고 검찰의 수사권 지휘 등을 확립할 수 있었다. 물론 그가 확립한 검찰제도는 그의 지식과 경험에서 나온 것이었다. 바로 이점에서 그를 개혁가가 아닌 재건가로 평가할 수 있다.

그러나 그는 엄정한 법집행을 강조하면서도, 때로는 그의 정치적 입장이 앞서

103) 이상은 최영희 · 김호일 편저, 앞의 책, 281－304쪽.

면서 약간은 균형을 잃은 듯한 태도를 보이기도 하였다. 물론 그것을 이인만의 과오로 돌릴 수는 없다. 당시 남한의 정치체제가 그러하였던 것이다.

법무부장관으로서 이인의 활동을 정부와 검찰의 올바른 관계 설정이라는 점에서 보자면, 그가 정부 편에 서 있었음을 부정할 수 없다. 그가 사태를 어떠한 관점에서 바라보고 있었던 간에, 적어도 당시 검찰의 수사결과에는 임영신 장관의 비위사실이 명백히 드러나 있었다. 검찰권의 독립만이 선善도 아니고 검찰과 정부, 특히 경찰과의 관계를 어떻게 설정할 것인가 하는 것은 어려운 정치적이면서도 정책적이면서 동시에 법률적인 문제이다.

그는 바로 임영신 장관 사건 처리에서 정치와 법의 딜레마에 빠졌다. 그 반대쪽 당사자인 최대교는 합법성과 직업정신에 투철한 검사로서 정치적 고려 없이 장관의 기소를 주장하고 관철하였다. 하지만 이인은 일차적으로 수사기록을 검토하여 공소를 유지하기 어렵다고 판단하였다. 또 대통령과 검찰 사이의 정치적 해결을 중재하기도 하였다. 이러한 중재가 실패하자 또 정치적 입장에서 불기소를 지시하였다.

그러나 그의 이러한 행동은 당시 검찰청법을 정면으로 위배한 것이다. 따라서 임영신 장관 사건에서 불기소처분 지시까지 정당화된다고는 볼 수 없다. 최대교는 훗날 법무부장관 이인에 대해 이렇게 평가하였다고 한다. "그 사람은 변호사로서는 훌륭한 분이었지만 검사장 법원장으로서는 별로 내세울 게 없지",[104] 그다운 직설적인 평가이다.[105]

이인은 한 평생 민족을 머리에 이고 살아왔다. 그는 자기의 생각을 변론을 통해, 그리고 검찰의 수사권을 통해, 언론을 통해 실천하였다. 정계에서 은퇴한 후에는 교육계에 관여하여 남은 정열을 쏟았다. 그리고 처음부터, 민족의 '말 · 글 · 얼(3ㄹ)'을 유지하는 데 노력하였다. 그에 대한 정치적 · 법적 판단은 차치하고서라도 국민들이 늘 대하지만 그 중요성을 크게 느끼지 못하고 있는 한글운동에 일찍부터 관여하고 그의 모든 것을 바친 것은 우리의 이웃, 그리고 벗인 검사, 법률가로 여겨지지 않을까?

---

104) 김진배 외, 『한국법조의 세 어른』(한국법조3성인기념사업회, 1999), 215쪽.

105) 이인과 최대교의 상반된 기억 등은 검찰이 지녀야 할 '합법성'과 '합목적성'의 충돌로 이해할 수도 있다. 이에 대해서는 졸고, 「검사의 한 표상으로서 崔大敎」, 254쪽 참조.

부록

애산 이인의 연보

1896년	경북 대구 출생(음력 9월 20일생)
1900년	3년 동안 한학 수학
1903년	달동심상소학교達洞尋常小學校 4학년 진급
1904년	달동의숙達洞義塾 입학, 신학문을 접함
1910년	경북실업보습학교慶北實業補習學校 입학
1912년	위 학교 졸업
1913년	일본 세이소쿠正則중학 입학
1914년	니혼日本대학 전문부 법과 야간부 입학
1916년	메이지明治대학 전문부 법과 2학년 입학, 『一大帝國』에 「朝鮮人の苦情を朝野に訴ふ」 발표
1918년	일본 니혼대학 및 메이지明治대학 법률학과 졸업
1918년	귀국 후 조선상업은행 취직
1919년	3·1운동에 숙부 이시영을 위해 활동, 야학원, 법학원 설립 및 활동, 다시 일본으로 가서 법률공부 시작(9월), 『朝日新聞』에 "일본은 조선에 대한 가혹한 식민정책을 지양하라"라는 글을 실어 3·1운동의 배경과 차별대우의 실상을 폭로함
1922년	일본 변호사시험 합격.
1923년	일본 변호사시험 합격증 받고 귀국(2월), 5월 변호사 개업, 의열단 사건 관련자 변호(7월)
1924년	경성실업여학교 설립(3월), 경북중대음모사건에서 나체공판으로 고문 폭로(4월), 창원소작쟁의 사건 변호

1925년	이완용 암살 미수 사건의 이동수李東秀 변론, 자유법조단 조직(5월), 고학생 지원 기관 '갈돕회' 설립
1926년	'공부자孔腐子' 필화 사건(5월), 6·10만세 사건 변론, 사이토 마코토齊藤實 총독 암살미수사건 피고인 송학선宋學先 변론
1927년	고경희와 결혼(5월), 통영 민중사건(9월), 고려혁명당 사건 변호(12월), 보안법 위반 혐의로 조선중앙일보 필화 사건(12월)
1928년	정의부正義府 군사위원장 오동진吳東振 변호, 조선변호사협회 회장에 선임(10월), 간도 폭파 사건 관련자 변호(11월)
1929년	통의부統義府 이응서李應瑞 변론, 원산노동자 파업(1월), 형평사 사건 변호(6월), 광주학생운동 조사 및 변호(11월), 신간회 민중대회 사건 변론
1930년	경성조선인변호사회 상의원常議員 의장, 조선물산장려회 회장 선임, 공명단의 우편행랑 탈취사건 변론(봄), 수원농고 흥농사興農社 사건 변론, 변론 내용으로 6개월 변호사직 정직, 일본 여행, 물산장려운동 활성화에 노력
1931년	경성조선인변호사회 부회장, 조선변호사협회장(4월)
1932년	조선발명협회 발족, 안창호 변론(12월)
1933년	조선과학보급회 창립, 과학사상 계몽 및 보급(10월)
1936년	『중성衆聲』 발간(9월)
1937년	수양동우회 사건 변호
1938년	근화녀학교, 중앙학교의 유지 설립에 관여
1939년	조선 기념도서 출판관 관장으로 도서 2종 발행
1942년	조선어학회사건으로 피검, 함흥으로 이송(11월)
1943년	위 사건으로 고문을 받고 예심에 회부(9월)
1944년	예심 종결(9월), 병보석으로 출소(10월)
1945년	함흥지방법원 징역 2년 집행유예 4년 선고(1월), 경기도 양주군에 피신, 해방(8월 15일), 석방(8월 17일), 서울 복귀(8월 18일)

연합군 및 임시정부 환영 준비위원장 선임(8. 17), 조선건국 준비위원회와 좌우합작 시도, 실패(8. 18), 한국민주당 창당(9. 16), 수석대법관 겸 특별범죄심사위원장 취임(10. 11), 연합군 환영회 개최, 한민당 탈당 선언(10. 21), 대법원 구성 및 정비, 전범자처리특별범죄심사위원장 취임(11월), 헌법기초위원회의 부회장 취임(김병로 회장; 12월)

1946년 대법원 검사총장 취임(5월 16일), 조선정판사 위폐사건 지휘(7월)

1947년 사법부 직제개편, 검찰총장(1월), 좌익계 범죄 조사 및 지휘(7월)

1948년 재단법인 한글학회 이사 취임(4월), 초대 법무부장관 임명(8월 2일), 대법원장으로 김병로 추천(8월 4일), 법전편찬위원회 부회장 취임(9월 15일), 대사령大赦令 건의, 재소자 1300여 명 석방, 이후 각종 단체의 임원으로 취임

1949년 법무부 내 대일배상청구위원회 설치(1월), 종로을 보궐선거에서 국회의원 당선(3월), 임영신 장관 사건 발생(3월), 법무부 장관직 사임(6월 6일), 반민족행위특별조사위원회 위원장 취임(7월), 국회 법제사법위원장(11월)

1950년 법무부 장관직 거절, 국회의선 낙선(5월), 제헌동지회 조직, 회장 취임(7월)

1952년 대한법정학회 회장 취임

1954년 3대 국회의원 당선(5월), 재단법인 단국대학 이사 취임(10월)

1955년 재단법인 국학대학 이사장 취임(2월)

1956년 재단법인 동은학원 이사 취임(4월)

1957년 사단법인 국제인권옹호 한국연맹 이사(3월), 재단법인 희망보육원 이사 취임(9월)

1960년 이승만 하야 및 학생석방 대정부건의안 발표(4월), 참의원 의원(7월)

1961년	효창공원 선열묘소 보존회장 취임(7월)
1962년	정치지도자회의 구성, 한일회담 기본자세 시정요구(7월)
1963년	독립유공자 건국공로훈장(3월), 야당지도자와 함께 민정복귀 촉구 성명 발표(4월), 민정당民政黨 창당, 최고위원 취임(5월), 통합 야당인 '국민의 당' 창당, 최고위원 취임(9월), 야당 통합 실패 후 정계은퇴 선언(10월)
1964년	서울변호사회로부터 인권옹호유공자로 표창(4월), 조국수호국민협의회 구성, 한일협정 시정 운동(7월)
1966년	의회민주주의 확립과 야당단일화 운동(9월)
1969년	헌법제정공로자로 무궁화 국민훈장(7월)
1972년	민족통일촉성회 구성(2월)
1976년	한글날에 한글회관 건축 기금 출연(9월)
1978년	대구 원화학원재단 이사장 취임
1979년	유언으로 저택 등을 한글학회에 유증, 별세(4월 5일)

※ 연보는 최영희 · 김호일 편저, 앞의 책(1989) 해적이를 정리한 것이다.

참고문헌

1. 회고록

김윤경, 『김윤경 전집 5: 한글운동, 그 밖』, 연세대학교출판부, 1985

李仁, 『半世紀의 證言』, 명지대학교출판부, 1974

이인, 『애산여적(제4집)』, 애산학회, 2016

일석 이희승 전집간행위원회 편, 『一石 李熙昇 全集 2: 국어교육, 국어정책, 기타』, 서울대학교출판부, 2000

한말연구학회 편, 『건재 정인승 전집 6: 국어운동사』, 박이정, 1997

이인(1916)/ 문준영 역, 「朝鮮人의 苦情을 朝野에 호소한다」, 『애산학보』 44, 애산학회, 2017

2. 자료

≪고종실록≫, ≪세종실록≫, ≪조선어사전≫(奎12694본 등).

『동아일보』, 『매일신보』, 『신조선보』, 『자유신문』, 『조선일보』, 『조선중앙일보』, 『조선총독부관보』

함흥지방법원, 〈예심종결결정서〉, 『건재 정인승 전집 6: 국어운동사』 수록

(조선)고등법원, 昭和 20年(1945) 刑上 제59호 판결

법원도서관 역, 『국역 조선고등법원 판결록 29(형사편)』, 2018

동아일보사, 『동아일보사사 1: 역대사원명록』, 1975

한국법제연구회 편, 『美軍政法令總攬: 國文版』, 한국법제연구회편, 1971

3. 단행본

강성호, 『서점의 시대』, 나무연필, 2022

교육과학기술부 · 한국교육개발원 [편], 『2011 경제발전경험모듈화사업: 한국 성인 文解교육의 발전과정과 성과』, 기획재정부 · KDI국제정책대학원, 2012

김명엽, 『서도에서 길을 찾다: 인동장씨 집성촌 서도 사람들』, 민속원, 2013

김진배 외, 『한국법조의 세 어른』, 한국법조3성인기념사업회, 1999
대검찰청, 『한국검찰사』, 대검찰청, 1976
대한변리사회, 『변리사회60년사』, 2008
대한변리사회, 『변리사회사십년사』, 1988
리의도, 『한글날과 한글기념가의 역사』, 보고사, 2024
박상철 외, 『'94 국민법의식조사연구』, 한국법제연구원, 1994
박영사 70년사 편찬조직, 『박영사 70년사』, 박영사, 2023
박용규, 『조선어학회 항일투쟁사』, 한글학회, 2012
박지향 · 김철 · 김일영 · 이영훈 (엮음), 『해방 전후사의 재인식 2』, 책세상, 2006
법률신문사 편, 『법조50년야사(상권)』, 법률신문사, 2002
선우종원, 『사상검사』, 계명사, 1992
신동운 편, 『효당 엄상섭 형사소송법논집』, 서울대학교 출판부, 2005
신동운, 『신형사소송법』, 제5판: 법문사, 2014
신동운, 『형법총론』, 제14판: 법문사, 2022,
신동운 · 허일태 편저, 『효당 엄상섭 형법논집』, 서울대학교 출판부, 2003
오영섭, 『한국 근현대사를 수놓은 인물들(1)』, 경인문화사, 2007
이동언, 『독립운동 자금의 젖줄 안희제』, 역사공간, 2010
정긍식, 『통감부법령체계분석』, 한국법제연구원, 1992
정긍식, 『한국근대법사고』, 박영사, 2002
조동걸, 『한국근현대사의 이해와 이론』, 지식산업사, 1998
조윤선, 『조선후기 소송연구』, 국학자료원, 2002
최경봉, 『우리말의 탄생: 최초의 국어사전 만들기 50년의 역사』, 개정판: 책과함께, 2019
최영희 · 김호일 편저, 『애산 이인』, 애산학회, 1989
한글학회 50돌기념사업회 편, 『한글학회50년사』, 한글학회, 1971
한글학회 편, 『얼음장 밑에서도 물은 흘러: 조선어학회 수난 50돌 기념 글모이』, 한글학회, 1993
한글학회 편, 『한글학회 100년사』, 2009

한인섭,『식민지법정에서 독립을 변론하다』, 경인문화사, 2012
한인섭,『한국형사법과 법의 지배』, 한울아카데미, 1998
宮田節子 저/ 李熒娘 역,『조선민중과 「황민화」정책』, 일조각, 1997
권오엽 역주,『古史記 中卷』, 충남대학교 출판부, 2000
박창기 역,『일본신화 코지키(古事記)』, 제이앤씨, 2006
玉名友彦(1944), 법원도서관 역,『국역 조선형사령석의』, 2005
오기노 후지오 지음/ 윤소영 옮김,『일제강점기 치안유지법 운용의 역사』, 역사공간, 2022
이연숙 저/ 고영진 · 임경화 옮김,「조선과 독일령 폴란드」,『국어라는 사상: 근대 일본의 언어 인식』, 소명출판, 2006
테오 W. 무디, 프랭크 X. 마틴/ 박일우 역,『도전과 투쟁, 부활과 희망의 대서사시』, 도서출판 한울, 2009
牧野英一,『刑法總論』, 新法律學全集 23: 日本評論社, 1937
淺野豊美,『帝國日本の植民地法制: 法域統合と帝國秩序』, 名古屋大學出版會, 2008

4. 논문

김동건,「애산 선생과 갈돕회 뒷얘기」,『애산학보』 47, 애산학회, 2020
김민배,「법체계를 통해 본 박정희 유신정권」,『역사비평』 37, 역사비평사, 1997
김석득,「조선어학회 수난사건: 언어관을 통해서 본」,『애산학보』 32, 애산학회, 2006
김용일,「美軍政下의 敎育政策硏究 : 敎育政治學的 接近」, 고려대학교 교육학박사학위논문, 1995
김창록,「制令에 관한 연구」,『법사학연구』 26, 한국법사학회, 2002
김창순,「만주 항일 연군 연구」,「국사관논총」11, 국사편찬위원회, 1990
김호일,「〈사론〉 항일독립운동으로서 조선어학회의 수난」,『애산학보』 32, 애산학회, 2006
대위,「1950년대 이승만 정부의 한글 간소화 파동 연구」, 서울대학교 국제학 석사학위논문, 2021

문준영, 「미군정기 법원조직법의 입법과정」, 『법사학연구』 32, 한국법사학회, 2005
문준영, 「한국 검찰제도의 역사적 형성에 관한 연구」, 서울대 법학박사학위논문, 2004
문준영, 「헌정 초기의 정치와 사법 -제2대 검찰총장 김익진의 삶과 "검찰독립" 문제」, 『법사학연구』 34, 한국법사학회, 2006
미쓰이 다카시, 「'언어문제'에서 본 한국 근대사: 교육 정책과 언어운동의 측면에서」, 『한국학연구』 22, 인하대학교 한국학연구소, 2010
박영신, 「조선어학회가 겪은 '수난' 사건의 역사 사회학: 학회 조직의 성격과 행위 구조」, 『애산학보』 32, 애산학회, 2006
박준석, 「무체재산권 · 지적소유권 · 지식재산권 · 지식재산권: 한국 지재법 총칭(總稱) 변화의 연혁적 · 실증적 비판」, 『서울대학교 법학』 53-4, 서울대학교 법학연구소, 2012
신동운, 「日帝下의 豫審制度에 관하여: 그 制度的 機能을 中心으로」, 『서울대학교 法學』 27-1, 서울대학교 법학연구소 1986
심희기, 「미군정법령 제176호 형사소송법의 개정」, 『법사학연구』 16, 한국법사학회, 1995
이병근 외, 「심악 이숭녕 선생 연보」, 『이숭녕 현대국어학의 선구자』, 태학사, 2024
이석린, 「화동 시절의 이런 일 저런 일」, 한글학회 편, 『얼음장 밑에서도 물은 흘러: 조선어학회 수난 50돌 기념 글모이』, 한글학회, 1993
이준식, 「일제침략기 김해지방의 농민운동」, 『역사와 현실』7, 한국역사연구회, 1992
이혜령, 「이태준 『문장강화』 해방 전/후」, 『한국소설과 골상학적 타자들』, 소명출판, 2007
임갑인, 「미군정하의 사법파동(좌익음모사건)」, 『검찰동우』 창간호, 검찰동우회, 1994
임동현, 「1930년대 조선어학회의 철자법 정리 · 통일운동과 민족어 규범 형성」, 『역사와 현실』 94, 한국역사연구회, 2014

전봉관, 「안동 가와카미순사 살해사건」, 『경성기담』, 살림, 2006
정긍식, 「검사의 한 표상으로서 崔大教」, 『법사학연구』 34, 한국법사학회, 2006
정긍식, 「法井寺 抗日運動에 대한 法的 考察」, 『법사학연구』 32, 한국법사학회, 20054
정숭교, 「일제는 왜 조선어학회사건을 일으켰나?: 기만적 동화정책의 파탄」, 『애산학보』 32, 애산학회, 2006
정준영, 「경성제국대학과 식민지 헤게모니」, 서울대학교 박사학위논문, 2009
정해동, 「선친과 그 주변 사람들을 생각하며」, 『애산학보』 32, 애산학회, 2006
조재수, 「조선어 학회와 『큰사전』」, 『애산학보』 32, 애산학회, 2006
조태린, 「≪큰사전≫의 위상과 역할에 대한 사회언어학적 접근」, 『한글』 85-1, (한글학회, 2024
최경봉, 「쟁점: 일제강점기 조선어학회 활동의 역사적 의미」, 『민족문학사연구』 31, 민족문학사학회, 2006
최기영, 「국학연구」, 『한국사(51): 민족문화의 수호와 발전』, 국사편찬위원회, 2001
최창동, 「일제 '치안유지법'이 한반도에 미친 영향」, 『비교법연구』 4-1, 동국대학교 비교법문화연구소, 2003
한규무, 「고학생갈돕회의 설립과 활동」, 『한국민족독립운동사연구』 73, 한국독립운동사연구소, 2012
한인섭, 「조선어학회 사건」, 『식민지법정에서 독립을 변론하다』, 경인문화사, 2012
한인섭, 「치안유지법과 식민지 통제법령의 전개」, 『박병호교수 환갑기념(II) 한국법사학논총』, 박영사, 1991
황지나, 「"과학조선 건설"을 향하여: 1930년대 과학지식보급회의 과학데이를 중심으로」, 전북대학교 대학원, 석사학위논문, 2019
황지나, 「애산 이인과 1930년대 과학운동」, 『애산학보』 47, 애산학회, 2020
水野直樹/ 이영록 역, 「조선에 있어서 치안유지법 체제의 식민지적 성격」, 『법사학연구』 26, 한국법사학회, 2002

미쓰이 다카시(三ッ井 崇)/ 정준영 역, 「식민지하 조선의 언어 정치학: 조선 언어 정책・사회사 재고」, 『한림일본학』 20, 한림대학교 일본연구소, 2012
水野直樹, 「治安維持法の制定と植民地朝鮮」, 『人文學報』 83, 京都大学人文科学研究所, 2000

5. Web Data Base

NAVER 뉴스 라이브러리 https://newslibrary.naver.com/search/searchByDate.naver
국가기록원, 독립운동관련판결문(https://theme.archives.go.kr/next/indy/viewMain.do)
국사편찬위원회, 우리역사넷(http://contents.history.go.kr/front)[약어: 역사넷]
국사편찬위원회, 조선왕조실록(http://sillok.history.go.kr/main/main.do)
국사편찬위원회, 한국사데이터베이스(http://db.history.go.kr/)
한국근현대인물자료[약어: 근현]
조선인사흥신록[약어: 흥신]
법원도서관→법원간행물→국역자료→
국역고등법원판결록(https://library.scourt.go.kr/search/pub/major).
아시아역사자료센터(https://www.jacar.go.jp/index.html)
한국학중앙연구원, 조선왕조실록 전문사전 위키(http://dh.aks.ac.kr/sillokwiki)[약어: 실록]
한국학중앙연구원, 한국민족문화대백과사전(https://encykorea.aks.ac.kr/)[약어: 민백]
한국학중앙연구원, 한국역대인물종합정보시스템(http://people.aks.ac.kr/index.aks)[약어: 인물]
한국학중앙연구원, 한국역사정보통합시스템(http://www.koreanhistory.or.kr/)
한국학중앙연구원, 향토문화전자대전(http://m.grandculture.net/main.asp)[약어: 향토]
日本国国立国会図書館, (電子展示會) 『近代日本人の肖像』
[URL: https://www.ndl.go.jp/portrait/datas/581/]

색인

ㅊ

ㅋ · ㅌ · ㅍ

ㅎ

저자약력

정긍식

서울대학교 법과대학 졸업

법학박사(서울대학교)

한국법제연구원 선임연구원

한국법사학회·한국고문서학회 회장

서울대학교 법학대학원 교수(현)

규장각한국학연구원 원장(현)

주요 논저

『조선시대 제사승계의 법제와 현실』, 『한국 가계계승법제의 역사적 탐구』, 『조선의 법치주의 탐구』, 『조선시대 법령 DB의 구축과 활용』(공저), 『근대법학 120주년』(공저), 「조선 후기 중국 법서의 수용과 활용」, 「조선 전기 ≪唐律疏議≫의 수용과 활용」, 「조선후기 刑曹受教와 입법경향」, 「1907년 中樞院 〈민법 입법요강〉」 등.

서울법대 법학총서 19
조선어학회 수난 사건 탐구 – 법률문서의 분석

초판발행 2025년 3월 20일

지은이 정긍식
펴낸이 안종만·안상준

편 집 윤혜경
기획/마케팅 조성호
표지디자인 BEN STORY
제 작 고철민·김원표

펴낸곳 (주) 박영사
서울특별시 금천구 가산디지털2로 53, 210호(가산동, 한라시그마밸리)
등록 1959.3.11. 제300-1959-1호(倫)
전 화 02)733-6771
f a x 02)736-4818
e-mail pys@pybook.co.kr
homepage www.pybook.co.kr
ISBN 979-11-303-2936-9 94360
979-11-303-2631-3 (세트)

정 가 23,000원